Études de Philosophie Médiévale

Collection fondée par Étienne Gilson

Dirigée par

CRÉATION DU MONDE
ET LIMITES DU LANGAGE

DANS LA MÊME COLLECTION

BONCOUR É., *Maître Eckhart, lecteur d'Origène. Sources, exégèse, anthropologie, théogénésie*, 232 p., 2019.

MANGIN É., *La nuit de l'âme. L'intellect et ses actes chez Maître Eckhart*, 256 p., 2017.

ROQUES M., *L'essentialisme de Guillaume d'Ockham*, 228 p., 2016.

TREGO K., *La liberté en acte. Éthique et métaphysique d'Alexandre d'Aphrodise à Jean Duns Scot*, 384 pages, 2015.

FIELD S. L., LERNER R. E., PIRON S. (dir), *Marguerite Porete et le* Miroir des simples âmes, 368 pages, 2014.

KALUZA Z., *Études doctrinales sur le* XIVe *siècle. Théologie, Logique, Philosophie*, 392 pages, 2013.

JOLIVET J., *Medievalia et arabica*, 364 pages, 2012.

BIARD J., *Science et nature. La théorie buridanienne du savoir*, 404 pages, 2012.

STANCATO G., *Le concept de désir dans l'œuvre de Thomas d'Aquin. Analyse lexicographique et conceptuelle du « desiderium »*, 176 pages, 2011.

TREGO K., *L'essence de la liberté. La refondation de l'éthique dans l'œuvre de saint Anselme de Cantorbéry*, 304 pages, 2010.

DI MARTINO C., Ratio particularis. *Doctrines des sens internes d'Avicenne à Thomas d'Aquin*, 192 pages, 2008.

BERMON P., *L'assentiment et son objet chez Grégoire de Rimini*, 432 pages, 2007.

RICKLIN Th. (éd.), Exempla docent. *Les exemples des philosophes de l'Antiquité à la Renaissance*, 432 pages, 2007.

CASTEIGT J., *Connaissance et vérité chez Maître Eckhart. Seul le juste connaît la justice*, 480 pages, 2006.

JOLIVET J., *Perspectives médiévales et arabes*, 320 pages, 2006.

VIAL M., *Jean Gerson, théoricien de la théologie mystique*, 256 pages, 2006.

GRELLARD C., *Croire et savoir. Les principes de la connaissance selon Nicolas d'Autrécourt*, 340 pages, 2005.

KÖNIG-PRALONG C., *Avènement de l'aristotélisme en terre chrétienne*, 288 pages, 2005.

CAIAZZO I., *Lectures médiévales de Macrobe. Les* Glosae colonienses super Macrobium, 352 pages, 2003.

SIRAT C., KLEIN-BRASLAVY S., WEIJERS O. (éd.), *Les méthodes de travail de Gersonide et le maniement du savoir chez les scolastiques*, 392 pages, 2003.

SUAREZ-NANI T., *Connaissance et langage des anges selon Thomas d'Aquin et Gilles de Rome*, 272 pages, 2003.

CÔTÉ A., *L'infinité divine dans la théologie médiévale (1220-1255)*, 272 pages, 2002.

SUAREZ-NANI T., *Les anges et la philosophie. Subjectivité et fonction cosmologique des substances séparées à la fin du* XIIIe *siècle*, 208 pages, 2002.

ÉTUDES DE PHILOSOPHIE MÉDIÉVALE

CVI

CRÉATION DU MONDE ET LIMITES DU LANGAGE

SUR L'ART D'ÉCRIRE DES PHILOSOPHES JUIFS MÉDIÉVAUX

par

David LEMLER

Ouvrage publié avec l'aide du Centre national du livre et de la Fondation pour la Mémoire de la Shoah

PARIS
LIBRAIRIE PHILOSOPHIQUE J. VRIN
6 place de la Sorbonne, Ve

2020

À Johanna

Avec le soutien de la Fondation pour la Mémoire de la Shoah.

Imprimé en France

ISSN 0249-7921
ISBN 978-2-7116-2941-1

www.vrin.fr

INTRODUCTION

ÉSOTÉRISME PHILOSOPHIQUE ET CRÉATION DU MONDE

> Exposer la puissance de l'Œuvre du Commencement à des êtres de chair et de sang est chose impossible. C'est pourquoi l'Écriture t'a dit d'une manière obscure : *Au commencement, Dieu créa,* etc. (Gn 1, 1).

Cité dans l'introduction du *Guide des égarés* de Maïmonide [1], ce texte, qui se présente comme un enseignement rabbinique ancien [2], suggère que la question de la création du monde – « l'Œuvre du Commencement » (*Maᶜaśe Be-reᵓšit*) dans son appellation traditionnelle – a partie liée avec l'écriture ésotérique. Le verset liminaire de la Genèse, dans son obscurité en est l'illustration même.

Il est frappant en effet que, dans le *corpus* philosophique juif médiéval, dont le *Guide* constitue l'œuvre majeure, la question de la création du monde suscite chez nombre d'auteurs des « stratégies d'écriture » complexes ou – pour reprendre une expression de Leo Strauss – des « arts d'écrire » spécifiques. C'est une réflexion conjointe sur le problème philosophique de la création du monde et sur l'invention, en philosophie, d'un type particulier d'écriture que la présente étude entend mener.

1. Maïmonide, *Guide des égarés* [désormais *Guide*], Paris, Maisonneuve & Larose, 2003, « Introduction », p. 14. Lorsque c'est pertinent, nous renvoyons également au passage correspondant du texte arabe (les numéros de lignes suivent ceux de la page) dans l'édition « Munk Joel » : *Dalālat al-Ḥāᵓirīn*, éd. S. Munk et I. Joel, Jérusalem, Azrieli, 1931.

2. Ce texte ne correspond toutefois à aucune source rabbinique répandue. On en a retrouvé la probable source dans quelques fragments manuscrits de la Geniza du Caire, que l'on a rassemblés sous le titre de *Midraš Šenei Ketuvim* (publié dans S. A. Wertheimer (éd.), *Batei Midrašot*, Jérusalem, Mossad ha-Rav Kook, 1952, t. 1, p. 251).

La philosophie juive médiévale

Nous n'entrerons pas ici dans les discussions complexes sur l'extension de l'idée de « philosophie juive » et sur ses marges [1]. Il est certes problématique d'accoler quelque prédicat identitaire (qu'il soit national ou religieux) au terme « philosophie » [2]. Mais il est tout aussi évident que la philosophie, en son histoire, s'est constituée dans le cadre de traditions de pensée spécifiques, au sein desquelles les auteurs partagent problèmes, concepts et références philosophiques comme extra-philosophiques.

Nous entendons ici par « philosophie juive » un certain type de philosophie qui a émergé dans l'histoire, à l'occasion de la rencontre plusieurs fois répétée, dans des contextes culturels différents, de la tradition de pensée juive et la tradition philosophique, issue de l'Antiquité grecque. Par « philosophie juive médiévale », nous entendons un segment [3] de l'histoire de cette rencontre qui couvre la période médiévale, entre le xᵉ (avec les premiers textes rationalistes au sein du judaïsme rabbinique) et le xvᵉ siècle (et la rupture de l'Expulsion d'Espagne), trouvant son point d'origine dans la civilisation islamique, et son principal idiome d'expression dans la langue arabe jusqu'au XIIIᵉ siècle, puis hébraïque. Les auteurs abordés ici, malgré leur éloignement à la fois géographique et temporel, constituent clairement une tradition de pensée. Ils se considèrent eux-mêmes comme faisant partie d'une telle tradition. Certains auteurs font explicitement ou implicitement référence à quelques-uns de leurs prédécesseurs, que ce soit en leur reprenant un philosophème ou en critiquant un de leurs arguments.

La rencontre tourne parfois à la confrontation lorsque les thèses attribuées à chacune des deux traditions entrent en contradiction. C'est singulièrement et dramatiquement le cas à propos de la question de l'origine du monde. Dans le moment médiéval, la thèse biblico-rabbinique sur cette question est largement identifiée avec celle d'une création absolue [4]. L'idée de création « absolue »

1. Le court essai de R. Jospe, *What is Jewish Philosophy ?*, Ramat Aviv, Open University of Israel, 1988, offre une bonne base pour cette réflexion.

2. Voir, à cet égard, les vifs débats qui ont opposé dans les années 1930, les partisans de la notion de « philosophie chrétienne » (Étienne Gilson et Jacques Maritain, pour ne mentionner que les philosophes français) à ses opposants (Émile Bréhier et Jacques Brunschwig). Une synthèse récente se trouve dans la préface de T. D. Humbrecht à É. Gilson, *Introduction à la philosophie chrétienne* [1968], Paris, Vrin, 2007.

3. Nous empruntons cette notion de « segment » à G. Bensussan, *Qu'est-ce que la philosophie juive ?*, Paris, Desclée de Brouwer, 2004.

4. Néanmoins, cela ne semble être ni la thèse biblique, ni celle de la majorité des rabbins. Parmi la bibliographie foisonnante sur cette question, on trouvera des références utiles dans EJ, s.v. « Creation and Cosmogony in the Bible ». Sur la littérature rabbinique, voir A. Altmann, « A Note on the Rabbinic Doctrine of Creation », *Journal of Jewish Studies*, 7, 1956, p. 195-206 et dernièrement, J. Costa, « Le récit de la création dans l'exégèse des rabbins et des Pères de l'Église : essai de comparaison », dans M.-A. Vannier (éd.), *Judaïsme et christianisme dans les commentaires patristiques de la Genèse*, Berne, Peter Lang, 2014, p. 13-42 ainsi que D. Lemler, « Limites du langage et création du monde dans la littérature rabbinique », *Cahiers philosophiques*, 158, 2019, p. 53-65.

renvoie à une caractérisation de la dimension temporelle et matérielle de la création. La création « absolue » est *de novo* – c'est-à-dire que le monde a eu une *durée* finie par le passé, idée que l'on désignera également par le terme « d'adventicité ». Elle est aussi *ex nihilo* – c'est-à-dire que le substrat matériel du monde est tenu lui-même pour créé. À l'inverse, la thèse « des philosophes » soutient que le monde est éternel *a parte ante* (thèse prêtée à Aristote) ou que du moins la matière est prééternelle (thèse prêtée à Platon, à travers une lecture littérale du mythe du *Timée*). Le néo-platonisme menace également l'idée de création, comme acte volontaire d'une divinité transcendante, en faisant de la réalité matérielle le résultat d'un processus d'émanation nécessaire à partir du premier principe. Nos philosophes proposent chacun une manière singulière de lever ou du moins d'affronter cette contradiction.

L'ÉSOTÉRISME PHILOSOPHIQUE

Nombre d'entre eux le font en employant des stratégies d'écriture « ésotériques ». Un enseignement ésotérique est un enseignement dont l'accès est réservé à un certain type d'audience. On distingue ainsi classiquement dans le *corpus* aristotélicien les traités « exotériques » adressés à un large public des traités acroatiques (c'est-à-dire issus de leçons orales) ou ésotériques, rapportant un enseignement destiné aux disciples avancés dans la science. Ce sens faible de l'ésotérisme qui désigne la sélection des destinataires d'un message rejoint sa définition plus forte, qui fait dériver cette sélection de l'obscurité ou de l'inaccessibilité du message lui-même. Si Aristote sélectionne les étudiants aptes à assister à son enseignement oral, il ne considère pas pour autant qu'il doive nécessairement être dissimulé aux autres. Simplement, son degré de technicité est tel qu'il requiert des compétences qui ne sont pas universellement partagées. En revanche, d'autres pratiques de l'enseignement ésotérique, attestées dans le pythagorisme ou le gnosticisme par exemple, confèrent à cette discipline de l'arcane une portée bien plus grande. Ce à quoi le message doit permettre d'accéder est tel qu'il ne saurait être délivré dans un langage clair. L'enseignement ésotérique participe alors d'une discipline initiatique, permettant à l'aspirant d'accéder à un secret dont la possession le distinguera du commun des hommes.

Le qualificatif « ésotérique » dénote ainsi deux types de division : entre deux types de public et entre deux types de contenus. L'idée d'art d'écrire « ésotérique », dont Strauss trouve une théorisation dans l'introduction du *Guide des égarés*[1], comporte ce paradoxe qu'un tel « art » permettrait de véhiculer en

1. Voir les essais rassemblés dans le recueil, L. Strauss, *La persécution et l'art d'écrire*, Paris, Gallimard, 2009, en particulier « Le caractère littéraire du *Guide des perplexes* » (repris également dans *Maïmonide*, Paris, P.U.F., 1988, que nous utilisons pour nous référer à ce texte). Et sur l'importance de Maïmonide dans la pensée de Strauss, voir R. Brague, « Leo Strauss et Maïmonide »,

même temps ces deux registres de discours adressés à ces deux publics distincts. Une écriture ésotérique entend transmettre dans un texte, dont il est impossible de contrôler dans quelle main il tombe, un enseignement secret au seul lecteur apte à le saisir tout en faisant en sorte qu'il reste inaperçu des autres lecteurs.

Le recours à une écriture ésotérique est une des caractéristiques majeures du *corpus* philosophique juif du Moyen Âge. Deux causes peuvent y être assignées. D'une part, la philosophie juive médiévale naît dans le contexte de la philosophie islamique, qui doit, selon les termes de Christian Jambet, se comprendre comme une « philosophie prophétique » ou comme une « philosophie de la révélation » [1]. Cette révélation, tout en se voulant une révélation de la vérité, constitue la source d'une loi religieuse et politique. La révélation prophétique porte en elle-même une double dimension, spirituelle et collective, qui repose sur une division entre un sens littéral apparent (*ẓāhir*) et un sens spirituel caché (*bāṭin*), appelant une exégèse (*taʾwīl*). Et la philosophie en islam intériorise dans la discipline philosophique elle-même cette division. Comme le souligne Jambet, elle est « ésotérique » en deux sens, en tant qu'elle prétend donner accès à une vérité cachée et en tant qu'elle dissimule cette vérité en maintenant la véridicité du sens littéral de la révélation [2].

Cet ésotérisme « exégétique » se retrouve également dans la philosophie juive, semblable à la philosophie islamique en ce qu'elle est elle-même une philosophie « prophétique », une philosophie qui s'opère dans le cadre de la révélation prophétique d'une loi qui prétend recueillir en son cœur la vérité même. Au sein du judaïsme, l'ésotérisme n'est d'ailleurs pas une invention médiévale, issue de l'environnement islamique. Il est un trait de la tradition rabbinique, depuis ses strates les plus anciennes. Une *mishna* fameuse tient que l'enseignement relatif à certains sujets, parmi lesquels on compte l'explication du récit de la création du monde (ou de « l'Œuvre du Commencement »), est réservé à un public choisi et restreint d'étudiants, ultimement à un seul disciple [3].

D'autre part, le recours à l'ésotérisme philosophique est sans doute exacerbé par la situation politique des juifs au Moyen Âge. Pour Strauss et ses disciples, l'emploi d'une écriture ésotérique, c'est-à-dire d'une écriture qui dévoile l'idée vraie autant qu'elle la dissimule, s'explique essentiellement par la crainte de la part du philosophe de la persécution que pourrait lui valoir ses positions hétérodoxes. Le philosophe soutient un certain nombre de thèses qui entrent en collusion avec les croyances partagées par le vulgaire. Cette collusion est potentiellement dangereuse à divers égards. Le précédent traumatique de Socrate a montré jusqu'où l'hostilité de la société envers le philosophe ou la vérité pouvait aller. Il s'agit avant tout pour le philosophe de préserver sa propre vie, en

dans Y. Yovel et S. Pinès (éd.), *Maimonides and Philosophy : Papers Presented at the Sixth Jerusalem Philosophical Encounter, May 1985*, Dordrecht, M. Nijhoff, 1986, p. 246-268.

1. C. Jambet, *Qu'est-ce que la philosophie islamique ?*, Paris, Gallimard, 2011, p. 65 et *passim*.

2. *Ibid.*, p. 87-98.

3. Mishna, *Ḥagiga*, II, 1. Une *mishna* est un enseignement relevant de la strate la plus ancienne de la tradition orale du judaïsme rabbinique, compilée à la fin du IIe siècle.

recourant à une écriture du secret. Prolongeant les travaux de Strauss en montrant l'importance de l'ésotérisme dans l'histoire générale de la philosophie jusqu'au XVIIIe siècle, Arthur Melzer parle à cet égard d'ésotérisme « défensif » [1].

Mais si vérité et société s'opposent, la philosophie n'est pas seulement dangereuse pour la vie du philosophe. Ou plutôt, si elle l'est, c'est parce que cette vérité est également nuisible aux crédos de la société, véhiculés au Moyen Âge par la religion. Certaines thèses philosophiques entrent directement en contradiction avec certaines thèses prêtées aux religions monothéistes, à l'instar de l'éternité du monde ou encore du fait que Dieu ne connaisse pas les particuliers qui contrevient à l'idée de providence individuelle. Ainsi, c'est également, d'une part, l'autorité de la loi elle-même que le philosophe met en péril et, d'autre part, le lecteur incompétent qu'il s'agit de protéger par l'écriture ésotérique, en lui masquant ces vérités qu'il n'est pas en mesure de comprendre. Averroès interdit ainsi d'enseigner le principe de l'incorporalité divine au vulgaire au motif qu'il ne croit à l'existence que de ce qui a un corps et qu'il risquerait d'en déduire que Dieu n'existe pas [2]. Dans les catégories de Melzer, cet ésotérisme visant à préserver la société et ses fondements est un ésotérisme « protecteur » [3].

Or, dans le cas de la philosophie juive, cette menace de persécution et ce danger social sont amplifiés par la situation de minorité et d'exil et par l'absence d'institutions organisant la sphère intellectuelle. L'exil place les juifs sous la menace constante d'une persécution extérieure, même s'ils ont bénéficié d'une tolérance et d'une intégration relatives dans certains contextes médiévaux (notamment au cours de « l'Âge d'Or » d'Al-Andalus, entre le Xe et le XIIe siècle). Le philosophe est, en outre, d'autant plus menacé au sein du monde juif lui-même, du fait de l'absence de la protection d'institutions équivalentes à l'Université du monde latin, qui fassent écran entre lui et la vindicte populaire.

MODÈLES DE L'ÉSOTÉRISME

Deux modèles de l'écriture ésotérique ont été proposés à partir de l'étude des philosophes juifs médiévaux. Le modèle straussien peut être défini comme un ésotérisme « politico-religieux ». L'écriture du secret, la discipline de l'arcane, apparaît fondamentalement comme un moyen pour le philosophe de se protéger, en garantissant que la pointe hétérodoxe de sa pensée n'apparaisse pas, ou pas trop, auprès du large public. Ce modèle repose sur une série de thèses concernant les rapports de la philosophie et de la religion et engage une certaine épistémologie et une certaine compréhension de l'écriture philosophique.

1. A. M. Melzer, *Philosophy Between the Lines : The Lost History of Esoteric Writing*, Chicago, University of Chicago Press, 2014, p. 4, chap. V et *passim*.

2. Voir les extraits traduits du *Dévoilement des méthodes de démonstration des dogmes de la religion musulmane* (*Kašf*), dans Averroès, *L'Islam et la raison*, trad. fr. M. Geoffroy, Paris, Flammarion, 2000, p. 128-130.

3. A. M. Melzer, *Philosophy Between the Lines*, *op. cit.*, p. 4, chap. VI et *passim*.

La philosophie (« Athènes ») est considérée comme une discipline radicalement hétérogène à la religion (« Jérusalem »). La question politique et donc religieuse est la question première de la philosophie, parce que la vie politique conditionne l'existence du philosophe. Le problème de l'*écriture* de la philosophie est dès lors une question fondamentale, puisqu'en définitive, si la vérité et la société s'opposent, la philosophie n'est pas faite pour être écrite, comme le soutenait déjà Platon [1]. Non pas toutefois pour des raisons intrinsèques à l'exercice de la pensée – l'oralité garantissant la mise en question permanente et le caractère dialogal de l'élaboration du sens, comme il ressort des dialogues socratiques, rejoints sur ce point par la tradition rabbinique classique –, mais parce que l'écriture est, par essence, un mode d'expression public, sur lequel le destinateur a moins de contrôle que la communication orale. Le philosophe, maître de son savoir, est également maître de son discours, usant à sa guise de l'interface entre lui et la société que constitue l'écriture. L'ésotérisme peut alors être qualifié, avec Moshe Halbertal, « d'instrumental » [2]. On peut le dire aussi « accidentel » ou « extrinsèque » en ce sens qu'il est dicté uniquement par la situation existentielle du philosophe et par la contradiction de fait entre la pensée philosophique et la condition politique. S'il vivait dans une société idéale de philosophes, l'amoureux de la sagesse n'aurait nul besoin de recourir à une telle écriture complexe. Du reste, il n'aspire qu'à faire advenir progressivement une telle coexistence pacifique du philosophe et de la société.

Un autre modèle peut toutefois lui être opposé : celui d'un ésotérisme « philosophique » ou « essentiel » [3], dans le cadre duquel il existe un lien intrinsèque entre le recours à l'écriture ésotérique et les sujets abordés par le biais d'une telle écriture. L'écriture du secret est, en d'autres termes, commandée par certains problèmes qui ne se laissent pas énoncer dans un langage clair et univoque. C'est en particulier le cas à propos de certaines questions qui mettent à mal les capacités expressives du langage lui-même. Un exemple caractéristique est constitué par la question des attributs divins. Une théologie négative conséquente ne peut que s'achever dans une mystique du silence. Si tout terme attribué à Dieu manque nécessairement son objet parce que le langage humain est inapte à énoncer adéquatement la réalité divine, alors il n'y a précisément aucun autre moyen d'accéder à une connaissance de Dieu qu'en se passant du langage. Mais il faut, en même temps, faire usage du langage pour donner à comprendre quelque chose de cette inadéquation même.

1. Platon, *Phèdre*, 275 d-276 a et 277 e-278 d ; *Lettre* VII.

2. Voir M. Halbertal, *Concealment and Revelation : Esotericism in Jewish Thought and its Philosophical Implications*, Princeton, Princeton University Press, 2009, p. 149-155.

3. *Ibid.*, p. 156-162.

La formule talmudique « la Tora a employé le langage des hommes », telle que reprise à son compte par Maïmonide dans les chapitres consacrés à l'interprétation allégorique des anthropomorphismes bibliques [1], peut se comprendre dans le sens d'un tel ésotérisme. Elle peut signifier, en un sens faible que, les hommes étant plus habitués à désigner des réalités matérielles, la Tora a dû employer un langage matériel pour parler d'une réalité spirituelle. Mais, en un sens plus fort, elle signifie que la Tora ou son rédacteur n'a eu d'autre choix que d'employer le langage des hommes qui est *intrinsèquement* inadéquat pour évoquer les réalités divines [2]. L'ésotérisme tient alors au fait qu'une certaine idée est nécessairement tout à la fois masquée et dévoilée par son expression langagière.

LA CRÉATION DU MONDE : UNE QUESTION ÉSOTÉRIQUE

La question de la création du monde s'intègre fort bien dans chacun de nos deux modèles de l'ésotérisme philosophique. Du point de vue de l'ésotérisme « politico-religieux », la thèse de la création absolue, comprise comme « la thèse de la Tora de Moïse », apparaît comme un credo religieux sans fondement rationnel [3]. La philosophie, identifiée avec la science aristotélicienne, propose une compréhension globale de la réalité naturelle, qui est telle qu'elle se passe de l'hypothèse lourde de la création. Elle comporte du reste un certain nombre de principes qui contredisent cette hypothèse. Nombre d'arguments tirés de concepts fondamentaux de la physique (le temps, le mouvement, la matière première…) et de la métaphysique (l'incorporalité du premier moteur ou son immutabilité) [4] la rendent irrecevable pour un philosophe digne de ce nom. La création se réduit alors à une hypothèse *ad hoc* qui permet de soutenir l'édifice de la Tora. Elle garantit la possibilité du miracle et, par là, de la révélation, en présentant un Dieu à l'origine de l'ensemble des créatures et qui est donc susceptible de les modifier. Elle est supposée par ailleurs ressortir du sens

1. Voir par exemple, Talmud de Babylone, *Yevamot*, 71a, *Baba Meṣiᶜa*, 31b et *passim* ; Maïmonide, *Guide*, I, 26, p. 88 et *passim*.

2. Voir M. Halbertal et A. Margalit, *Idolatry*, Cambridge (Mass.), Harvard University Press, 1992, p. 54-62. Pour une interprétation au contraire « politico-religieuse » de l'usage de cette formule talmudique par Maïmonide, voir A. Nuriel, « "The Torah Speaks in the Language of Human Beings" in the *Guide of the Perplexed* » [hébreu], dans M. Hallamish et A. Kasher (éd.), *Religion and Language* [hébreu], Tel Aviv, University Publishing Projects, 1981, p. 97-103, repris dans *Concealed and Revealed in Medieval Jewish Philosophy* [hébreu], Jérusalem, Magnes Press, 2000, p. 93-99.

3. À l'encontre d'une telle vision, P. Clavier, *Ex nihilo*, 2 vol., Paris, Hermann, 2011, s'est toutefois engagé à montrer la pertinence proprement philosophique du concept de création *ex nihilo* (mais non *de novo*).

4. Pour ces arguments, voir les études classiques, R. Sorabji, *Time, Creation, and the Continuum : Theories in Antiquity and the Early Middle Ages* [1983], Chicago, University of Chicago Press, 2006, part. 3 et 4, et H. A. Davidson, *Proofs for Eternity, Creation, and the Existence of God in Medieval Islamic and Jewish Philosophy* [désormais « *Proofs* »], New York-Oxford, Oxford University Press, 1987.

littéral des Écritures. Il y a donc lieu de soupçonner le philosophe qui affirme adhérer à la création, d'être un philosophe convaincu de l'éternité du monde, feignant, devant le parterre des naïfs, être un croyant sincère. Montrer que Maïmonide ou d'autres philosophes juifs médiévaux ne croient pas sincèrement à la création serait donc suggérer qu'ils ne sont pas des tenants sincères de la loi de Moïse, que leur fidélité ne va qu'à Athènes et non, malgré leurs dires, également à Jérusalem.

Que la question de la création du monde puisse, par ailleurs, compter parmi celles qui commandent de manière essentielle une écriture ésotérique tient au fait qu'elle touche exemplairement au problème des limites du langage. Il s'agit rien moins que de chercher à énoncer ce qu'il en a été de l'origine radicale de toute chose, lorsque le langage présuppose toujours l'existence de quelque chose sur laquelle il porte. Dans sa *Conférence sur l'éthique*, Wittgenstein mentionne ainsi l'étonnement devant l'existence même du monde, comme une expérience de la transgression des limites du langage. Dire « je m'étonne de l'existence du monde » revient à faire un mauvais usage du verbe « s'étonner », puisqu'on ne peut jamais s'étonner que du fait que quelque chose ne soit pas conforme à ce à quoi on s'attendrait. En revanche, on ne saurait s'étonner que le monde existe, puisqu'il est impossible d'imaginer qu'il ne soit pas ou de se projeter dans une situation dans laquelle il n'existerait pas. Le langage étant, à un certain niveau, le véhicule de quelque énoncé sur un état de chose, il ne saurait rien énoncer quant au fait même qu'il y a des choses sur lesquelles il porte. Et selon une magnifique formule de la *Conférence*, si s'étonner de l'existence du monde revient à envisager l'existence du monde comme un miracle, comme un fait de prime abord inexplicable au regard des connaissances dont on dispose, alors « la façon correcte d'exprimer dans le langage le miracle de l'existence du monde, bien que ce ne soit pas une proposition *du* langage, c'est l'existence du langage même » [1].

Il n'y a dès lors aucune façon adéquate de saisir *dans* le langage une origine radicale, même si l'existence *du* langage rend en quelque sorte nécessaire – mais vaine selon Wittgenstein – la tentative de rendre compte d'une telle origine [2]. La création du monde se situe donc dans cette catégorie de questions qui, par leur structure, sont telles que tout à la fois elles se posent nécessairement et que toute tentative pour y répondre conduit à des problèmes inextricables concernant la manière correcte d'en parler.

1. L. Wittgenstein, *Leçons et conversations sur l'esthétique, la psychologie et la croyance religieuse*, Paris, Gallimard, 1971, p. 153-154.

2. *Ibid.*, p. 155.

PAR-DELÀ L'INTENTION DE L'AUTEUR

Si Strauss doit sa découverte de l'ésotérisme « politico-religieux » à une lecture de l'introduction du *Guide des égarés* de Maïmonide, ce texte fondateur recèle aussi, comme nous le verrons en détail [1], les ressources pour penser un ésotérisme « essentiel ». Cet ésotérisme « politico-religieux » a par la suite été envisagé par Strauss et ses continuateurs comme une hypothèse de lecture de l'ensemble de l'histoire de la philosophie juive médiévale [2], voire de l'histoire de la philosophie pré-moderne en général [3]. Nous entendons de même aborder les réflexions d'un ensemble de philosophes juifs médiévaux sur la création du monde à partir de l'hypothèse d'un ésotérisme « essentiel ».

Toutefois, cette hypothèse de lecture se heurte à un argument fort tenant à l'histoire de la réception du *Guide* et plus fondamentalement à une considération méthodologique globale en histoire de la philosophie. La lecture straussienne, qui fait de Maïmonide un aristotélicien orthodoxe ou un philosophe « radical », n'est pas absolument inédite et peut se prévaloir de l'autorité d'une tradition remontant à la première génération de lecteurs du *Guide*, à commencer par l'auteur de sa première traduction de l'arabe vers l'hébreu, du vivant même de Maïmonide, Samuel Ibn Tibbon (c. 1165–1232, Provence) [4]. À la suite de Samuel Ibn Tibbon, se développe une école de lecture radicale du *Guide* (dont les averroïstes Joseph Ibn Kaspi et Moïse de Narbonne dit « Narboni », actifs en Provence au XIVe siècle, sont d'importants représentants) qui n'aura de cesse de démontrer que, malgré ses dires, la « véritable doctrine » de Maïmonide correspond à quelques détails près avec celle d'Aristote que ces commentateurs identifient à celle d'Averroès [5].

À l'inverse, il faut attendre les travaux fondateurs de Shlomo Pinès à la fin des années 1970 [6] pour voir apparaître les premières lectures « sceptiques » du

1. *Infra*, p. 56 *sq*.

2. D. Schwartz, *Contradiction and Concealment in Medieval Jewish Thought* [en hébreu], Ramat-Gan, Bar-Ilan University Press, 2002.

3. A. M. Melzer, *Philosophy Between the Lines*, *op. cit.*

4. Sur S. Ibn Tibbon, comme lecteur ésotérique du *Guide*, voir A. Ravitzky, « Samuel Ibn Tibbon and the Esoteric Character of the *Guide of the Perplexed* », *AJS Review*, 6, 1981, p. 87-123 et C. Fraenkel, *From Maimonides to Samuel Ibn Tibbon. The Transformation of the* Dalālat al-Ḥā᾿irīn *into the* More ha-Nevukhim [hébreu], Jérusalem, Magnes Press, 2007.

5. Sur l'histoire de la réception du *Guide* et, en particulier, cette tradition de lecture « radicale », voir notamment A. Ravitzky, « The Secrets of Maimonides : Between the Thirteenth and the Twentieth Centuries », dans I. Twersky (éd.), *Studies in Maimonides*, Cambridge (Mass.), Harvard University Press, 1990, p. 159-207, repris dans *History and Faith : Studies in Jewish Philosophy*, Amsterdam, J. C. Gieben, 1996, p. 246-303 ; A. L. Ivry, « Strategies of Interpretation in Maimonides' *Guide of the Perplexed* », *Jewish History*, 6/1-2, 1992, p. 113-130 et la typologie utile des lectures du *Guide* (conservatrice, philosophique, sceptique et mystique) proposée dans M. Halbertal, *Maimonides : Life and Thought*, Princeton, Oxford, Princeton University Press, 2013, p. 277-368.

6. S. Pinès, « The Limitations of Human Knowledge According to Al-Fārābī, Ibn Bājja and Maimonides », dans I. Twersky (éd.), *Studies in Medieval Jewish History and Litterature*, Cambridge (Mass.), Cambridge University Press, 1979, p. 82-109, puis, en français, « Les limites de la

Guide, y trouvant, comme l'implique l'hypothèse d'un ésotérisme essentiel, des considérations sur des limitations de la connaissance possible à l'homme. D'aucuns parmi les lecteurs sceptiques modernes s'efforcent ainsi de justifier leur interprétation inédite malgré les huit siècles qui les séparent de la rédaction de l'ouvrage [1]. De fait, l'attitude sceptique ou critique que ses lecteurs prêtent à Maïmonide correspond bien davantage à l'esprit de la philosophie moderne, postkantienne en particulier, qu'à celui de ses contemporains andalous du XIIe siècle, Ibn Bājja ou Averroès. Il est certes possible qu'un personnage aussi singulier que Maïmonide ait fait exception dans son moment philosophique. Mais il y a lieu, en effet, de craindre que de telles interprétations aient succombé à une illusion projective, qui consiste à retrouver chez un penseur du passé ses propres idées – illusion que Maïmonide lui-même condamnait chez certains de ses contemporains [2].

Le principe fondamental sur lequel cette objection repose a été formulé par Strauss, dans sa critique du « progressisme » kantien et postkantien. Celui-ci, partant d'une vision de l'histoire dans laquelle la modernité est l'époque la plus « avancée » voire l'aboutissement même de l'histoire (chez Hegel), prétend comprendre les philosophies du passé « mieux qu'elles ne se sont comprises elles-mêmes », selon la célèbre formule de Kant à propos de Platon [3]. Pour Strauss, il convient au contraire, de lire un philosophe « exactement comme il s'est compris lui-même » [4]. Or, pour Maïmonide, « philosophie » ne signifie rien d'autre que science aristotélicienne [5]. Dès lors, faire de lui un « philosophe sceptique » ou « critique » avant l'heure relève de l'anachronisme ou d'une lecture téléologique de l'histoire de la philosophie.

C'est également au nom de la rigueur historique que Dov Schwartz, élargissant l'hypothèse straussienne de l'ésotérisme philosophique à l'ensemble de la philosophie juive médiévale, se méfie de toute lecture de notre *corpus* qui ferait droit à une forme de scepticisme ou à une réflexion sur les limitations de la connaissance humaine. Schwartz reconnaît pourtant que la situation du lecteur

métaphysique selon Al-Fārābī, Ibn Bājja et Maïmonide » (1981) et « Le discours théologico-philosophique dans les œuvres halachiques de Maïmonide comparé avec celui du *Guide des égarés* » (1985), tous deux repris dans *La liberté de philosopher*, *op. cit.*, et enfin, « The Philosophic Purport of Maimonides' Halachic Works », dans Y. Yovel et S. Pinès (éd.), *Maimonides and Philosophy: Papers Presented at the Sixth Jerusalem Philosophical Encounter, May 1985*, Dordrecht, M. Nijhoff, 1986, p. 1-14. Pour une critique cinglante de cette approche, voir A. Altmann, « Maimonides on the Intellect and the Scope of Metaphysics », dans *Von der mittelalterlichen zur modernen Aufklärung: Texts and Studies in Early Modern Judaism*, Tübingen, Mohr Siebeck, 1987, p. 60-129.

1. Voir Y. Lorberbaum, « On Contradictions, Rationality, Dialectics, and Esotericism in Maimonides's *Guide of the Perplexed* », *The Review of Metaphysics*, 55/4, 2002, p. 749-750.

2. Voir *Guide*, « Introduction », p. 22, cité *infra* p. 72-73. Ce reproche est adressé aux tenants de la lecture sceptique et particulièrement à S. Pinès, dans P. Bouretz, *Lumières du Moyen Âge. Maïmonide philosophe*, Paris, Gallimard, 2015, p. 343-344.

3. I. Kant, *Kritik der reinen Vernunft*, B 370, AK III, 241.

4. L. Strauss, « Comment commencer l'étude de la philosophie médiévale ? » [1944], dans *La renaissance du rationalisme politique classique*, Paris, Gallimard, 1993, p. 283.

5. *Id.*, « Le caractère littéraire du *Guide des perplexes* », *op. cit.*, p. 214.

d'un texte ésotérique le place parfois devant une impossibilité de trancher entre diverses compréhensions possibles de l'entreprise de l'auteur étudié. Il montre comment l'hypothèse straussienne peut fonctionner dans une direction que Strauss n'avait pas envisagée. Le risque de la persécution ne concerne pas uniquement le philosophe dans un milieu non-philosophique, mais également l'antiphilosophe dans un milieu largement acquis à la cause de la philosophie.

Strauss avait lu le *Kuzari* de Juda Halevi (avant 1075-1141), à contre-emploi, comme une secrète défense de la philosophie, alors même qu'il se présente comme une défense du judaïsme contre divers adversaires dont la philosophie [1]. Schwartz montre qu'à l'inverse, on peut comprendre l'apparente légitimation de la philosophie, dans ce texte pourtant clairement antiphilosophique, comme l'indice qu'Halevi a éprouvé le besoin de masquer une pensée encore plus conservatrice, dans un milieu qui, déjà marqué par la pensée philosophique, n'aurait pu admettre sa position comme telle [2]. À propos d'autres auteurs, Schwartz invite à une « herméneutique ouverte » montrant que diverses lectures sont également légitimes et qu'il est impossible de décider entre elles. Il montre singulièrement par l'exemple, qu'il est tout à fait possible de produire deux lectures ésotériques cohérentes du *Guide* de Maïmonide, orientées dans deux directions radicalement opposées (dans le sens d'un Maïmonide ésotérique philosophe radical, ou d'un Maïmonide secrètement antiphilosophe) [3].

Si Schwartz reconnaît l'indécidabilité qu'induit l'écriture ésotérique quant à la doctrine effective de son auteur, il n'admet toutefois, à la suite de Strauss, que le seul motif politico-religieux de la persécution (qu'elle émane du vulgaire ou des philosophes) et ce spécifiquement s'agissant de la pensée juive. Schwartz est prêt à admettre que la forme dialectique de la pensée scolastique, confrontant constamment le *sic* et le *non*, puisse s'interpréter comme reflétant une prise en compte des limitations intrinsèques de la connaissance humaine. L'Université ouvre un espace où l'expression d'une telle culture du doute est possible. Mais une lecture de ce type, influencée selon Schwartz par l'herméneutique « post-moderne », est inadmissible s'agissant des penseurs juifs, puisqu'aucune institution ne leur garantit une semblable liberté intellectuelle et qu'ils sont dès lors constamment exposés à la menace de la violence politique [4].

Cette critique nous semble parfaitement pertinente, tant que l'on ne remet pas en cause le présupposé intentionnaliste au fondement de l'ensemble des grandes orientations de lecture que nous avons jusqu'ici rencontrées. Ce présupposé consiste peu ou prou à réduire le sens d'un texte à l'intention de son auteur et à considérer que la seule visée légitime d'un interprète est de déterminer la « véritable pensée » de ce dernier. De fait, s'agissant de Maïmonide, aussi bien les interprètes straussiens qui le lisent comme un philosophe « radical » que les

1. *Id.*, « La Loi de la Raison dans le *Kuzari* », dans *La persécution et l'art d'écrire*, *op. cit.*

2. D. Schwartz, *Contradiction and Concealment in Medieval Jewish Thought*, *op. cit.*, chap. II, p. 45-67.

3. *Ibid.*, chap. III, p. 68-111.

4. *Ibid.*, p. 266-267.

interprètes l'envisageant comme sceptique ou « proto-critique » s'assignent pour tâche de rechercher sa « véritable doctrine » [1], quand bien même on admettrait qu'aucune certitude n'est possible à cet égard [2].

Or, quelle que soit la perspective que l'on adopte quant au motif du recours à l'écriture ésotérique, il nous semble que ce présupposé intentionnaliste doive être abandonné.

Du point de vue de l'ésotérisme « politico-religieux », l'intention de l'auteur apparaît en effet, de prime abord, comme l'alpha et l'oméga du texte ésotérique. Le discours s'origine dans une intention de signification et s'achève par l'identification de cette intention de signification de la part du lecteur, conformément au schéma classique de la communication dont Aristote pose les bases [3]. Le destinateur d'un message désire transmettre à un destinataire des idées reflétées par des « états de son âme ». Il choisit donc le véhicule des « mots émis par la voix », qui indiqueront au destinataire qui partage la même langue les idées en question et les fera naître en son âme. Dans le cas d'un message écrit, s'ajoute l'étape supplémentaire de la transcription des mots par des signes graphiques. Le lecteur n'aura qu'à remonter de ces signes aux mots et de ces mots aux idées.

Le modèle de l'ésotérisme « politico-religieux » repose sur l'idée selon laquelle l'écriture ésotérique, étant instrumentale, ne modifie que marginalement ce schéma standard de la communication. En définitive, la traduction de l'état de l'âme du destinateur en symboles linguistiques est toujours une forme de cryptage et l'opération d'interprétation du destinataire, un décryptage. L'unique spécificité du message ésotérique est que seule une catégorie de lecteurs est supposée disposer des capacités et des clés nécessaires pour décrypter *correctement* le message. Le message est codé de telle sorte que les autres lecteurs en viennent à opérer un mauvais décryptage et à se tromper, sans même s'en rendre compte, sur l'intention véritable du destinateur. Encore davantage que dans le cas d'un message classique, le destinateur est supposé absolument maître de son discours et de ses effets, capable de produire un message plurivoque et de déterminer lequel de ses lecteurs sera capable de comprendre sa véritable signification et lequel une autre signification. Du reste, cette prétention à une souveraineté absolue de l'auteur sur son discours ressort, en effet, exemplairement de certaines déclarations de Maïmonide dans l'introduction du *Guide* [4].

1. L. Strauss, « Le caractère littéraire du *Guide des perplexes* », *op. cit.*, p. 250 : « nous avons besoin d'une réponse générale à la question générale : lequel de deux énoncés contradictoires Maïmonide *considère-t-il dans chaque cas comme le vrai ?* La réponse à cette question serait *le* guide pour la compréhension de l'œuvre de Maïmonide » (nous soulignons). Et, dans le cadre d'une lecture anti-ésotérique, K. Seeskin, *Maimonides on the Origin of the World*, Cambridge-New York, Cambridge University Press, 2005, p. 181 : « I suggest therefore that *Maimonides'convictions* are exactly as he states them » (nous soulignons).

2. Voir par exemple, la remarque conclusive de W. Z. Harvey, « A Third Approach to Maimonides' Cosmogony-Prophetology Puzzle », *The Harvard Theological Review*, 74/3, 1981, p. 301.

3. Aristote, *De l'interprétation*, I, 16a.

4. *Guide*, I, « Introduction », p. 22-23, cité et commenté *infra*, p. 56.

Pourtant, à y bien regarder, dans le cas d'un texte ésotérique – et même dans l'optique de l'ésotérisme « politico-religieux » –, les conditions du pacte de lecture classique sont en réalité totalement bouleversées. Car, le texte étant délibérément obscur, le lecteur en est réduit à tenter de reconstruire la position de l'auteur, en déterminant une clé de lecture du texte, à évaluer la plausibilité de sa lecture à l'aune de sa cohérence interne (c'est-à-dire sa capacité à rendre compte du texte qu'il interprète), ou de sa cohérence externe avec ce qu'il sait par ailleurs de la pensée de l'auteur (c'est-à-dire, généralement, d'autres de ses textes). Se convaincre de la pertinence de sa propre lecture et de la probabilité qu'elle puisse correspondre à l'intention effective de l'auteur est possible ; être certain d'une telle correspondance, en revanche, est nécessairement rendu impossible par l'obscurité du message et l'absence de l'auteur pour préciser ses dires ou confirmer, dans quelque confessionnal, que telle avait été sa véritable intention. Plus encore, même en supposant une telle confession, le lecteur pourra-t-il être sûr de la sincérité de l'auteur ? Le lecteur pourra-t-il jamais être certain qu'il fait bien partie des lecteurs « élus » et que l'auteur ne l'a pas lancé vers une fausse piste pour dissimuler encore davantage ses véritables intentions, que l'aveu apparent ne participe pas de la stratégie de dissimulation même ?

Dans le pacte de lecture d'un texte ésotérique, c'est le lien de confiance réciproque de l'auteur et du lecteur qui se trouve rompu. Ou plutôt un jeu complexe de la confiance et de la méfiance s'installe entre eux. L'auteur se méfie du lecteur et du fait qu'il pourrait ne pas être un destinataire apte à comprendre ses idées. Mais il a toutefois confiance dans le fait que le lecteur apte pourra, quant à lui, accéder à sa véritable pensée. Il emploie donc une écriture qui dissimule sa pensée et la révèle tout à la fois. En retour, le lecteur a confiance dans le fait que l'auteur a inséré sa véritable pensée dans son texte, mais il se méfie de lui, en le soupçonnant toujours de ne pas dire ce qu'il pense, alors même qu'il n'est pas possible de déterminer avec certitude quand il est sincère et quand il ne l'est pas. Dès lors, le texte ésotérique est un étrange objet, porteur certes d'une intention de signification, mais qui se trouve masquée derrière le véhicule même qui est censé la transporter, de sorte que n'est transportée au lecteur que l'intention de signification que le lecteur reconstruit de manière hypothétique et probabiliste.

Le paradoxe d'une telle écriture consiste dans le fait que l'auteur, se voulant maître de son discours, concède en réalité au lecteur une liberté d'interprétation plus grande que dans un texte usuel, dont l'intention est claire et explicite. En choisissant minutieusement ses mots, en usant de procédés d'écriture sophistiqués, comme l'allusion, la parabole ou les contradictions délibérées, l'auteur prétend être capable de transmettre le fond de sa pensée uniquement à un certain type de lecteur et d'autres idées à un autre type. Mais, en réalité, en conférant au lecteur un rôle majeur dans l'élaboration ou la réélaboration du sens de son propre texte, il renonce *de fait* à cette maîtrise absolue de la signification de son propre texte. L'auteur ésotérique opère ainsi dans la pratique, sans le vouloir, le geste théorique opéré par Barthes, renversant le rapport de force du pacte de lecture, annonçant la « mort de l'auteur » au profit de la naissance du lecteur [1].

Le corollaire d'un tel geste est de renoncer par ailleurs à la notion « d'œuvre » pour faire place à celle de « texte ». L'œuvre est le produit du travail de l'auteur. Le texte est une surface qui surgit dans le champ de vision du lecteur, appelant de sa part une interprétation. « L'auteur [écrit Barthes] est réputé le père et le propriétaire de son œuvre ; la science littéraire apprend donc à respecter le manuscrit et les intentions déclarées de l'auteur, et la société postule une légalité du rapport de l'auteur à son œuvre [...]. Le Texte, lui, se lit sans l'inscription du Père » [2]. C'est ainsi en tant que « Textes » que nous envisagerons les différents textes de notre *corpus*, traitant de la question de la création du monde. En tant que tels, ils ne sont pas réductibles à l'intention de signification qui animait leur auteur. Ils ne charrient pas non plus, pour seul contenu philosophique, celui qui correspond à la doctrine philosophique de l'auteur, ou à celles de ses contemporains, ou à sa conception de la philosophie elle-même. La critique straussienne de toute lecture qui tirerait d'un texte autre chose que l'intention de son auteur se trouve ainsi dépassée, en raison des contradictions qui découlent de l'admission des prémisses de l'ésotérisme « politico-religieux ».

Du point de vue de l'ésotérisme « essentiel », la notion d'intention de l'auteur se trouve contestée encore plus en amont, au moment même de l'écriture de son texte. L'idée fondamentale de ce modèle de l'ésotérisme est en effet que le fait même de vouloir s'exprimer sur certains sujets déterminés conduit l'auteur, malgré lui et quand bien même il souhaiterait pouvoir s'exprimer clairement, à se heurter à l'inadéquation intrinsèque de son mode d'expression. Le langage se met comme à parler indépendamment de l'intention de signification de l'auteur. L'auteur est comme saisi par le sujet qu'il traite, ou plutôt dessaisi, par son sujet, de la maîtrise à laquelle il prétend sur sa propre écriture. Dans cette perspective, le message en lui-même, qui est, au demeurant, la seule chose dont nous lecteurs disposons devient, plutôt que la pensée de l'auteur, la matière fondamentale de l'interprétation. Le sens apparent du texte ésotérique se trouve ainsi revalorisé. Mais cette revalorisation n'implique pas qu'il faudrait identifier la « véritable pensée de l'auteur » à précisément ce qu'il dit. Cela reviendrait à nier l'ésotérisme même et à occulter ce qui transparaît dans le texte de l'auteur, malgré lui. Il ne s'agit pas d'envisager l'énoncé « apparent » comme un énoncé doctrinal, mais comme un énoncé à travers lequel se dit quelque chose d'un certain problème philosophique.

1. R. Barthes, « La mort de l'auteur », *Manteia*, 5/4, 1968, p. 12-17, repris dans *Le bruissement de la langue : Essais critiques IV*, Paris, Seuil, 1984, p. 63-69 et, sur le thème de la « mort de l'auteur », voir la fameuse conférence de M. Foucault, « Qu'est-ce qu'un auteur ? », *Bulletin de la Société française de philosophie*, 63/3, 1969, p. 73-104.

2. *Id.*, « De l'œuvre au texte », *Revue d'esthétique*, 3, 1971, repris dans *Le bruissement de la langue*, *op. cit.*, p. 76-77.

La prise en compte des enjeux de l'ésotérisme conduit, en conséquence, à modifier radicalement la question que l'on pose à un texte ésotérique. Il ne s'agira pas de nous interroger pour savoir « ce que pense véritablement » l'auteur de tel texte, à propos de la question de la création, mais ce que ce texte donne à penser sur la question [1]. L'abandon de la perspective doxographique conduit par là même à renoncer au projet de chercher à tout prix à fournir une lecture cohérente de l'ensemble de la production d'un auteur, mais au contraire à tirer, des tensions que ses textes présentent, un enseignement philosophique.

À la lumière de ces remarques liminaires, nous pouvons à présent préciser notre projet : aborder les stratégies d'écriture sophistiquées employées à propos de la création, non comme des stratagèmes visant à dissimuler une opinion hétérodoxe, mais comme des tentatives d'exposer dans et par le langage, quelque chose de ses propres limites, de connaître autant que faire se peut quelque chose qui échappe par sa nature même au cadre de la connaissance humaine.

NOS AUTEURS

Il peut sembler paradoxal qu'un travail mettant en question la catégorie même d'auteur se présente comme une série de chapitres monographiques. Il s'agit de montrer que chacun des auteurs choisis, malgré la diversité des thèses qu'ils affichent sur la question, s'est confronté *volens nolens* au problème de la limitation des capacités expressives du langage. Ceci se vérifie même chez les auteurs qui, *in fine*, ne soutiennent pas la création absolue et ne peuvent donc être soupçonnés de duplicité. Il y a ainsi, au-delà d'un problème de positionnement doctrinal, une constante qui apparaît dans l'ensemble de leurs textes : une réflexion conjointe sur le problème de la création en tant que tel et sur la manière dont il est possible d'en parler. L'issue doctrinale, lorsqu'une telle issue est présentée de manière claire, semble toujours le résultat d'une réflexion sur le statut du discours sur la création du monde.

Les six auteurs étudiés – Saadia Gaon (Xe siècle), Abraham Ibn Ezra (XIIe siècle), Maïmonide (XIIe siècle), Isaac Albalag (XIIIe siècle), Gersonide (XIVe siècle) et Ḥasday Crescas (fin XIVe-début XVe siècle) – constituent tous des jalons importants de l'histoire de la philosophie juive médiévale [2]. Chacun est

1. Pour d'autres raisons qui reviennent à contester l'ésotérisme même du *Guide*, certains interprètes appellent déjà à abandonner la quête d'une véritable pensée de Maïmonide, Y. Lorberbaum, « On Contradictions, Rationality, Dialectics, and Esotericism in Maimonides's *Guide of the Perplexed* », art. cit., p. 748 ; H. A. Davidson, *Moses Maimonides. The Man and His Works*, New York, Oxford University Press, 2005, p. 393-402.

2. Nous arrêtons notre histoire avec Ḥasday Crescas qui clôt, avec sa critique de l'aristotélisme, un chapitre important de l'histoire de la philosophie juive médiévale. La réflexion médiévale sur notre problème trouvera néanmoins des prolongements à la Renaissance, à la croisée de la philosophie et de la kabbale notamment en Italie. Pour ces prolongements, voir B. Ogren, *The Beginning of the World in Renaissance Jewish Thought :* Ma'aseh Bereshit *in Italian Jewish Philosophy and*

communément identifié comme le représentant remarquable, avoué ou non, de l'une des positions en présence sur le problème de la cosmogénèse (création absolue, création *ex aliquo*, création éternelle) selon différentes variantes. Chacun met également en œuvre une stratégie d'écriture singulière sur la question. Il s'agissait de montrer comment, quelle que soit leur position, tous ont été concernés par la problématique au cœur de l'ésotérisme essentiel. Notre parcours suivra globalement une progression chronologique, avec pour pivot central l'auteur et le texte qui en constituent le cœur, Maïmonide et son *Guide des égarés*.

Il s'agit donc ici d'écriture et de création inconditionnée. Mais l'écriture de ce livre n'a été rendue possible que grâce aux nombreux soutiens dont j'ai bénéficié. Judith Olszowy-Schlanger et Paul Clavier ont guidé par leurs voix complémentaires une première version de ce travail. Les remarques de Jean-Pierre Rothschild, Zeev Harvey, Rémi Brague et Olivier Boulnois ont contribué à enrichir et préciser ma réflexion. Des échanges avec Gad Freudenthal, Colette Sirat, Catherine Chalier, José Costa, Ron Naiweld et Éric Smilévitch ont également permis d'améliorer différents chapitres de ce travail. Ceux qui portent sur Maïmonide doivent beaucoup à mes discussions avec Emmanuel Bonamy et Jérôme Benarroch. Merci aussi à Mehdy Fatnassi pour son aide dans la préparation du manuscrit.

Kabbalah, 1492-1535, Leiden, Brill, 2016, qui insiste également sur l'importance du statut épistémologique du problème chez Yoḥanan Alemanno, Isaac Abravanel, Pic de la Mirandole et Juda Abravanel (Leon Hébreu).

CHAPITRE PREMIER

SAADIA GAON : PENSER L'INIMAGINABLE

Ouvrir notre étude sur le *corpus* philosophique juif par Saadia Gaon (882-942) n'est pas une évidence. S'il est le premier rationaliste d'importance au sein de la tradition rabbinique et s'il inaugure la période médiévale dans la plupart des histoires de la philosophie juive [1], il n'en demeure pas moins généralement caractérisé non comme un philosophe, mais comme un représentant notable du *kalām* juif. Plutôt que le promoteur d'une libre enquête sur la réalité, il serait le tenant d'une apologétique religieuse visant à défendre les croyances fondamentales d'une religion déterminée. Étant donné le discrédit que Maïmonide jette sur les *mutakallimūn*, parmi lesquels Saadia se trouve implicitement visé [2], ce dernier pourrait passer pour un penseur dogmatique, qui n'aurait rien à nous apprendre de philosophiquement pertinent sur la création. Outre que l'affiliation de Saadia au *kalām* appelle quelques nuances [3], il s'avère que son abord de la création *ex nihilo* est l'occasion de poser un certain nombre d'éléments structurants de la tradition de pensée qui fait l'objet de notre étude. Au lieu d'une confiance naïve dans les capacités de l'homme à savoir ce qu'il en est de la création, ses textes révèlent au contraire une conscience aigüe des difficultés épistémologiques posées par la question.

1. Voir exemplairement, J. Guttmann, *Histoire des philosophies juives : de l'époque biblique à Franz Rosenzweig*, Paris, Gallimard, 1994, II [e] partie, chap. II.

2. Au chapitre I, 71 du *Guide*. Nous y reviendrons *infra*, chap. IV, p. 78 *sq*.

3. À titre d'exemple, Saadia ne souscrit pas en matière de physique à l'atomisme qui constitue l'un des piliers de la cosmologie kalamique, mais à l'hylémorphisme. D'autres éléments aristotéliciens et néoplatoniciens rendent sa dénomination de *mutakallim* problématique. Voir S. Stroumsa, « Saadya and Jewish *kalam* », dans D. Frank et O. Leaman (éd.), *The Cambridge Companion to Medieval Jewish Philosophy*, Cambridge, Cambridge University Press, 2003, p. 71-90.

Censure et longs discours sur la création

Dans l'ensemble des textes où Saadia traite de la question de l'origine du monde (dans le *Commentaire de la Genèse* ; dans le *Commentaire des Proverbes* ; dans le *Commentaire du Sefer Yeṣira* et dans le *Livre des Croyances et des Opinions*) [1], elle est toujours associée à des considérations sur le statut épistémologique limite du problème. À cet égard, le texte le plus éloquent est celui du commentaire sur Pr 30, 3, où Saadia va jusqu'à considérer qu'aucun savoir sur la création du monde n'est accessible à l'homme. Dans ce verset, tel qu'interprété par Saadia, le personnage d'Agur [2] affirme avoir appris toute la science à l'exception de la « science des saints », science réservée à Dieu. Le commentateur s'efforce de déterminer les contours de ce type de connaissances inaccessibles à l'homme.

> Agur a dit [à celui qui cherche à acquérir la science] : Ne demande pas ces choses que l'on ne peut connaître et auxquelles il n'y a pas de réponse (*lā jawāb ᶜanhā*), qui n'ont de « question » que le nom et non l'idée. Il a dit [de plus] à [son] étudiant : ne cherche pas à connaître à propos de la création du premier élément, comment elle s'est opérée, ni à propos de la nature, comment elle a été façonnée. Écarte tout cela de ton esprit, car cela appartient à Dieu et non aux hommes (*innahu lil-lāh lā lil-nās*). Ainsi, tu n'émousseras pas les capacités de ton intellect en t'y engageant. Concentre la totalité des capacités de ton intellect dans ce qu'il t'est possible de connaître (*mā yumkinuka*), étant livré aux êtres rationnels (*lil-nāṭiqīn*) [3].

D'après Saadia, la science « des saints » ou de Dieu, dont parle le verset des Proverbes, comporterait donc deux aspects, tous deux liés à la problématique de la genèse. Il s'agit d'une part de la science relative à la création *ex nihilo* (que Saadia nomme – nous y reviendrons – création « non à partir d'une chose ») et, d'autre part, de la science de la nature de toute chose ou de la nature des éléments constitutifs de l'ensemble des corps. Toutes deux constituent des questions qu'il est néfaste de poser, constituant une perte de temps et d'énergie dans la mesure où elles sont intrinsèquement inaccessibles à l'homme.

1. M. Zucker (éd.), *Saadya's Commentary on Genesis* [désormais abrégé *CG*], New York, Jewish Theological Seminary of America, 1984 ; J. Derenbourg et M. Lambert (éd.), *Version arabe des Proverbes de Saadia Gaon* [désormais abrégé *CP*], Paris, Ernest Leroux, 1894. ; M. Lambert (éd.), *Commentaire sur le Séfer Yesira ou Livre de la création par Saadya Gaon* [désormais abrégé *CSY*], Paris, Emile Bouillon, 1891 ; Y. Kafih (éd.), *Sefer ha-Nivḥar be-Emunot we-Deᶜot* (texte arabe du *Kitāb al-Amānāt wal-iᶜtiqadāt* et trad. hébraïque) [désormais abrégé *LCO*], New York, Yeshivah University, 1970. Une traduction plus rigoureuse du titre serait : « *Livre des doctrines et des croyances* », voir les remarques d'A. Altmann, dans I. Heinemann, H. Lewy et A. Altmann (éd.), *Three Jewish philosophers: Philo, Saadya Gaon, Yehuda Halevi*, New York et Philadelphia, Meridian Books Jewish Publication Society of America, 1960, p. 19-20, mais nous nous en tenons ici à l'usage. Il existe une trad. angl. du *LCO* par S. Rosenblatt, *The Book of Beliefs and Opinions*, New Haven, Yale University Press, 1948, dont nous indiquons les références à titre indicatif.
2. Le verset appartient au chap. 30 des Proverbes, qui se présente comme un discours d'Agur ben Yaqeh.
3. *CP*, p. 183-184 (notre trad.).

Pourtant, il s'avère que Saadia traite longuement précisément de ces questions dans le *CSY* et le premier livre du *LCO*. Deux voies s'offrent pour lever ce paradoxe, correspondant aux deux types d'interprétation de l'ésotérisme que nous avons décrits en introduction. Dans la perspective d'un ésotérisme « politico-religieux », l'on pourrait identifier ici une contradiction délibérée qui pourrait s'expliquer par la différence des publics visés par le *CP* (qui interdit toute spéculation sur la question) d'une part et le *CSY* et *LCO*, d'autre part. Par différence avec les deux autres œuvres, le *CP* s'adresse à un large public. Présentant les questions relatives à la création comme des questions inaccessibles et vaines, Saadia aurait entendu écarter le public « vulgaire » des sciences réservées à l'élite intellectuelle [1]. Mais il est tout aussi possible, dans la perspective d'un ésotérisme « essentiel », de faire remarquer que les positions du texte « vulgaire » du *CP* et des textes « élitaires » du *CSY* et du *LCO* ne se contredisent pas, à condition de déterminer précisément quelles sont les bornes de la connaissance possible en matière de création du monde et de s'assurer que Saadia en tient compte dans le *CSY* et le *LCO*.

Un élément permet de trancher en faveur de la seconde solution. Dans le *CSY* [2], Saadia cite précisément le même verset des Proverbes, dont il tirait dans le *CP* que la science de la création est inaccessible aux hommes, et en livre une exégèse concordante. C'est donc qu'il ne perçoit pas de contradiction entre la censure posée par le *CP* et ce dont le *CSY* se met en quête, en décrivant longuement la création. Dans le *CSY*, Saadia précise toutefois que ce qui est inaccessible en matière de science de la nature est une série de questions concernant la « spécification » (*takhṣīṣ*) des éléments [3]. Ce terme désigne tout à la fois, les *raisons* qui expliquent leurs caractéristiques spécifiques (la légèreté du feu par exemple) et le *processus* par lequel ils ont reçu ces caractéristiques. Deux objets sont donc présentés, de manière cohérente dans ces textes, comme étant hors de portée de la connaissance humaine. Ils concernent tous deux les *modalités* de la création. D'une part, les lois de la nature apparaissent comme irréductiblement contingentes pour l'homme, Dieu seul en connaissant la nécessité. D'autre part, et plus en amont, c'est la manière même dont une création *ex nihilo* s'opère qui est réservée à la science de Dieu.

Si, dès lors, le *CP* et le *CSY* s'accordent à exclure toute connaissance des modalités de la création, quel statut accorder au discours que Saadia consacre pourtant à la création du monde dans le *CSY* lui-même comme dans le *LCO* ?

1. C'est la solution adoptée par G. Vajda, dans « Sa'adya, commentateur du *Livre de la Création* », *Annuaire de l'EPHE, Sciences religieuses*, 1959, p. 3-35.

2. *CSY*, p. 31-32 ; ar. p. 15.

3. Ceci fait fortement écho au *Timée* de Platon (48b) :« Quelle était donc, avant la naissance du Ciel, la nature (*physin*) du feu, de l'eau, de l'air et de la terre ? Il nous faut examiner ce qu'elle était en elle-même, et quelles en était, avant ce moment-là, les affections (*pathè*) » (trad. fr. L. Robin, Paris, Gallimard, 1942, p. 466).

Nécessité d'une idée inconcevable

Bien que Saadia situe la question de la création dans le domaine des objets qui échappent à la connaissance humaine, la création *ex nihilo* joue, dans sa pensée, un rôle essentiel. Dans la lignée du *kalām*, c'est sa démonstration même de l'existence de Dieu qui dépend du fait que l'ensemble de ce qui existe (à l'exception de Dieu) est adventice (*muḥdath*). Comme tout ce qui existe a un commencement et que rien ne peut se donner naissance à soi-même, il existe un être antérieur à tout ce qui existe et qui en est la cause. Que la création soit *ex nihilo* lui est par ailleurs également apparu comme déterminant pour la fondation d'un monothéisme véritable.

Les enjeux de la question apparaissent dans divers passages du *Commentaire* sur le début de la Genèse. À plusieurs reprises, Saadia indique quatre raisons principales expliquant pourquoi le texte biblique énonce spécifiquement la création de certains êtres (du firmament, *raqia*ᶜ, de l'eau, des végétaux, des luminaires, des animaux), tout en précisant que ces raisons s'appliquent de manière générale à tout le récit de la création [1] : 1) afin que l'on rende un culte à celui qui les a créés ; 2) afin que l'on ne rende pas un culte à la créature en question ; 3) afin que l'on croie aux miracles qui sont rapportés à propos de l'être en question ; 4) afin que l'on accomplisse les commandements liés à cet être.

On peut manifestement regrouper ces visées en deux couples. Les points 1 et 2 constituent pourrait-on dire l'enjeu proprement « conceptuel » de la création. Le fait que l'ensemble des êtres du monde, aussi éminents soient-ils, dépendent ontologiquement de leur créateur permet d'établir l'existence de Dieu. Les points 3 et 4 constituent au contraire l'enjeu « théologique » de la création. Elle garantit, outre l'existence de Dieu, la vérité de la Tora. Ici se dessine un cercle que l'on retrouvera chez Maïmonide et Gersonide, admettant un lien d'attestation réciproque entre création et révélation. La création atteste la vérité des miracles, au rang desquels on compte la révélation de la Tora. Puisqu'il est le créateur de toute chose, Dieu peut agir sur tous les êtres du monde et modifier leur nature. Dans le même ordre d'idée, la création permet de justifier certains commandements : le Dieu à l'origine de la loi, étant également à l'origine de la nature, est légitimé à prescrire d'agir sur certains êtres du monde. À l'inverse, dans le *LCO*, ce sont les miracles qui constituent une preuve préliminaire de la création : « [la création non à partir d'une chose] nous est attestée (*ṣaḥḥa lanā*) par les signes et les prodiges » [2]. La Tora et les miracles font signe vers la création : ils indiquent, au sein du monde, que celui-ci a été créé [3]. En retour, seul un monde créé est porteur de la possibilité de la révélation. Fonder en raison la création, comme s'engage à le faire Saadia, revient donc à s'efforcer de garantir la véracité de la Tora, conformément à son entreprise apologétique. Seulement,

1. Voir *CG*, ar. p. 35, héb. p. 225 ; ar. p. 40, héb. p. 236 ; ar. p. 50, héb. p. 251.

2. *LCO*, I, p. 35.

3. Pour une argumentation dans ce sens, voir P. Clavier, « No Creation, No Revelation », *International Journal for Philosophy of Religion*, 73, 3, 2013, p. 255-268.

comme Saadia le pose d'emblée en l'assignant à la science de Dieu, la création *ex nihilo* est proprement inconcevable.

La démarche singulière de Saadia, conscient des limites de ce qu'il est possible de connaître en matière de création, mais ne se privant pas pour autant d'outrepasser ces limites mêmes, ne peut se comprendre qu'à l'aune de cette tension entre l'indispensabilité de l'idée de création et son inconcevabilité.

Terminologie : lā min šayʾ

C'est sur le fond de cette considération que l'on peut comprendre l'attention toute particulière que Saadia a portée sur la question de la terminologie adéquate en matière de création. Au Xᵉ siècle, une expression étrange et antinaturelle était usitée par certains *mutakallimūn* et même par Al-Fārābī pour désigner l'idée de création *ex nihilo* : la formule *lā min šayʾ* (litt. « non à partir d'une chose »), que nous avons rencontrée plus haut [1]. Or le souci particulièrement développé de Saadia de la juste façon d'énoncer la création se traduit par le fait qu'il prend longuement la peine de justifier cette tournure. Cette justification intervient à l'occasion du commentaire d'un passage du *Sefer Yeṣira* (IV, 5 selon son propre découpage du texte) [2] : « Il a formé du concret à partir du *tohu* (*yaṣar mi-tohu mamaš*) ; il a fait de ce qui n'est pas, ce qui est (*ᶜaśa še-eyno yešno*) ». Saadia traduit : « Il a créé *non à partir* d'une chose, une chose (*lā min šayʾ šayʾ*) ; il a fait exister ce qui n'existait pas. » Puis il commente :

> Nous disons : il a créé une chose *non à partir d'une chose*, et nous ne disons pas : Il a créé une chose *à partir d'une non-chose* (*šayʾ lā min šayʾ*). [...] Nous avons là en vue qu'une *non-chose* est une chose (*lā šayʾ šayʾ*) [3].

Saadia s'est ainsi efforcé de lutter contre deux doctrines attestées dans le *kalām*, mettant à mal l'idée de création. D'une part, par son rejet de l'atomisme,

1. Tout ceci a été documenté par H. A. Wolfson, dans une série d'études (« The Kalam Problem of Nonexistence and Saadia's Second Theory of Creation », *The Jewish Quarterly Review*, 36/4, 1946, p. 371-391 ; *id.*, « The Meaning of *Ex Nihilo* in the Church Fathers, Arabic and Hebrew Philosophy, and St. Thomas », dans *Medieval Studies in Honor of Jeremiah Denis Matthias Ford*, Cambridge, Harvard University Press, 1948, p. 355-370 ; *id.*, *The Philosophy of the Kalam*, Cambridge (Mass.)-London, Harvard University Press, 1976, p. 367-372), où il situe les premières occurrences de la tournure chez Isaac Israeli (832-932). Cette tournure sera par ailleurs déterminante pour la suite des développements de la pensée de la création, puisqu'elle sera reprise par Maïmonide et par Thomas d'Aquin, via la traduction latine du *Guide* à travers la formule « non fit ex aliquo » (*Somme Théologique*, I, 45, 1 ad. 3).

2. L'ordre du texte et son découpage sont propres au *Com.* de Saadia. Voir la mise au point de M. Lambert, dans *CSY*, p. IV-VI et de P. Fenton, dans *Séfer Yĕẓira: exposé antique de cosmogonie hébraïque*, Paris, Rivages, 2002, p. 19-21.

3. *CSY*, p. 106 ; ar. p. 84. Il est remarquable que le *lā min šayʾ* de Saadia ne traduit pas ici le *me-eyno yešno* du *SY*, qui est considéré comme la première occurrence de ce qui deviendra en hébreu l'expression standard du *ex nihilo* (*yeš me-ayn*). C'est pourtant dans la *Paraphrase hébraïque du CSY*, que l'on trouve le premier usage systématique de cette expression, la paraphrase utilisant *yeš me-ayn* à chaque fois que l'on trouve *lā min šayʾ* dans le texte de Saadia. Voir R. C. Kiener, « The History of the Phrase *yesh me-'ayn* in Philosophy and Kabbalah », *World Congress of Jewish Studies*, 3/1, 1990, p. 319-324.

il entend éviter le problème de l'origine de la substance des atomes. Car si, dans la perspective occasionnaliste des Ash^{c}arites, Dieu recrée à chaque instant les *accidents* des atomes, leur substance semble elle-même supposée coéternelle à Dieu. D'autre part, comme l'a montré Wolfson [1], si certaines écoles du *kalām* affirment une création à partir du *néant* (*lā šay*^{ɔ}) ou à partir de la privation (^{c}*adam*), ce concept de privation est marqué du sceau de l'équivocité, depuis son origine grecque (*mé on*), puisqu'il peut signifier un néant absolu (ou non-être) ou un néant relatif (un *être* qui, pour indéterminé qu'il est, reste toutefois un être). Ainsi parler de création *min lā šay*^{ɔ} ou *min* ^{c}*adam* pourrait en fait signifier une création à partir d'un matériau informe et non à partir du néant absolu. La formule *lā min šay*^{ɔ} de Saadia vise à lever ces ambiguïtés. Le recours à des artifices de langage et le souci de Saadia de les justifier témoignent d'une conscience particulièrement aigue des difficultés épistémologiques de la question.

La création et son comment

Dans le livre I du *LCO*, Saadia déploie des efforts considérables pour prévenir les objections de principe à la thèse de la création *ex nihilo*, dérivant de son caractère inconcevable. L'introduction du *LCO* propose une gnoséologie visant à rendre compte de la cause des erreurs parmi les hommes et, partant, de la diversité de leurs opinions. Saadia distingue quatre sources de connaissance : les sens, l'intellect, la consécution logique et la tradition, qui, en principe, s'agissant d'un énoncé vrai doivent se confirmer mutuellement. En règle générale, les sens sont la source première de la connaissance, source la plus immédiate et la plus évidente [2]. Cependant, la connaissance de l'origine du monde se heurte à l'obstacle majeur qu'elle ne saurait faire l'objet d'une connaissance par les sens. Dans un préambule méthodologique à son traitement de la question de la création, Saadia s'en explique avec insistance. Pour qualifier l'objet de l'enquête du premier livre, Saadia emploie une expression elle aussi choisie avec la plus grande précaution : « comment étaient les choses avant nous » (*kayfa kānat al-ašyā*^{ɔ} *qablanā*). Il indique ce faisant la difficulté spécifique de l'enquête : le savoir de l'origine du monde est un savoir d'un « avant nous », autrement dit d'un *avant* le sujet de la connaissance [3]. Il n'y a de connaissance de l'origine qu'après

1. H. A. Wolfson, « The Kalam Problem of Nonexistence and Saadia's Second Theory of Creation », art. cit.

2. *LCO*, « Introduction », p. 14.

3. *LCO*, I, p. 33. Nous verrons réapparaître ce problème de la connaissance d'un objet antérieur à tout sujet humain, dans le prochain chapitre (voir *infra*, p. 49). Q. Meillassoux (dans *Après la finitude : essai sur la nécessité de la contingence*, Paris, Seuil, 2012) tire de ce problème, qu'il dénomme problème de « l'ancestralité », une conséquence radicale : la nécessité de la contingence des lois de la nature. Car, si nous pouvons savoir qu'il fut un temps au cours duquel nous (sujet de connaissance) n'étions pas présents, rien ne garantit que les lois de la nature étaient alors identiques à ce qu'elles sont présentement.

coup. Sa saisie directe par les sens est impossible, elle est donc un pur objet livré à la spéculation intellectuelle.

> La connaissance de *comment étaient les choses avant nous* est une chose dont nul homme ne saurait être témoin. Ainsi, tous, nous aspirons à accéder par notre intellect à quelque chose d'insaisissable pour nos sens (*ba*ᶜ*īd* ᶜ*amīq* ᶜ*an ḥawāssinā*) [1].

Ceci sert d'avertissement au lecteur du traité : lorsqu'aura été établi *démonstrativement* que l'ensemble des êtres ont été créés « non à partir d'une chose », qu'on ne demande pas à Saadia de *donner à voir* un item sensible de l'avènement de *quelque chose non à partir d'une chose* [2]. C'est d'ailleurs une illusion des adversaires de cette thèse que de croire qu'ils échappent à ce problème. Les éternalistes, les dualistes et les tenants d'une création à partir d'une matière première totalement dépourvue de qualités postulent tous un être dont l'expérience *sensible* est impossible (puisque les sens ne perçoivent que des objets finis et des qualités). Saadia fait remarquer que les éternalistes se contredisent même en prétendant ne se référer qu'à leurs sens. Ils excluent que le ciel et la terre aient un commencement et une fin au motif que nous n'en faisons pas l'expérience. Mais ils postulent un être dont l'expérience n'est pas même possible, un monde n'ayant ni commencement ni fin [3]. La question *comment étaient les choses avant nous* ? est donc telle qu'elle ne se prête pas aux conditions normales du savoir humain, puisque dans la perspective de Saadia, dans le *LCO* tout du moins, l'évidence sensible est la source première de connaissance.

Il n'en reste pas moins que Saadia s'engage à produire une série de quatre preuves, qui se veulent donc relever du seul intellect (bien qu'elles s'appuient en réalité à un certain niveau sur l'expérience sensible), de la création *ex nihilo*. Leur examen n'entre pas dans le cadre de notre propos [4]. Nous importe ici le fait que Saadia soit amené à rappeler, à la suite de ces preuves, les limites de la connaissance possible de la création et à les préciser. En conclusion du livre I, Saadia envisage une série de questions que pose la thèse désormais démontrée de la création *ex nihilo*. La première d'entre elles renvoie à l'irreprésentabilité d'une telle création ou, plus précisément, à l'impossibilité d'en décrire les modalités :

> Si un objecteur interroge : *comment* s'effectue une création non à partir d'une chose (*kayfa yajī*ᵓ*u šay*ᵓ *lā min šay*ᵓ) ? Nous dirons : s'il était possible aux créatures de savoir *comment* elle s'effectue, nos intellects ne devraient plus réserver [une telle création] au seul Créateur éternel, puisque tous nous aurions la même compréhension que lui. Pourtant l'intellect a raison de réserver cette action au Créateur seul, puisque la créature n'a aucun moyen d'appréhender *comment* elle s'opère. Or quiconque nous enjoint de lui faire voir ce *comment* (*haḏihi al-kayfiyya*) nous enjoint de nous transformer nous et lui en créateurs.

1. *LCO*, I, p. 33 (Rosenblatt, p. 38).
2. *Ibid.*
3. *LCO*, « Introduction », p. 22 et I, p. 65 (sur la 10 ᵉ doctrine).
4. Sur ces preuves reprises à Jean Philopon, voir H. A. Davidson, *Proofs*, p. 95-107.

> Nous nous contentons d'envisager [cette création] par notre intellect, sans que nous nous la figurions ou nous la représentions (*min ghayr an nušakkilahā aw nuṣawwirahā*) [1].

Ce texte capital nous renvoie à la « science de Dieu » du *CP* et du *CSY*. Il nous permet de spécifier l'objet de cette science inaccessible aux hommes : le savoir du *comment* de la création. Ce savoir impliquerait tout à la fois la possibilité de se représenter le « passage » du non-être à l'être et la modalité de ce passage. Nous sommes tout au plus en mesure de pointer vers la création *ex nihilo*, de démontrer *qu*'elle a été, sans pour autant avoir une représentation de *ce* qu'elle a été [2].

La même idée transparaît dans le *tafsīr* du premier verset de la Genèse, par Saadia : « Les premières choses (*awwal*ᵘ *mā*...) qui ont été créées par Dieu furent le ciel et la terre » [3]. Par cette tournure, notre auteur évite les difficultés inhérentes à la traduction de *be-reʾšit* par « *au commencement* » (qui pose inévitablement le problème d'un temps pré-mondain) ou encore par « *par un principe* » [4] (traduction néo-platonisante qui suppose l'hypostase d'un principe quasi-divin dont le créateur aurait dû faire usage pour créer le monde) [5]. La traduction de Saadia signifie seulement que le discours de la Tora ne porte que sur ce qu'il est possible d'énoncer, à savoir un état du monde directement après sa création [6]. Elle se situe dans le monde créé et se contente de mentionner « l'ordre » de la création. Pour Saadia le *ciel* et la *terre* du premier verset englobent la totalité des éléments de l'Univers [7] ; la suite du récit de la création n'est que celui de leur combinaison progressive pour former l'ensemble des êtres du monde.

Certes, une ressource essentielle pour l'interprétation du *tafsīr* de Saadia sur Gn 1, 1 nous manque. Parmi les fragments du *Commentaire* de Saadia sur le Pentateuque, issus principalement de la Geniza du Caire rassemblés et édités par Moshe Zucker ne figure malheureusement pas le commentaire sur les trois premiers mots de ce verset [8]. Cependant, d'autres sources permettent d'en deviner le contenu. Ainsi, au début du livre I du *LCO*, nous lisons : « Notre Seigneur nous a fait savoir que la totalité des êtres est adventice et qu'il les

1. *LCO*, I, p. 73 (Rosenblatt, p. 84).

2. « Si le *comment* reste caché, le *que* est certain » (P. Clavier, *Ex nihilo*, *op. cit.*, vol. 1, p. 128).

3. Voir R. C. Steiner, « Philology as the Handmaiden of Philosophy in R. Saadia Gaon's Interpretation of Gen 1 : 1 », *Israel Oriental Studies*, 19, 1999, p. 379-389.

4. La Septante traduit « En arkhê ».

5. Voir notre discussion du *tafsīr* du même verset proposé par Maïmonide en *Guide*, II, 30 (*infra*, chap. IV, p. 88 *sq.*).

6. Cf. le *midrash Gn Rabba*, 1, 10 : « Bar Kappara a dit : *Interroge donc les premiers jours qui t'ont précédé* (Dt 4, 32) – tu peux proposer une explication de ce qu'il y a depuis le jour où [le ciel et la terre] furent créés, mais tu ne chercheras pas à expliquer ce qu'il y avait avant ».

7. Cf. le *midrash Gn Rabba*, 1, 14, qui est sans doute l'une des sources de cette exégèse.

8. Voir *CG*, « Préface », p. 34.

a créés non à partir d'une chose, comme il est dit : "Au commencement, Dieu créa, etc." (Gn 1, 1) » [1]. Ou encore dans le *CSY* :

> [C]'est la parole par laquelle la Loi débute au commencement de la création (*fī awwal al-khalīqa*), à savoir que le feu, l'air, l'eau, la terre avec toutes les compositions, combinaisons et formations, qui se trouvent dans ces deux derniers, ont été créés tous ensemble (*jamīᶜan*) par le Sage, ainsi qu'il est dit : « Au commencement, Dieu créa le ciel et la terre » (Gn 1, 1) [2].

Dans ces deux passages, Saadia fait de Gn 1, 1 une preuve qui se veut évidente de la création absolue. Le premier verset est une pure proclamation de la création, mais il n'en est pas une description. Il pose un commencement d'existence de tous les éléments, sans expliquer leur venue à l'existence. La compréhension de ce verset par Saadia confirme ce qui apparaît dans le livre I du *LCO*. Il est possible de démontrer que le monde a été créé. Il est également possible de le proclamer. En revanche, l'avant et le *comment* de sa création relèvent tous deux de la science de Dieu, insaisissable.

LA *SCHWÄRMEREI* DE SAADIA

Le Commentaire du Sefer Yeṣira : *une quasi-cosmogonie rationnelle*

Le *LCO*, ainsi, s'accommode bien avec les remarques du *CP* interdisant l'accès à la science de Dieu. Saadia ne s'y engage en rien dans une tentative d'expliquer les modalités de la création. En revanche, le *CSY* semble opposer à cette présentation de la doctrine de Saadia comme pensée critique (au sens kantien du terme) de la création, une difficulté majeure. Car, dans ce texte écrit en 931, deux ans avant le *LCO,* Saadia n'hésite pas à entreprendre une description du *comment* de la création, alors même qu'il y réitère, comme nous l'avons vu [3], ses propos du *CP*.

Le fait même qu'un penseur rationaliste comme Saadia ait entrepris un commentaire d'un texte réputé mystique comme le *Sefer Yeṣira* n'a cessé de questionner les interprètes. Ce court texte spéculatif, dont la tradition attribue la rédaction à Abraham, propose une description de la création à partir des lettres hébraïques et de dix mystérieuses « *sefirot* ». Dans son commentaire, Saadia tout à la fois tire parti de ce texte pour exposer des doctrines philosophiques ou grammaticales qui lui sont propres et donne de la doctrine même de l'auteur du *Sefer Yeṣira* une version démythologisée [4]. H. Ben-Shammai suggère ainsi, qu'en s'engageant en rationaliste dans un commentaire du *Sefer Yeṣira*,

1. *LCO*, I, p. 35.
2. *CSY*, p. 27 ; ar. p. 11. Voir aussi le *Com. court* d'Abraham Ibn Ezra sur Gn 1, 1, qui paraphrase Saadia.
3. Cf. *supra*, p. 25.
4. On trouvera un résumé du *CSY* dans M. Ventura, *La philosophie de Saadia Gaon*, Paris, Vrin, 1934, p. 161-167, *cf.* G. Vajda, « Sa'adya, commentateur du *Livre de la Création* », art. cit.

Saadia poursuivait une entreprise polémique à l'encontre de lectures mysticisantes et magiques de ce texte, alors en plein développement [1]. Le *CSY* participerait alors, avec le *LCO*, du refus de Saadia de soustraire la question de la création à l'emprise de la raison : en la démontrant dans celui-ci et en l'expliquant scientifiquement dans celui-là.

Toutefois, s'il en va bien ainsi, ce sont les limites mêmes qu'il pose constamment à la connaissance de la création que Saadia outrepasse dans le *CSY*. Ce problème, à ce qu'il nous semble, fait écho aux caractéristiques intrinsèques du problème de la création : s'il est possible d'énoncer ou de proclamer l'idée de création, cette idée est sans référent, puisqu'elle porte sur l'avènement même d'un objet servant de référent au discours. C'est ce que le *LCO* expose en faisant de la question un problème strictement conceptuel, échappant au témoignage des sens. Pourtant cette pure idée ne se laisse penser sans être « remplie » par un contenu sensible ou imaginaire, issu, par une analogie nécessairement inadéquate, des processus de génération connus. Tout récit cosmogénétique est une trahison de l'idée de création : une narration prenant nécessairement place dans un cadre spatio-temporel préalablement posé. Il n'en reste pas moins que la création appelle en quelque sorte à se raconter ou à s'imager. Le *Sefer Yeṣira*, par l'ambiguïté de son statut, a constitué pour Saadia un lieu providentiel pour donner corps à l'idée de création *ex nihilo*, mais sans en trahir l'idée. Son mythe cosmogénétique offre un contenu imaginaire à l'idée de création *ex nihilo*, contenu imaginaire que Saadia s'est efforcé de rendre, par son commentaire, *quasi-rationnel*. Ce faisant, il rapproche autant que possible d'un savoir scientifique un objet qu'il sait pourtant être soustrait à la connaissance humaine.

> [S]i quelqu'un demande : Mais puisque Job et Agur disent expressément que [la science de la création] ne peut pas être atteinte et Moïse notre maître y fait allusion, comment Abraham notre père a-t-il prétendu y être arrivé ? Nous répondrons qu'il n'a pas prétendu avoir saisi le *comment* véritable de la création effective (*ḥaqīqat kayfiyyat al-khalīqa al-fiᶜliyya*). Il a seulement énoncé que *par son imagination il s'est représenté l'apparence de la création* (*taṣawwara fī wahmihi lāʾiḥ al-khalīqa*), de même que nous nous représentons dans notre imagination que [Dieu] a créé les choses non à partir d'une chose, or nous ne voyons pas comment quelque chose peut advenir non à partir d'une chose [2].

Le *Sefer Yeṣira* a eu, pour Saadia, le double avantage d'être à la fois un texte traditionnel et un texte de statut et d'attribution problématiques. Étant un texte traditionnel, il autorisait le commentateur à sortir du cadre strict de sa théorie critique de la connaissance et de s'engager dans la *description* d'une cosmogonie,

1. H. Ben-Shammai, « Saadya's Goal in his *Commentary on Sefer Yezira* », dans R. Link-Saliner (éd.), *A Straight Path : Studies in Medieval Philosophy and Culture. Essays in Honor of Arthur Hyman*, Washington D. C., Catholic University of America Press, 1987, p. 1-9, repris dans *A Leader's Project. Studies in the Philosophical and Exegetical Works of Saadya Gaon* [hébreu], Jérusalem, Mossad Bialik, 2015, p. 83-90. Pour certaines des sources de l'interprétation scientifique de Saadia, voir G. Freudenthal, « Stoic Physics in the Writings of R. Saadia Ga'on Al-Fayyumi and its Aftermath in Medieval Jewish Mysticism », *Arabic Sciences and Philosophy*, 6, 1996, p. 113-136.

2. *CSY*, p. 35 (trad. modifiée), ar. 17.

puisqu'une autorité (Abraham) est supposée l'avoir fait. Son caractère problématique provient toutefois de deux considérations : d'une part, il ne s'agit après tout que de la conception de l'homme Abraham, forgée indépendamment de toute inspiration prophétique, d'autre part, Saadia considère que le livre dans son état actuel ne contient pas les mots mêmes employés par Abraham [1]. Dès lors, le livre pouvait être abordé avec une distance critique assumée. Ainsi, Saadia n'identifie-t-il pas la doctrine du *Sefer Yeṣira* et celle de la Tora (donc la sienne propre), présentées chacune comme deux théories distinctes dans l'introduction du *CSY* (respectivement la 8e et la 9e théories de la liste des doctrines cosmogoniques). Le *Sefer Yeṣira* a l'autorité de la tradition sans la vérité de la Tora. Le *CSY* sera donc une *quasi-cosmogonie rationnelle*, un discours de type scientifique sur la création qui assume en même temps sa propre impossibilité [2].

Deux épistémologies

Il est notable que la manière dont Saadia traite de la question de la création diverge entre le *CSY* et le *LCO*, aussi bien au niveau de la méthode que du contenu. Comme les listes des théories sur la question de l'origine du monde mentionnées dans l'un et l'autre textes ne se recouvrent pas [3], Jacob Guttmann considère que la connaissance de la philosophie par Saadia a progressé entre la rédaction du *CSY* (en 931) et du *LCO* (933) [4]. Mais c'est méconnaître que la visée des deux ouvrages est fondamentalement différente [5]. S'il est clair que le *LCO* vise à prouver la création *ex nihilo*, l'objet du *CSY* est, quant à lui, éminemment problématique. Tout en faisant remarquer que le titre de l'ouvrage n'était peut-être pas de Saadia, Ben-Shammai a souligné que l'emploi du terme *mabda*ᵓ (plus précisément le pluriel *mabādi*ᵓ) plutôt que *khalīqa* (le terme islamique classique pour désigner la création), pour traduire l'hébreu *Yeṣira* indiquait l'orientation philosophico-scientifique de l'ouvrage. *mabda*ᵓ en effet, dans le contexte de l'époque, est un terme technique qui désigne de manière générale un principe, sans qu'y soit nécessairement associée une signification temporelle [6]. Saadia identifie, à l'ouverture de son propos, l'objet de son enquête avec la détermination de l'élément (*ᶜunṣur*) à l'origine de l'ensemble des créatures visibles. Plus loin, Saadia indique qu'il s'agira « de réfléchir sur les choses créées [pour savoir] par laquelle [le Créateur] a commencé » (p. 20 ; ar. p. 6) ou encore de « discuter,

1. Voir ses remarques « philologiques » à la fin de son introduction (*CSY*, p. 28 ; ar. p. 12-13).

2. Dans cette perspective, le *Sefer Yeṣira* joue en quelque sorte pour Saadia le role que le mythe vraisemblable (*eikos muthos*) du *Timée* (29d, 59c, 68d) joue pour Platon, Abraham étant à Saadia ce que Timée est à Socrate.

3. Le *LCO* en compte 9 et le *CSY*, 13. M. Ventura, *La philosophie de Saadia Gaon*, *op. cit.*, p. 113-171 offre une première tentative d'identification de ces doctrines.

4. J. Guttmann, *Die Religionsphilosophie des Saadia*, Göttingen, Vandenhoeck et Ruprecht, 1882, p. 26, 29, 75.

5. Voir les remarques de M. Lambert, *CSY*, n. 4, p. 14.

6. Voir H. Ben-Shammai, « Saadya's Goal in his *Commentary on Sefer Yezira* », art. cit..

après avoir déclaré que les choses sont créées, laquelle a été créée avant l'autre » (p. 22 ; ar. p. 7).

Autrement dit, l'objet du *CSY* n'est pas l'idée de création en tant que telle, mais son principe et son ordre. Saadia, dans le *CSY*, tire prétexte de la vision imaginaire d'Abraham, pour examiner le *comment* de la création, en faisant *comme s*'il s'agissait un objet de connaissance possible. Ce *comme si,* Saadia l'indique lui-même par l'ambivalence de ses propos quant à la possibilité d'accéder à la connaissance de l'objet visé. Ainsi, Saadia commence par soutenir que :

> L'objet le plus important qu'ait pu atteindre l'intelligence des penseurs dans leur [étude] persévérante et le plus difficile qu'ait saisi l'esprit des gens qui s'en sont occupés, c'est le premier élément (*ʿunṣur*) d'où ont été tiré ces éléments visibles (*al-ʿanāṣir al-ẓāhira*) [1].

Mais, il précise que :

> Si [les prophètes et les philosophes] devaient donc aussi tâcher de découvrir [en cette matière] ce que l'on peut en saisir [...], ils n'ont pu, malgré leurs efforts, atteindre la *science de leur Créateur* [2].

Les hommes sont ainsi appelés à s'enquérir autant qu'il se peut de ce problème qui leur est insaisissable. Ils doivent mener une enquête proprement impossible, chercher à connaître un objet dont ils doivent en même temps toujours reconnaître l'incognoscibilité. Dans une étude récente [3], G. Hegedus montre ainsi que Saadia s'inscrit dans le *LCO* et le *CSY*, dans deux traditions épistémologiques distinctes, celle du *muᶜtazalisme* pour le premier et celle représentée par les *Épîtres des frères de la pureté* (*Rasāʾil ikhwan al-ṣafāʾ*) pour le second, référence qui pourrait du reste expliquer les échos platonisants que nous y trouvons. Elle souligne que ces deux épistémologies ne sont pas contradictoires mais complémentaires, permettant de rendre compte des objets selon deux perspectives différentes : en tant qu'ils s'offrent à nos sens (base de toute connaissance dans le *LCO*) et en tant qu'ils y échappent. Toutefois, il est tout à fait frappant que la référence à l'épistémologie « illuminative » des *Épîtres des frères de la pureté* se soit imposée à Saadia, souscrivant par ailleurs massivement à l'épistémologie externaliste des *Muᶜtazilites*, précisément et uniquement à l'occasion de sa discussion de la création *ex nihilo*. Cette question met l'homme aux prises avec les limites de son langage et de sa représentation. S'agissant de se représenter l'origine de toute chose représentable, la connaissance ne peut qu'être illuminative : apparaître sur un mode qui n'est pas traduisible sous une forme discursive parfaitement adéquate [4].

1. *CSY*, p. 1 ; ar. p. 1.
2. *CSY*, p. 14 ; ar. p. 1-2 (nous soulignons).
3. G. Hegedus, *Saadya Gaon: The Double Path of the Mystic and the Rationalist*, Leiden-Boston, Brill, 2013.
4. Maïmonide fera également référence à une épistémologie illuminative dans l'introduction du *Guide*, voir notre discussion, *infra*, chap. III, p. 59 *sq*.

Le *CSY* radicalise ainsi un élément posé dès l'exégèse saadienne de la création. Le récit biblique de la création est envisagé comme une description fidèle du processus effectif par lequel l'ensemble des êtres du monde ont acquis leurs formes finales, tel qu'il s'est opéré *après* l'acte de création initial des éléments désignés par les termes bibliques « ciel » et « terre ». Les six jours de la création, ainsi, sont compris comme des unités temporelles réelles. En conclusion de son commentaire des six jours de la création, Saadia relève toutefois un problème théologique : en quoi cela relève-t-il de la « sagesse » (*ḥikma*) de la part de « Celui qui a le pouvoir de créer tout en un clin d'oeil, de ne créer qu'en l'intervalle de plusieurs jours ». Il répond : « Il a voulu que les choses nous soient présentées l'une après l'autre, étant donné que nous sommes incapables de les saisir toutes ensemble » [1].

La sagesse divine, allant jusqu'à limiter la puissance de Dieu, devient le nom d'un principe de prise en compte des limites de la connaissance humaine. Que la création se soit opérée dans le temps ne s'explique qu'en vertu de cette sagesse. Il s'agissait de communiquer l'idée de création, qui ne saurait se laisser représenter comme surgissement simultané de l'ensemble des êtres. Le *CSY* se situe un cran en amont de cette exégèse du début de la Genèse. Il s'agit précisément de tenter d'y figurer la création *ex nihilo* elle-même. Tout en indiquant, comme nous venons de le voir, que le *CSY* vise à déterminer « quel être a été créé avant l'autre », Saadia identifie *in fine* la doctrine vraie, celle de la Tora (9e de l'introduction du *CSY*) avec une création simultanée des éléments eux-mêmes. « L'ordre » de la création que décrit le *CSY* est donc à distinguer de l'ordre de la création décrit dans le récit de la Genèse. L'ordre décrit dans le récit biblique se veut un ordre chronologique *réel*, même si toute la création est donnée en puissance dès le premier jour, prenant place dans une réalité déjà constituée. L'ordre du *CSY* est au contraire un ordre purement imaginaire, mais qui se sait tel, la traduction imagée d'un pur concept.

Le *CSY* est ainsi une description limite de la création, une entrée de l'esprit dans le domaine de ce qui lui échappe, conscient par ailleurs de céder à ce que Kant nommerait sa propre *Schwärmerei*, son fantasme de saisir ce qui lui est nécessairement inaccessible.

1. *CG*, ar. p. 56 ; héb. p. 261-262.

Conclusion
CONCEPT ET IMAGE DE LA CRÉATION

Avec Saadia, est posé un ensemble d'éléments qui jalonneront notre histoire de la problématique de la création. La signification de la position de la création comme dogme nous est apparue au grand jour. Elle est dans la perspective de Saadia, en cela représentant du *kalām*, la condition de possibilité de la connaissance de l'existence de Dieu, mais aussi de la révélation de la Tora. Seul un monde créé est porteur de la possibilité de la révélation. Cette importance essentielle sur le plan théologique de l'idée de création le conduit à rechercher la connaissance d'un objet dont il sait l'inaccessibilité. À ce niveau, interviennent des considérations conceptuelles et épistémologiques de première importance pour notre réflexion. Saadia reconnaît dans la création *ex nihilo* un pur concept, celui d'une dépendance ontologique de la totalité des êtres, mais il sait en même temps qu'une telle idée ne saurait se penser sans s'imager par des analogies inadéquates, toutes issues d'éléments du monde [1]. Malgré la méfiance qu'il inspire à certains historiens de la philosophie [2], nous avons rencontré chez Saadia des tensions qui témoignent de la complexité philosophique de notre question.

Nous retrouverons, chez Maïmonide, la réflexion terminologique essentielle de Saadia. Nous retrouverons également, à plusieurs reprises, la conception singulière ici esquissée d'une sagesse divine didactique s'adaptant aux capacités de compréhension limitées des hommes. Enfin, Gersonide (chap. V) mènera à son extrême conséquence la tentative de Saadia visant à faire de la création un véritable objet de science, malgré la conscience de l'immense difficulté d'une telle entreprise.

1. En ce sens, un parallèle est tiré avec les attributs divins, à propos du 3 [e] système de l'introduction de *CSY* (p. 20-21 ; ar. p. 6-7). Il est permis d'utiliser des anthropomorphismes pour les besoins de l'enseignement, mais interdit de prétendre saisir quelque chose de l'essence de Dieu luimême et de ses attributs. De même, il est permis de se pencher sur la création, à condition toutefois de ne pas croire en saisir la réalité.

2. Voir L. Strauss, « La philosophie et la Loi », dans *Maïmonide*, *op. cit*, p. 64-65, qui considère, contre Julius Guttmann (*Histoire des philosophies juives*, *op. cit.*, p. 85-86), que l'œuvre de Saadia est trop précoce pour mesurer l'ampleur du désaccord entre la philosophie et les doctrines de la Révélation.

CHAPITRE II

ABRAHAM IBN EZRA : GRAMMAIRE D'UN SILENCE BIBLIQUE

> Quiconque cherche à savoir ce que le monde a été à l'origine (*ma haya ha-ᶜolam ba-teḥilla*), n'a-t-il pas honte ? Lui qui exige un quelque chose en lieu et place du néant (*ašer yevaqqeš la-ayn yeš*) [1] ?

Saadia partait de considérations conceptuelles et théologiques sur la création pour revenir dans un second temps aux versets. Abraham Ibn Ezra (1089-1164) [2] part au contraire des versets pour apprendre ce qu'il en est, ou plutôt ce qu'ils disent de la création du monde. Ibn Ezra est célèbre pour son écriture ésotérique, en particulier dans ses commentaires bibliques [3] où il adopte un style délibérément obscur et allusif. Sa stratégie d'écriture est toutefois tout à fait différente de celle de son cadet Maïmonide. Ce dernier profère des énoncés

1. Introduction au *Com. court*, éd. Keter, p. XXV. Nous citons les *Commentaires court* et *long* d'A. Ibn Ezra sur la Genèse d'après l'édition figurant dans *Miqraᵓot Gedolot ha-Keter*, Ramat Gan, Bar Ilan University Press, 1997. Le *Com. Court* figure dans la plupart des Bibles rabbiniques. Le *Com. long* avait précédemment été publié en annexe de M. Friedländer, *Essays on the Writings of Abraham Ibn Ezra*, London, Society of Hebrew Literature, 1877.

2. Ibn Ezra, originaire d'Espagne, se met en 1140 à parcourir l'Europe latine, l'Italie, la France et l'Angleterre. Il y contribue notamment à travers ses commentaires bibliques à la diffusion, au sein des communautés juives et au-delà, des sciences cultivées dans la Péninsule. Pour une présentation de la vie d'Ibn Ezra et de son œuvre, voir par exemple H. Greive, *Studien zum Jüdischen Neuplatonismus. Die Religionsphilosophie des Abraham Ibn Ezra*, Berlin-New York, Walter de Gruyter, 1973 ou I. Lancaster, *Deconstructing the Bible : Abraham ibn Ezra's Introduction to the Torah*, London/New York, Routledge/Curzon, 2003, p. 1-21.

3. Sur sa méthode en matière d'exégèse, on pourra se référer notamment à M.-R. Hayoun, *L'exégèse philosophique dans le judaïsme médiéval*, Tübingen, Mohr Siebeck, 1992, chap. V, M. Z. Cohen, *Three Approaches to Biblical Metaphor : From Abraham Ibn Ezra and Maimonides to David Kimhi*, Leiden, Brill, 2008, chap. I et V, et les essais rassemblés dans U. Simon, *The Ear Discerns Words : Studies in Ibn Ezra's Exegetical Methodology* [hébreu], Ramat Gan, Bar-Ilan University Press, 2016.

contradictoires, suggérant que sa pensée n'est pas nécessairement conforme à ce qu'il écrit. Il invite ainsi son lecteur perspicace à se méfier de ce qu'il semble soutenir. Ibn Ezra quant à lui ne sème pas de doute à propos de ce qu'il écrit explicitement. C'est en revanche sur ce qu'il n'écrit pas, du moins pas de manière claire, qu'il attire l'attention de son lecteur. De cette manière, il établit un partage au sein de son lectorat entre les hommes du vulgaire qui se contenteront de ce qui est dit clairement et l'élite intellectuelle qui s'engagera à chercher ce qui ne l'est pas. C'est exemplairement le cas à propos de la question de la création du monde.

Dans les deux versions de son commentaire sur Gn 1, 1 [1], deux éléments ne font aucun doute. Tout d'abord, Ibn Ezra conteste de manière ouvertement polémique que le texte biblique énonce une création *ex nihilo* de l'Univers dans sa totalité. Ensuite, il indique à son lecteur qu'il ne dit pas ouvertement tout ce qu'il pense à ce sujet [2].

Partant de ces deux éléments, deux grandes tendances se sont développées au fil de l'histoire de la réception d'Ibn Ezra [3]. Une ligne « harmonisatrice » s'efforce de le présenter, contre ce qu'il affirme expressément, comme un tenant de la création absolue [4]. Une ligne « radicale » lui prête d'avoir effectivement

1. Au cours de ses pérégrinations, Ibn Ezra a été amené à rédiger plusieurs commentaires d'un même livre biblique. Ainsi, deux versions de son commentaire sur la Genèse nous sont parvenues : le commentaire « court » (ou courant) écrit à Lucques, en 1142-45, et le commentaire « long », écrit à Rouen en 1155-1156. On trouvera une liste chronologique de ses ouvrages scientifiques et exégétiques dans S. Sela et G. Freudenthal, « Abraham Ibn Ezra's Scholarly Writings : A Chronological Listing », *Aleph : Historical Studies in Science and Judaism*, 6/1, 2006, p. 13-55, qui mentionne un troisième commentaire sur la Genèse à l'état fragmentaire, p. 46.

2. *Cf.* le texte du *Com. Court* cité ci-après, p. 43.

3. Cette réception est marquée, dès le XIIIe siècle, par la prolifération de supercommentaires sur Ibn Ezra. Voir U. Simon, « Interpreting the Interpreter : Supercommentaries on Ibn Ezra's Commentaries » [hébreu], dans *The Bible in the Light of Its Interpreters : Sarah Kamin Memorial Volume* [hébreu], Jérusalem, Magnes Press, 1994, p. 367-411, repris dans *The Ear Discerns Words*, *op. cit.*, chap. XII. Cinq des plus anciens supercommentaires ont récemment fait l'objet d'une édition : H. Kreisel (éd.), *Five Early Commentators on R. Abraham Ibn Ezra. The Earliest Supercommentaries on Ibn Ezra's Torah Commentary* [hébreu], Beer-Sheva, Ben Gurion University Press, 2017.

4. Parmi les supercommentaires anciens, voir par exemple le commentaire anonyme *Awwat Nefeš* (notamment sur Gn 1, 1, éd. Kreisel, p. 40), probablement écrit au XIVe siècle en Provence (voir T. Visi, « The First Instant of Creation : Jedaiah ha-Penini, Durandus of Saint Pourçain and The Ibn Ezra Supercommentary *Avvat Nefesh* », *Recherches de Théologie et Philosophie médiévales*, 77/1, 2010, p. 85-91 et H. Kreisel, p. 97). Voir aussi le commentaire du Crétois Moïse ben Baruch Almosnino (c. 1515-1580), édité dans N. Ben-Menahem, « Additional Explanation to R. Abraham Ibn Ezra's Commentatary on the Pentateuch by R. M. Almosnino » [hébreu], *Sinai*, 10/9-10 (112-113), 1946, p. 136-171. Au XVIIIe siècle, le supercommentateur Salomon ha-Cohen de Leszno considère simplement que « tous les propos d'Ibn Ezra [en particulier sur la création] qui contredisent les Sages et la religion ont été ajoutés pour lui nuire » (*Avi ^c^Ezer* sur Gn 1, 1). Dans la littérature moderne, on trouve des interpretations harmonisatrices sur la question de la création dans A. J. Lifshitz, « Sur la doctrine de la création d'Abraham Ibn Ezra » [hébreu], *Sinai*, 84/3-4, 1979, p. 105-125 ou L. Prijs, *Abraham Ibn Esra's Kommentar zu Genesis Kapitel 1 : Einleitung, Edition und Superkommentar*, Wiesbaden, Franz Steiner Verlag, 1973, p. 7.

rejeté la doctrine de la création absolue et d'avoir soutenu l'une des conceptions alternatives de l'origine et de la durée du monde : création à partir d'un matériau ou éternité de l'Univers [1].

La ligne « harmonisatrice » est, dans ce débat, manifestement en position de faiblesse. Son raisonnement d'ensemble paraît pour le moins difficile à soutenir. Ibn Ezra aurait affirmé que le récit biblique de la création n'est pas celui de l'Univers tout entier, tout en soutenant la création absolue, mais sans jamais le dire explicitement. Ce qu'il aurait tu serait précisément ce qu'il aurait le moins de raisons de dissimuler, puisqu'il s'agit précisément de la thèse communément admise [2].

La ligne « radicale » en revanche peut s'appuyer sur ce qu'Ibn Ezra énonce explicitement, bien que de manière dispersée au sein de son œuvre et particulièrement de ses textes exégétiques. Dans ses deux versions, le commentaire du premier chapitre de la Genèse (jusqu'à Gn 2, 3) présente la création comme un processus naturel prenant place dans un monde déjà existant. On peut ainsi proposer la paraphrase suivante de son interprétation de Gn 1, 1–3 : « Au commencement de (ou avant) la délimitation par Dieu – par l'intermédiaire de ses anges (= Elohim) –, du ciel visible et de la terre sèche, la terre était désolée et vide (= inhabitable, car elle était recouverte d'eau), un grand vent souffla et asSécha l'eau. La lumière put alors être réfléchie sur la terre sèche et le firmament (= l'air ou le ciel visible) [3] s'est formé ».

D'après Ibn Ezra en effet, le mot *be-reʾšit* de Gn 1, 1 ne doit pas se comprendre comme l'affirmation d'un commencement absolu, mais constitue du point de vue grammatical un état construit : « au commencement de [la création] ». Comme nous le verrons en détail, il conteste par ailleurs que le verbe *BaRaʾ* dans le même verset signifie créer *ex nihilo*, de sorte que le texte biblique n'énonce pas la création des éléments sublunaires [4]. La « terre » et le « ciel » du premier verset ne sont du reste que la « terre » visible et le « ciel » visible (c'est-à-dire la couche supérieure de l'air, puisque les sphères célestes ne sont pas visibles). Le « tohu et bohu » de Gn 1, 2 n'est qu'une désignation de l'état initial

1. Parmi les supercommentaires médiévaux, voir exemplairement Joseph ben Éliézer Tov ᶜElem dit « Bonfils », *Ṣofnat Peᶜaneaḥ*, écrit à Damas au XIVᵉ siècle, en particulier sur Gn 1, 1, éd. D. Herzog, Kraków, 1911, p. 28-29, sur Gn 1, 14, p. 41 et sur Gn 8, 22, p. 83-86, où il prête à Ibn Ezra la thèse de l'éternité du monde et des cycles cosmiques. Sur ce supercommentaire et la radicalité de ses propos sur la création, voir D. Schwartz, *The Philosophy of a Fourteenth Century Jewish Neoplatonic Circle* [hébreu], Jérusalem, Ben Zvi Institute et Bialik Institute, 1996, p. 105-107. Pour ce type de lecture dans les études modernes, voir Y. Cohen, *The Philosophical Thought of Avraham Ibn-Ezra* [hébreu], Rishon Le-Tsion, Shai, 1996 et les travaux de S. Sela, notamment, *Astrology and Biblical Exegesis in Abraham Ibn Ezra's Thought* [hébreu], Ramat-Gan, Bar-Ilan University Press, 1999, p. 234-257 et « The Creation of the Supra-lunary World According to the Two Commentaries of Gen 1, 14 of R. Abraham Ibn Ezra » [hébreu], *Beyt Miqra*, 52/2, 2007, p. 130-162.

2. *Cf.* toutefois, le texte contemporain de Juda Halevi, cité *infra*, p. 50.

3. Voir notamment le *Com. long* sur Gn 1, 6 et Gn 1, 14 (éd. Keter, p. 12b, 18a-b).

4. Voir aussi *L'épître du shabbat* (*Iggeret ha-Šabbat*, *in fine*), où Ibn Ezra suggère que la terre existait avant la création rapportée par la Genèse.

du monde sublunaire, « désertique et vide », parce qu'entièrement recouvert d'eau et incapable d'accueillir la vie. La « cosmogénèse » biblique ne décrit dès lors qu'un processus naturel se déroulant au sein du monde sublunaire, par lequel une partie de la terre a été émergée.

Il ressort également d'autres propos explicites d'Ibn Ezra que les êtres supralunaires, qu'il nomme monde « intermédiaire », ne sont pas soumis à la génération et la corruption. Il énonce notamment, dans son *Com. long* sur Dan 10, 21, que les intellects séparés (identifiés aux anges) et les sphères sont éternels *a parte ante* et *a parte post* [1].

D'autres passages, tirés de textes exégétiques et scientifiques, suggèrent enfin que l'auteur adhérait à une doctrine des cycles cosmiques. Sous l'influx exercé par les astres selon leur position, la terre est périodiquement entièrement submergée, puis partiellement émergée. La Genèse ne fait que décrire l'une des « genèses » du monde sublunaire ainsi entendue [2]. On peut notamment se référer aux deux versions du commentaire sur Gn 8, 22 (« tant que durera la terre »), où Ibn Ezra voit l'annonce qu'elle est destinée à être détruite [3].

Autrement dit, à s'en tenir à ce qu'Ibn Ezra écrit, la lecture « radicale » est de loin la mieux fondée. En face, la lecture « harmonisatrice », qui présuppose un non-dit massif, tient davantage de la pétition de principe. Toutefois, si l'on s'abstient de dissoudre le Texte ésotérique d'Ibn Ezra dans une doctrine, des enjeux ignorés par la lecture « radicale » se font jour même et surtout en s'en tenant à ce qu'il dit explicitement. La quête de sa « véritable pensée » dans ce qu'il dit de la création pèche en négligeant la manière dont il le dit et le lieu où il le dit.

1. Ibn Ezra y distingue trois mondes : le monde supérieur (= celui de Dieu), le monde intermédiaire (= supralunaire) et le monde inférieur (= sublunaire). À propos du monde supralunaire, il écrit : « Là se trouvent les âmes des formes de vérité, sans corps (*nafšot ṣurot emet be-lo gufot*) » c'est-à-dire les intellects séparés. Puis : « les corps du monde intermédiaire [= les sphères] n'ont ni début ni fin (*lo teḥillena we-lo tekhallena*) ». Voir aussi son *Com. long* sur Gn 1, 14, éd. Keter, p. 20a, où il soutient que les astres n'ont pas été créés le quatrième jour, mais que leur « création » signifie uniquement qu'ils sont apparus à un spectateur terrestre.

2. C'est également semble-t-il la thèse soutenue plus tard par Samuel Ibn Tibbon, qui se réfère sur ce point à Abraham Ibn Ezra (G. Freudenthal, « Samuel Ibn Tibbon's Avicennian Theory of an Eternal World », *Aleph : Historical Studies in Science and Judaism*, 8/1, 2008, p. 41-129). Nous retrouverons une idée apparentée à propos de Ḥasday Crescas, dans notre chap. VI.

3. Voir aussi diverses allusions dans le *Com. long* sur Gn 1, 1. Par exemple : « Dieu a établi un terme initial à la terre et au ciel. Par conséquent, ils auront aussi un terme final » (éd. Keter, p. 2b). Dans le *Com.* sur Dt 7, 9, Ibn Ezra critique Ptolémée pour avoir soutenu qu'un cycle cosmique durait 36 000 ans, mais non sur le principe de tels cycles.

Discours biblique et langage naturel

« La Tora a employé le langage des hommes »

En effet, l'enseignement principal du discours d'Ibn Ezra sur la création ne réside pas uniquement dans sa doctrine, avérée ou supposée, mais dans son mode d'exposition. L'exposé d'Ibn Ezra sur la création, s'inscrivant exclusivement dans son commentaire biblique, il faut nous tourner ici vers ce qu'il affirme du statut du texte biblique, dans une remarque cruciale du début du *Com. long* sur la Genèse.

> À présent, je vais te livrer un principe général : sache que Moïse n'a pas donné la Tora aux hommes d'esprit acéré (*ḥakhmei lev*) uniquement, mais à tous [...]. Dans l'Œuvre du Commencement, il n'a, dès lors, parlé que du monde inférieur (= sublunaire), qui a été créé (*niBRaᵓ*) en vue de l'homme. C'est pourquoi il n'a pas mentionné les anges sacrés (= intellects séparés) [1].

Il s'agit d'une version du « principe d'accommodation » selon lequel Dieu « s'accommode » des limitations de l'homme, en lui adressant un discours adapté à ses capacités de compréhension. Ici, à propos du récit de la création, ce principe implique une limitation du champ d'extension du discours biblique. Il n'évoque que la création de l'environnement immédiat de l'homme, le monde sublunaire dans lequel il agit et dont il est la finalité. Le monde supralunaire en revanche n'a pas l'homme pour finalité, puisqu'il est une créature inférieure aux astres et aux intellects séparés [2]. Il n'y avait donc pas lieu d'en expliciter la création dans le texte biblique.

Dans une série d'études [3], Amos Funkenstein dérivait de ce principe exégétique que la Tora est, pour Ibn Ezra, un texte tourné vers l'homme et visant à lui enseigner non pas la science, mais quelle est sa place et sa fonction dans le monde. Si le commentaire d'Ibn Ezra mobilise des données scientifiques, il ne le fait que de manière minimale en vue de cet objectif [4]. Funkenstein s'appuyait par ailleurs sur une variante quelque peu énigmatique de la formule talmudique mentionnée dans notre introduction, « la Tora a employé le langage des hommes » [5] – « celui qui parle est homme, aussi bien que celui qui écoute »

1. *Com. long* sur Gn 1, 1, éd. Keter, p. 3a. *Cf.* le texte parallèle du *Com. court* (sur Gn 1, 2) : « Car Moïse n'a pas parlé du monde à venir (*ᶜolam ha-ba*), à savoir le monde des anges, mais seulement du monde de la génération et de la corruption ».

2. Voir *Com. long*, Gn 1, 1 sur le mot « *Elohim* », éd. Keter, p. 2b, où Ibn Ezra critique Saadia Gaon pour avoir affirmé que l'homme est supérieur à l'ange (*LCO*, IV, p. 150).

3. A. Funkenstein, « "Scripture Speaks The Language of Man" : The Uses and Abuses of The Medieval Principle of Accommodation », dans C. Wenin (dir.), *L'homme et son univers au Moyen Âge : actes du septième congrès international de philosophie médiévale (30 août-4 septembre 1982)*, Louvain-La-Neuve, Éditions de l'Institut Supérieur de Philosophie, 1986, vol. 1, p. 92-101 ; *id.*, *Styles in Medieval Biblical Exegesis* [hébreu], Tel Aviv, Ministry of Defense, 1990, p. 39 et *id.*, *Théologie et imagination scientifique du moyen âge au* XVIIe *siècle*, Paris, P.U.F., 1995, p. 243-249.

4. Dans le même sens, Maïmonide affirme, dans le *Guide*, que son recours à la science ne sert qu'à l'explication des secrets de la Tora (*sitrei Tora*, II, 2, p. 49-50).

5. *Supra*, p. 13.

(*ha-medabber adam gam ha-šomea*ᶜ)[1] – pour affirmer que la Tora est un discours qui s'adresse à tout homme. Elle emploie ainsi, selon lui, un seul et même langage aussi bien pour l'homme du commun que pour le savant.

En s'appuyant sur une étude de l'ensemble du *corpus* savant (exégétique, grammatical et scientifique) d'Ibn Ezra, Shlomo Sela[2] objecte aux arguments de Funkenstein que ses commentaires bibliques ne présentent pas une science réduite au minimum nécessaire à l'homme, mais supposent au contraire un haut degré de connaissance scientifique. Il remarque qu'ils constituent également les seuls textes dans lesquels il aborde la question de la genèse du monde avec les outils de la science aristotélico-ptolémaïque. Par ailleurs, le texte biblique ne s'adresse pas au vulgaire et au savant indistinctement : Ibn Ezra distingue nettement les passages bibliques adressés à l'une et l'autre catégories[3]. Le texte biblique et son exégèse apparaissent alors comme l'occasion d'un élargissement du domaine de la science, à partir duquel il est loisible de reconstruire la cosmologie d'ensemble d'Ibn Ezra.

Pourtant, il est une différence indéniable entre l'ordre du discours biblique et celui de la science. Au demeurant, Sela le reconnaît volontiers lorsqu'il reprend la discussion de la formule « la Tora a employé le langage des hommes ». Ibn Ezra, dit-il, en use pour désigner « *la contrainte qui découle des limitations du langage humain* pour commenter les passages où l'action de Dieu est décrite de manière anthropomorphique »[4]. Le discours biblique n'est pas un discours scientifique, c'est un discours qui relève du langage naturel. Le commentaire de la Bible a donc pour enjeu de commenter ce qui s'énonce dans le langage naturel. Si Ibn Ezra propose, dans ses commentaires bibliques, des développements relevant des sciences ou y recourant, c'est l'articulation du discours scientifique et du langage naturel qu'il convient alors de penser.

« *Grammaire* » *du terme* BaRaʾ

Avant d'être une affirmation concernant le monde et sa genèse en tant que tels, ce qu'Ibn Ezra énonce dans son commentaire sur Gn 1, 1 est donc une affirmation concernant ce qui se dit dans le langage naturel de la Bible.

La réfutation de la thèse selon laquelle Gn 1, 1 constituerait l'affirmation de la création absolue de l'Univers passe ainsi par une analyse lexicographique. L'abord du texte biblique repose en effet, pour Ibn Ezra, sur l'étude de sa langue et particulièrement la sémantique de ses termes. Dans l'introduction au *Commentaire courant* sur le Pentateuque, il caractérise sa propre méthode exégétique par ces mots : « J'examinerai attentivement la grammaire (*diqduq* = ici,

1. Voir *Com. court* sur Gn 1, 26, éd. Keter, p. 26a.
2. S. Sela, *Astrology and Biblical Exegesis*, *op. cit.*, p. 236-237.
3. Voir par exemple *Com. long* (= com. courant) sur Ex. 20, 2.
4. S. Sela, *Astrology and Biblical Exegesis*, *op. cit.*, p. 352 (notre trad.).

les usages) [1] de chaque terme de toutes mes forces ; alors seulement j'expliquerai [le terme en question] dans la mesure de mes capacités » [2].

Or l'emploi du verbe *BaRa*ᵓ dans le verset inaugural de la Genèse est précisément l'un des principaux arguments de l'exégèse *ex nihiliste*. À titre d'exemple, le lexicographe David Kimhi écrit au début du XIIIᵉ siècle : « Tous les dérivés de la racine *BR*ᵓ signifient l'avènement d'une chose et sa sortie du néant vers l'existant (*hitḥaddeš ha-davar we-ṣe*ᵓ*to me-ayn le-yeš*) » [3]. David Kimhi écrit certes après Ibn Ezra, mais il exprime un point de vue manifestement répandu avant lui. Nous avons vu ainsi que Saadia Gaon tenait pour acquis que le verbe *BaRa*ᵓ signifiait « créer *ex nihilo* » [4]. Mettant en œuvre sa méthode littéraliste, Ibn Ezra s'engage dans une polémique contre une telle interprétation.

> *BaRa*ᵓ : La grande majorité des commentateurs ont soutenu que l'acte associé à la racine *BR*ᵓ consiste à produire de l'existant à partir de rien (*le-hoṣi*ᵓ *yeš me-ayn*). Ainsi, dans le cas de « Si le Seigneur crée une création (*BeRi*ᵓ*a yiBRa*ᵓ) » (Nb 16, 30). Cependant, ils ont oublié [le verset] : « Dieu créa (*wayyiBRa*ᵓ) les grands reptiles » (Gn 1, 21) et trois occurrences dans le même verset : « Et Dieu créa (*wayyiBRa*ᵓ) l'homme [à son image ; à l'image de Dieu il le créa (*BaRa*ᵓ) ; mâle et femelle il les créa (*BaRa*ᵓ)] » (Gn 1, 27) ainsi que « qui crée (*BoRe*ᵓ) l'obscurité » (Is 45, 7), le contraire de la lumière qui est synonyme d'existence (*yeš*).
> Or, l'analyse des usages (*diqduq*) de la racine *BaRa*ᵓ montre qu'elle a deux significations et celle précédemment évoquée en est une. La seconde figure dans : « il ne mangea (*lo BaRaH*) [5] avec eux de pain » (2 S 12, 17). [...] Il en va de même pour « et il les transpercera (*BaRe*ᵓ) » (Ez 23, 47). [Ce verbe] signifie (*ta*ᶜ*amo*) : trancher, établir une limite définie (*li-gezor we-la-śim gevul nigzar*). L'homme perspicace comprendra (*we-ha-maśkil yavin*) [6].

1. Introduction au *Com. court* « 5ᵉ voie », éd. Keter, p. XXVI. Le terme *diqduq* revêt chez Ibn Ezra deux sens : 1) le sens habituel de grammaire d'une langue, science décrivant l'ensemble de ses règles de fonctionnement (« Puisque les sages de notre génération ne sont pas versés dans la grammaire (*diqduq*), je mentionnerai ses principes et ses formes », introduction au *Com. long*, éd. Keter, p. XXIX), 2) le sens de l'ensemble des usages d'un terme unique, ici dans la langue biblique, c'est-à-dire dans l'ensemble du *corpus* biblique (« Je mentionnerai, au début de chaque section, la signification [ou les usages, *diqduq*] de tous les termes qui comportent une difficulté », *ibid.*), sens étonnement semblable à celui du terme *Grammatik* chez le second Wittgenstein (voir *Philosophische Untersuchungen*, § 182, 187 et *passim*). C'est dire qu'il s'agit bien de s'interroger sur ce que peut énoncer le *langage naturel*.

2. *Cf.* le texte parallèle du *Com. long*, dans la note précédente. Le *Com. long* est d'ailleurs composé de deux parties : d'abord d'une explication lexicale des termes (*diqduq ha-millim*), puis d'une explication du passage (*peruš*).

3. David Kimhi, *Sefer ha-Šorašim*, s.v. « *BaRa*ᵓ ». Voir notamment, dans le même sens, Nahmanide, *Com.* sur Gn 1, 1, éd. Keter, p. 6b-8a. Cet argument lexicographique en faveur de la création *ex nihilo* est également très courant dans le monde latin. Par exemple, Pierre Lombard, *Sentences*, II, dist. I, c. 2 : « *creare proprie est de nihilo aliquid facere* ».

4. *Supra*, chap. premier, p. 30.

5. Dans le verset allégué, le mot est écrit avec un *Alef*, mais Ibn Ezra comme Rashi le cite comme s'il portait un *Hey*. Voir *Biblia Hebraica Stuttgartensia*, Stuttgart, Deutsche Bibelstiftung, 1984, p. 524 (note).

6. *Com. court*, éd. Keter, p. 2a.

Cette double définition complexe du mot *BaRa*ʾ est, comme à l'accoutumée chez notre auteur, délibérément obscure. Elle se conclut de plus par la formule « l'homme perspicace comprendra » qui indique la présence d'une signification secrète dans le passage.

Ibn Ezra identifie manifestement le sens de la racine *BR*ʾ dans Gn 1, 1 et dans Ez 23, 47 [1], où elle signifie « transpercer » ou « trancher », ce qui revient à tracer une limite. Certains supercommentateurs y voient l'indice ésotérique d'une adhésion d'Ibn Ezra à la théorie des cycles cosmiques. La *BeRi*ʾ*a* désignerait la fixation de la limite temporelle de *ce* monde, au-delà duquel tout ce qui existe sur terre est voué à la destruction par immersion par l'effet de l'influx des astres. Telle serait la doctrine secrète que recèle Gn 1, 1, doctrine livrée au seul homme perspicace (*maśkil*) [2]. C'est ce qu'indiquerait allusivement l'emploi à plusieurs reprises, à la fin de notre passage de dérivés de la racine *GZR* qui signifie « trancher » comme nous l'avons dit, mais aussi « décréter » et est souvent employée dans un contexte astrologique (*gezerat ha-kokhavim* : le décret des astres) [3].

Toutefois, qu'Ibn Ezra adhère ou non à une telle doctrine, cette interprétation déborde le cadre de la démarche littéraliste d'Ibn Ezra. Point ici de considération théologique, scientifique ou philosophique, mais un simple passage lexicographique, faisant l'inventaire de tous les usages de la racine *BR*ʾ (associée à sa racine sœur *BRH*) dans l'ensemble du *corpus* biblique. Des versets portant sur la création du monde ou de certaines créatures ou encore annonçant des châtiments miraculeux côtoient des versets relatant les circonstances d'un repas. Par-delà le rapprochement étonnant suggéré entre créer et consommer et au-delà de la volonté de masquer la véritable pensée de l'auteur, il semble que l'on puisse déceler ici une certaine malice d'Ibn Ezra pointant que la noblesse supposée de l'acte de créer le monde s'énonce, dans la langue biblique, dans des termes similaires à ceux qui servent à décrire l'alimentation dans toute sa trivialité. En rapprochant le verbe *BaRa*ʾ de Gn 1, 1 de *BaRaH* (manger), Ibn Ezra semble donc suggérer que la création du monde, telle que décrite par la Bible, est une délimitation au sein d'une entité préexistante [4], comme on tranche le pain. Cette entité préalable, comme il ressort de la suite du commentaire d'Ibn Ezra [5], est l'eau qui recouvre initialement la terre.

1. Il en fait de même dans le texte parallèle du *Com. long* sur Gn 1, 1 et le commentaire sur Nb 16, 30.

2. Voir notamment le supercommentaire d'Éléazar ben Mattatya (XIIIe siècle) sur Gn 1, 1 (éd. Kreisel, p. 32) et l'interprétation qu'en donne T. Visi, *The Early Ibn Ezra Supercommentaries : A Chapter in Medieval Jewish Intellectual History*, thèse de doctorat non publiée soutenue à l'Université d'Europe centrale, Budapest, 2006, p. 237-241.

3. Voir Joseph Bonfils, *Ṣofnat Pe*ʿ*aneaḥ*, éd. cit., p. 29.

4. Dans le même sens, voir T. M. Rudavsky, *Time Matters : Time, Creation, and Cosmology in Medieval Jewish Philosophy*, Albany (N.Y.), State University of New York Press, 2000, p. 6.

5. *Com. court* et *long* sur Gn 1, 2, éd. Keter, p. 6.

L'argument lexicographique, partant de l'usage du mot *BaRa*ᵓ pour déduire que la Genèse enseigne une création *ex nihilo* de l'Univers, ne serait valide qu'à condition que ce terme ne soit utilisé *que* dans le verset énonçant la création du monde. Le commentateur pourrait alors prendre appui sur l'unicité de ce terme et l'exclusivité de son usage dans le cadre de la cosmogonie, pour affirmer que la création du monde est radicalement différente de tous les processus de production intramondains, qui s'opèrent toujours à partir d'un substrat matériel. Mais le fait que le texte biblique emploie, pour décrire la « création » initiale du monde, un terme bien attesté par ailleurs et désignant des processus de « création » partielle (ou de délimitation d'un matériau préexistant), laisse à penser que cette création initiale *du* monde est semblable aux « créations » qui s'opèrent *dans* le monde. Le discours de la Tora relevant du langage naturel, il ne saurait, comme le fait – ou prétend le faire – le discours de la science ou de la théologie, contourner les limitations intrinsèques du langage, en forgeant des locutions techniques *ad hoc*, à l'image de celles que nous avons rencontrées chez Saadia (*lā min šay*ᵓ, « non d'une chose ») et que nous retrouverons chez Maïmonide (*ba*ᶜ*d al-*ᶜ*adam*, « après le néant »).

Par sa « grammaire » du terme *BaRa*ᵓ, Ibn Ezra n'affirme rien de plus qu'il n'y a pas de terme dans le langage naturel de l'homme pour désigner la création de son monde et que, par conséquent, celui-ci ne peut *que* l'énoncer par analogie avec les créations *dans* le monde. Selon le principe herméneutique général précédemment mentionné, Moïse s'est adressé à l'humain, non au scientifique uniquement. Il entend énoncer quelque chose qui fasse sens pour l'homme du commun. S'il s'agit de présenter à l'homme la genèse de *son* monde, tous les éléments qu'elle met en jeu sont des réalités connues, relevant de l'expérience commune. Car le langage naturel de la Bible ne *pouvait* nécessairement pas parler d'autre chose que d'une création intramondaine, celle d'une partie seulement du monde.

Le récit biblique de la création est ainsi compris par Ibn Ezra comme la description de l'expérience par définition impossible pour l'homme, de l'apparition de son propre monde. L'ensemble des constituants du monde se met en place *comme s'ils* étaient observés par un spectateur humain, quand bien même l'homme n'est-il créé qu'en dernière instance. L'interprétation de l'Œuvre du Commencement proposée par Ibn Ezra, chargée de références implicites à *l'Almageste* de Ptolémée[1], consiste ainsi à comprendre les énoncés bibliques comme constituant un récit imagé de processus physiques et plus spécifiquement atmosphériques, offerts au regard d'un observateur terrestre.

1. Pour la reconstitution de ces références, voir S. Sela, *Astrology and Biblical Exegesis*, *op. cit.*, p. 243-257.

La contre-« grammaire » d'Isaac Abravanel

Construite en miroir de l'explication du terme *BaRa*ᵓ par Ibn Ezra, la « contre-grammaire » qu'y oppose, au XVe siècle, Isaac Abravanel est instructive. Abravanel accorde une importance fondamentale à la doctrine de la création absolue. Tout en niant que le judaïsme admette des articles de foi, il soutient que, s'il en admettait, il n'y en aurait qu'un seul : la création absolue (sur laquelle repose tout l'édifice du judaïsme : existence de Dieu, miracles et révélation) [1]. Il a par ailleurs consacré deux traités à sa démonstration [2].

Dans son *Commentaire* sur la Genèse, il prête à Ibn Ezra une version de la doctrine des cycles cosmiques, qui revient selon lui à nier la « création absolue du monde dans sa totalité (*ḥidduš ha-ᶜolam bi-khelalo ha-muḥlaṭ*) » [3]. Abravanel prend longuement la peine de combattre son explication du mot *BaRa*ᵓ (admise, dit-il, par nombre de commentateurs après lui) [4].

Abravanel fonde sa « grammaire » de substitution du mot *BaRa*ᵓ sur une distinction entre un « sens premier » (*hanaḥa ri*ᵓ*šona*) du mot et ses emplois métaphoriques (*haš*ᵓ*ala*). Le sens premier correspond également au sens de son premier usage dans le texte biblique :

> Sa signification première est essentiellement d'exprimer la production de quelque chose à partir du néant (*hamṣa*ᵓ*at yeš me-ayn*), comme l'affirme Maïmonide [5]. C'est pourquoi il est dit « Au commencement, Dieu créa (*BaRa*ᵓ) [le ciel et la terre] » puisque le Nom les a créés, par sa puissance infinie (*koḥo ha-bilti ba*ᶜ*al takhlit*), après la privation absolue (*aḥar ha-he*ᶜ*der ha-gamur*) [6].

La circularité de ce raisonnement est manifeste : ce n'est *que* parce qu'il est présupposé que Dieu a une puissance infinie qui lui permet de créer en l'absence d'un substrat préalable que l'on peut assigner au verbe *BaRa*ᵓ associé à Dieu en Gn 1, 1, la signification de créer *ex nihilo*. Le mot *BaRa*ᵓ n'aurait d'ailleurs qu'un seul usage au sens premier, c'est lorsqu'il désigne la création du ciel et de la

1. *Ro*ᵓ*š Amana*, chap. 22, éd. M. Kellner, Ramat-Gan, Universitat Bar Ilan, 1993, p. 144.

2. Le *Mif*ᶜ*alot Elohim* (*Les Hauts Faits du Seigneur*), éd. B. Genut-Daror, Jérusalem, Rubin Mass, 1988 et le *Šamaym Ḥadašim* (*Cieux nouveaux*), éd. Rödelheim, 1828.

3. 1re question sur Gn 1, 1-5. Pour une traduction française, Isaac Abravanel, *Commentaire du récit de la création : Genèse 1 : 1 à 6 : 8*, trad. fr. Y. Shiffers, Lagrasse, Verdier, 1999, p. 9 (légèrement mod.). B. Ogren, *The Beginning of the World in Renaissance Jewish Thought, op. cit.*, p. 148-149 et « La questione dei cicli cosmici nella produzione pugliese di Yišhaq Abrabanel », *Itinerari di Ricerca Storica*, 20-21, 2007, p. 141-161, montre toutefois qu'Abravanel ne rejette pas la doctrine des cycles cosmiques en tant que telle. Ce qu'il reproche principalement à Ibn Ezra est d'avoir nié la création des êtres supralunaires.

4. Que D. Schwartz, *The Philosophy of a Fourteenth Century Jewish Neoplatonic Circle op. cit.*, p. 103-104, identifie avec un cercle de disciples néoplatoniciens d'Ibn Ezra, actif au XIVe siècle en Espagne.

5. « Le mot *BaRa*ᵓ signifie dans notre langue la production à partir du néant (*ījād min* ᶜ*adam*) » (*Guide*, II, 30, p. 257 ; ar. p. 252, 4-5 ; *cf.* III, 10, p. 60). Cet énoncé maïmonidien, largement reçu comme renvoyant à l'idée de création *ex nihilo*, est toutefois très problématique. Voir G. Roux, *Du prophète au savant : l'horizon du savoir chez Maïmonide*, Paris, Cerf, 2010, p. 121-136. Sur l'ambiguïté du terme ᶜ*adam* (néant ou privation), voir *infra*, p. 67.

6. *Commentaire du récit de la création : Genèse 1 : 1*, trad. cit. (mod.), p. 47.

terre[1]. Dans tous ses autres usages, le terme serait employé de manière métaphorique pour insister sur le caractère extraordinaire d'un événement miraculeux, comparable en cela à une création *ex nihilo* (Ex 34, 10 ; Nb 16, 30), ou bien pour se rapporter à un être étrange pour l'homme (Gn 1, 21, sur la création des reptiles), ou encore pour désigner une belle chose, comparable à la perfection de la création première (c'est le sens de l'adjectif *BaRi*ᵓ, beau, en bonne santé, par exemple, dans Jg 3, 17)[2].

S'il ne semble possible d'identifier le sens du mot *BaRa*ᵓ à celui de création *ex nihilo* qu'à condition d'admettre un présupposé théologique massif, la méthode exégétique d'Ibn Ezra s'avère comparativement nettement plus prudente. Elle se présente comme ne présupposant rien qui ne soit livré par le texte commenté. S'agissant du mot *BaRa*ᵓ, on ne formulera donc pas l'hypothèse qu'il doit avoir un autre sens en Gn 1, 1 que partout ailleurs, mais qu'au contraire les autres emplois de la racine dans la langue biblique nous renseignent sur son sens y compris et surtout dans le premier verset, où il est obscur[3]. L'usage biblique du terme *BaRa*ᵓ, qui sans être courant n'est pas exclusif à ce contexte, fait de la création initiale une simple transformation de l'existant, laissant pourtant la question de la création de l'Univers dans sa totalité indéterminée. Ni affirmée ni niée, elle est laissée ouverte à titre de pure possibilité, par soi impossible à énoncer dans le langage naturel des hommes.

GENÈSE DU MONDE ET GENÈSE DU SENS

Envisagée non pas comme *discours sur* la genèse du monde, mais comme *discours sur le discours naturel de la Bible sur* la genèse du monde, la restitution du récit de la création à travers la description de processus naturels par Ibn Ezra engage la question de la genèse du sens ou d'un discours sensé sur le monde. La présentation de la création qu'il propose à travers son commentaire biblique consiste à faire du monde de l'homme le résultat d'une émergence, d'une sortie de la terre sèche (lieu de la distinction des existants et des formes) de

1. *Ibid.* Voir aussi la qualification de la création *ex nihilo* comme non-contradictoire du point de vue de la logique, ce qui en fait une possibilité pour une puissance infinie, voir *infra*, n. 1, p. 132.

2. David Kimhi (*Sefer ha-Šorašim*) emploie une autre méthode pour sortir de l'em*barras* que lui cause Ibn Ezra. Il considère que le mot *BaRa*ᵓ est amphibologique et qu'il a, par conséquent, une signification *totalement* différente en Gn 1, 1 (création *ex nihilo*) et quelques autres versets qui y font écho, de celle qu'il a dans l'ensemble de ses autres occurrences. Ceci s'oppose directement à la méthode lexicographique d'Ibn Ezra, qui cherche à unifier les sens de la racine *BR*ᵓ.

3. C'est en cela que Spinoza a pu reconnaître en lui un précurseur de sa méthode de lecture des Écritures « par les Écritures » (*Traité théologico-politique* [désormais *TTP*], VII), même s'il note ironiquement par ailleurs qu'Ibn Ezra « ne sait pas si exactement l'hébreu » (*linguam Hebraicam non adeo exacte novit*, *TTP*, Annotation 1, Paris, P.U.F., 1999, p. 654-655). C'est en cela également que la remarque de Yosef Cohen (*La pensée philosophique de R. Abraham Ibn Ezra*, *op. cit.*, p. 117), selon laquelle Ibn Ezra s'écarterait ici délibérément du sens littéral (enseignant, selon lui, une création totale de l'Univers) ne nous paraît pas fondée.

l'indifférenciation de l'océan. Il s'agit de rendre compte de l'avènement d'un monde habitable et dicible.

On peut ici esquisser une comparaison entre l'exégèse du récit de la création par Ibn Ezra et le *Timée* de Platon, déjà cité au chapitre précédent [1]. Ce n'est pas à dire qu'Ibn Ezra avait une connaissance directe du *Timée* ou s'en réclamait, mais la parenté des problèmes que l'un et l'autre affrontent en matière de cosmogonie est frappante. Le mythe du *Timée* décrivant la genèse du monde comme la mise en forme d'un matériau proprement impensable, insaisissable par la pensée et le langage [2], vise en effet avant tout à rendre compte de l'intelligibilité du monde sensible et, en premier lieu, de sa dicibilité. Si le discours ne peut viser qu'une réalité stable et identique à elle-même, comment comprendre que le monde du devenir puisse, malgré son état de perpétuel changement, faire l'objet d'un discours en quelque façon vrai, et plus fondamentalement qu'il puisse être visé par quelque discours que ce soit [3] ? Telle est la question que pose le dialogue et à laquelle le mythe du bon démiurge vient répondre [4].

La genèse du monde relatée par la Bible est pour Ibn Ezra le récit d'une émergence hors de l'eau, de même qu'elle est l'avènement de la forme au sein d'un réceptacle informe dans le *Timée*. Certes, cette eau n'est pas la *khôra* platonicienne. Elle a précisément – c'est là un des scandales de ce commentaire – *déjà* la forme de l'eau, de même que la terre a déjà la forme élémentaire de la terre. Mais, s'il en va ainsi, c'est qu'Ibn Ezra prend très au sérieux le problème, au cœur du *Timée*, de la dicibilité du monde physique, plus peut-être que Platon lui-même. Si n'est dicible que ce qui est déjà formé, la création ne pourra s'énoncer dans le langage naturel de la Bible qu'en tant que reconfiguration d'éléments déjà informés. Le mythe du *Timée* est en ce sens déjà trop philosophique pour l'homme du commun auquel s'adresse Moïse, puisqu'il lui demande de concevoir une entité – la *khôra* – par nature (ou plutôt non-nature) impensable. S'il est infidèle au *Timée* en posant la création biblique comme « cuisine interne », pour filer la métaphore alimentaire, des éléments intramondains, c'est du fait de sa fidélité rigoureuse à la problématique que Platon y soulève : comment rendre compte de *l'origine* d'un discours sensé, alors même que tout discours sensé est un discours sur le monde.

1. Voir *supra*, n. 3, p. 25 et n. 2, p. 33.

2. Platon, *Timée*, 48e-50b ; 52b (où la *khôra* est décrite comme ne pouvant faire l'objet que d'un « raisonnement bâtard », selon la traduction de L. Robin).

3. Sur les difficultés à faire porter un discours sur le devenir, voir *Théétète*, 182d (la réfutation de l'héraclitéisme).

4. Voir *Timée*, 27d-29a (les êtres soumis au devenir sont l'image des êtres éternels toujours identiques à eux-mêmes) ; 48a-b (sur la difficulté à désigner les réalités physiques par le langage). Une interprétation de ce type est livrée dans H. Cherniss, « The Philosophical Economy of the Theory of Ideas », *The American Journal of Philology*, 57/4, 1936, p. 445-456, chez qui la nécessité de penser et dire le sensible est l'une des sources de la théorie platonicienne des Idées (p. 452-456).

La difficulté épistémologique que constitue en effet la question de l'origine du monde est, dans le commentaire d'Ibn Ezra, envisagée directement à partir du double problème qu'elle pose au langage, tel que nous l'avons déjà rencontré.

À un premier niveau, se pose la question de « l'ancestralité » : l'origine du monde semble réfractaire à toute description parce qu'elle renvoie à un temps d'avant l'homme et d'avant le langage même [1]. Le récit de la genèse constitue à cet égard pour Ibn Ezra précisément celui de l'avènement de l'homme ou de l'auteur possible d'un discours *sur* le monde. C'est en ce sens que le récit biblique est d'abord pour lui celui de l'avènement d'un monde *pour* l'homme.

Mais à un niveau plus fondamental, l'origine du monde en tant qu'origine radicale de toute chose met à mal le caractère référentiel du langage lui-même. L'existence de l'homme n'est qu'une condition extrinsèque à la dicibilité du monde, l'existence d'un être quelconque, à propos duquel un quelconque énoncé peut être formé, est au contraire la condition intrinsèque de tout discours. Parce qu'il est un discours sur le discours plus qu'un discours sur le monde, c'est de la condition de l'homme en tant qu'être parlant que traite le commentaire naturaliste d'Ibn Ezra sur le récit de la création.

Dans cette perspective, la doctrine des cycles de submersion-émergence du monde de l'homme à laquelle Ibn Ezra semble en effet adhérer suggère une précarité de cette condition. Il est frappant de constater que les textes scientifiques et exégétiques se renvoient les uns aux autres sur cette question, de sorte que la doctrine des cycles astraux d'Ibn Ezra ne se laisse pas réduire à un savoir scientifique précis. C'est ainsi que dans un texte scientifique latin [2], qui constitue sans doute l'un des passages où Ibn Ezra se montre le plus explicite quant à son adhésion à une telle doctrine qu'il attribue aux « sages de l'Inde », il énonce que seul un prophète pourrait connaître la durée des cycles cosmiques [3]. C'est en revanche en vain que l'on se tournerait vers les commentaires bibliques d'Ibn Ezra à la recherche de la durée effective de ces cycles. Dans son *Com. court* sur Gn 8, 22, Ibn Ezra glose : « *Tant que durera la terre*, etc. – Cela indique qu'elle a un terme fixé (*yeš lah qeṣ qaṣuv*) », c'est-à-dire que notre monde est voué à la

1. Voir *supra*, chap. premier, n. 3, p. 28.

2. Pour une synthèse des débats sur l'écriture en latin par Abraham Ibn Ezra, voir R. Smithuis, « Science in Normandy and England under the Angevins. The Creation of Avraham Ibn Ezra's Latin Works on Astronomy and Astrology », dans G. Busi (éd.), *Hebrew to Latin, Latin to Hebrew: The Mirroring of Two Cultures in the Age of Humanism Colloquium Held at the Warburg Institute, London, October 18-19, 2004*, Berlin/Torino, Freie Universität Berlin/Institut für Judaistik/ N. Aragno, 2006, p. 23-60, en particulier p. 48-49.

3. « [I]l est impossible de connaître cette chose [à savoir la période du cycle cosmique], *si ce n'est par le biais d'une révélation prophétique* (*nisi per prophetam*), alors que les Indiens nient la prophétie. » (*Liber de rationibus tabularum*, dans J. M. Millás Vallicrosa, *El libro de los fundamentos de las Tablas astronómicas*, CSIC, Madrid, 1947, p. 88-89 (nous traduisons et soulignons). Voir le commentaire de ce texte dans S. Sela, *Astrology and Biblical Exegesis*, *op. cit.*, n. 57, p. 253 et *id.*, « The Creation of the Supra-Lunary World According to the Two Commentaries of Gen 1, 14 of R. Abraham Ibn Ezra », art. cit., p. 155-157. Sela tient ce texte pour une œuvre écrite directement par Ibn Ezra en latin (« R. Abraham Ibn Ezra and the *Sefer Ṭaᶜamei ha-Luḥot* in its Latin and Hebrew Versions », *Oṣarot*, 11, 1998, p. 9-50).

destruction. Il poursuit en suggérant que la durée de la terre pourrait être cherchée dans l'expression d'Ez 48, 35, « autour de 18000 [ans] ». Mais il suggère aussitôt qu'à supposer même que ce nombre corresponde à la durée d'un cycle cosmique, nul ne peut prétendre savoir à quelle durée effective renvoie le discours prophétique[1]. Autrement dit, le lecteur avisé d'Ibn Ezra peut uniquement comprendre que l'horizon lointain du monde de l'homme est de revenir à l'état initial d'un recouvrement total par les eaux.

Le rapport de l'homme à son monde est, dans ce dispositif cosmogonique et cosmologique, fondamentalement tendu entre souveraineté et précarité. L'homme s'y trouve présenté comme maître en son domaine (le monde sublunaire) domaine qui est toutefois perpétuellement sous la menace d'une destruction totale, sur laquelle l'homme n'aurait pas prise. Entre son avènement et son recouvrement, entre deux eaux, le monde s'offre à l'homme, le seul être du monde doté de parole, comme ceci qu'il a à dire, ceci avec lequel seul il doit avoir un rapport de l'ordre de la signification, rapport perpétuellement menacé par le non-sens dont il émerge et vers lequel il menace perpétuellement de retomber.

CONCLUSION :
DE LA DOCTRINE ÉSOTÉRIQUE AU TEXTE ÉSOTÉRIQUE

Avant d'entamer l'étude de Maïmonide, deux éléments nous semblent devoir être retenus de notre parcours avec Abraham Ibn Ezra, le premier de nos auteurs qui emploie délibérément une écriture ésotérique.

Tout d'abord, le principe selon lequel un philosophe affirmant adhérer à la création *ex nihilo* devrait immédiatement être soupçonné d'insincérité nous semble devoir être nuancé. Avec Ibn Ezra, nous sommes au contraire face à un auteur qui ne manque pas de polémiquer contre l'idée de création *ex nihilo*, ou du moins contre l'idée que le texte biblique parlerait d'une telle création. On trouve un écho aux propos d'Ibn Ezra dans une déclaration du *Kuzari* de son contemporain et ami, Juda Halevi :

> [S]i l'adepte de la Loi révélée est acculé à admettre, à confesser l'existence d'une matière éternelle et d'une pluralité de mondes antérieurs à ce monde-ci, il n'y pas lieu de blâmer sa croyance du moment qu'il croit que ce monde-ci a été créé depuis un temps déterminé et que ses premiers hommes sont Adam et Noé[2].

L'admissibilité d'une autre thèse que la création *ex nihilo* au XIIe siècle en Espagne est donc un fait avéré. On ne saurait, dès lors, tenir pour acquis qu'un philosophe à peu près contemporain et issu également de la Péninsule ne

1. *Com. court* sur Gn 8, 22, éd. Keter, p. 98a : *lo yedaᶜnu eḥad minei elef*, expression qui peut se traduire, « seul un homme sur mille [sait ce qu'Ézéchiel a voulu dire] » ou bien « nous ne savons ce que signifie un millier [dans le nombre de 18000 mentionné par Ézéchiel] ».

2. J. Halevi, *Le Kuzari : apologie de la religion méprisée*, trad. fr. C. Touati, Paris, Verdier, 1994, I, 67, p. 17.

cherche probablement qu'à se prémunir de la persécution politique, lorsqu'il déclare *adhérer* à la création *ex nihilo*.

Par ailleurs, loin de n'avoir pour enjeu « politico-religieux » que de masquer sa « véritable pensée », l'ésotérisme d'Ibn Ezra en matière de création témoigne d'une conscience de la nécessité d'un traitement discursif complexe de cette question, qui met le langage aux prises avec ses limites dans la tentative d'énoncer sa propre origine.

Il est dès lors impossible d'aborder le traitement de la question de la création du monde par un penseur déterminé, indépendamment de la manière dont il en parle. C'est pourtant ce que l'on fait lorsque l'on cherche à décrypter un discours ésotérique, en l'occurrence sur la création, pour déterminer la « doctrine effective » d'un auteur. L'interprète considère alors qu'une écriture ésotérique n'est rien d'autre qu'un moyen de dissimuler une certaine opinion hétérodoxe ou jugée telle. Une fois celle-ci dévoilée, le masque de l'écriture tombe et l'interprète peut alors – lui – exposer cette doctrine au grand jour dans une langue moins sibylline, soit parce qu'il peut se prévaloir du fait qu'il n'énonce pas sa propre pensée, mais celle d'un auteur du passé, soit parce qu'il n'a pas à craindre les violences des dévots dans un âge sécularisé ou en passe de le devenir. Du reste, bien avant les lecteurs modernes, cette justification du dévoilement des secrets ésotériques a eu cours chez les interprètes médiévaux « radicaux » de Maïmonide [1].

Dans le cas d'Ibn Ezra, il importe tout autant, pour comprendre les enjeux de son traitement de la création, de se pencher sur ce qu'il dit ou ce qu'il suggère que sur la manière dont il le dit. Le discours apparemment scientiste qu'il tient dans son interprétation de l'Œuvre du Commencement recèle également une réflexion sur la genèse d'un discours sensé. Écrire sur le problème de la création (qui rejoint chez Ibn Ezra celui de la fin du monde) requiert donc nécessairement et intrinsèquement d'adopter une stratégie d'écriture ou un « art d'écrire » complexe.

1. Voir, sur ce point, nos développements sur l'évolution de la philosophie post-maïmonidienne, *infra*, chap. V, p. 112 *sq*.

CHAPITRE III

L'INTROUVABLE « VÉRITABLE DOCTRINE DE MAÏMONIDE »

La question de savoir « quelle était la véritable doctrine de Maïmonide sur la création du monde » est une des questions les plus débattues des études sur la philosophie juive médiévale depuis les travaux pionniers de Strauss sur l'ésotérisme maïmonidien [1]. Mais cette question est déjà au cœur de la tradition des commentaires du *Guide des égarés* dès le début du XIIIe siècle [2]. L'intérêt pour cette question est bien compréhensible. Le problème de la création est celui à propos duquel, dans le *Guide*, Maïmonide marque le plus explicitement son désaccord avec Aristote. Alors que le *Guide* se présente dans sa globalité comme une tentative de montrer l'harmonie entre Tora et philosophie, Maïmonide dramatise une opposition entre Tora et philosophie sur ce point précis.

Dès lors, s'il s'avérait possible de montrer que Maïmonide n'était pas, contrairement à ce qu'il affirme à plusieurs reprises, un croyant sincère à propos de la création absolue, cela entraînerait de lourdes conséquences quant à la compréhension de l'ensemble de son entreprise intellectuelle. Cela pourrait valider l'idée qu'en définitive, il ne croit pas davantage à la possibilité de concilier Tora et philosophie et qu'il est, dans le fond, un philosophe « radical » qui se présente comme un rabbin, pour faire bonne figure, se protéger lui-même et « défendre la société », selon l'hypothèse d'un ésotérisme politico-religieux. Maïmonide étant du reste l'un des jalons les plus importants de la religion juive, en tant que codificateur de la *halakha*, cela engage rien moins que le destin du judaïsme post-maïmonidien.

1. En 1994, J. I. Dienstag, « Creation in Maimonides-Bibliography », *Da'at*, 32-33, 1994, p. 247-268, recensait pas moins de 156 titres (livres, articles et passages de livres), consacrés en totalité ou en partie à cette question, dans la littérature moderne. Cette bibliographie n'a depuis cessé d'augmenter.

2. Voir *supra* n. 5, p. 15.

LE TRAITEMENT DE LA QUESTION DANS LE *GUIDE*

La première intervention significative de l'alternative entre création (*ḥudūth*) et éternité (*qidam*) du monde a lieu, à partir du chapitre 71 de la première partie, dans le cadre de la discussion des modes de démonstration de l'existence, de l'unité et de l'incorporalité de Dieu. Cette discussion occasionne une critique radicale du *kalām*. Les *mutakallimūn* fondent leurs démonstrations de l'existence de Dieu sur la thèse de la création du monde. Ils prétendent démontrer la création du monde et, l'ayant démontrée, ils en déduisent que le monde a un créateur. Maïmonide conteste les axiomes dont partent les *mutakallimūn* dans leurs raisonnements, puis leurs preuves de la création [1]. Il propose alors de démontrer les trois thèses relatives à Dieu en partant de l'hypothèse adverse, l'éternité du monde défendue par les philosophes, tout en insistant sur le fait que cela ne signifie pas qu'il adhère lui-même à cette thèse. Il pose l'éternité provisoirement, à titre hypothétique, dans le cadre de ses démonstrations, avant d'y revenir ultérieurement et d'en interroger la vérité [2].

Au début du deuxième livre, il énonce ainsi 26 propositions des philosophes sur la base desquelles ils élaborent leurs démonstrations de l'existence de Dieu. Il convient toutefois de poser une distinction entre les 25 premières propositions que Maïmonide dit démonstrativement établies et la 26 ᵉ proposition qui affirme l'éternité du monde, qui est dite seulement possible [3]. Il expose quatre démonstrations de l'existence de Dieu fondées sur ces propositions (II, 1), deux preuves physiques et deux preuves métaphysiques. Puis il propose une démonstration dont il revendique l'originalité, dont on trouve toutefois un parallèle chez Ibn Tufayl [4], argument dit « du dilemme » qui prétend montrer que l'existence de Dieu est démontrée quelle que soit la position que l'on admet sur la durée du monde. Il s'engage alors dans la discussion de la question de la création et de l'éternité du monde, envisagée pour elle-même.

Cette discussion est précédée par une série de chapitres consacrés (II, 3-12) à des développements sur les intellects séparés, leur nombre et l'idée d'émanation (qui permet de rendre compte d'une relation causale sans contact, en particulier de celle d'un être incorporel sur la matière). Après l'exposé des trois thèses en présence (II, 13), Maïmonide engage une critique de la thèse aristotélicienne, la plus radicalement opposée à celle « de la Tora ». Il montre tout d'abord que la création, bien que non démontrée, est néanmoins possible : les arguments éternalistes contre elle ne sont pas fondés, l'éternité n'étant elle-même pas démonstrativement établie (II, 14-18). Dans une situation où ni la

1. *Guide*, I, 73-74.

2. Pour ces démonstrations, voir *Guide*, I, 71, p. 349-350, I, 76, p. 459 et I, 71 et II, 2, 47-48.

3. Voir *Guide*, II, Introduction, 26 ᵉ proposition, p. 28 ; ar. p. 168, 28-29 : « Ce qu'il me semble à moi, c'est que ladite proposition est *possible* (*mumkina*), [et qu'elle n'est] ni *nécessaire* (*wājiba*), comme le disent les commentateurs des paroles d'Aristote, ni *impossible* (*mumtaniᶜa*), comme le prétendent les *mutakallimūn.* »

4. Ibn Tufayl, *Ḥayy Ibn Yaqdhān*, éd. L. Gauthier, Alger, Imprimerie Orientale (P. Fontana et Co), 1900, ar. p. 44-48 ; trad. p. 62-66.

création, ni l'éternité ne se trouve démontrée, Maïmonide exclut l'hypothèse d'une « création éternelle » (II, 20-21) et s'engage dans une discussion « dialectique » de chacune des thèses en présence.

En vertu d'une règle attribuée à Alexandre d'Aphrodise (que nous appellerons à présent « règle d'Alexandre »), dans une telle situation, il convient d'adopter celle des deux thèses qui s'avère la plus probante ou la moins sujette au doute [1]. Maïmonide montre que la doctrine de la création permet, mieux que celle de l'éternité, de rendre compte d'un certain nombre de phénomènes, notamment en matière d'astronomie (II, 19 et II, 24). Dans le chapitre 25 de la deuxième partie, Maïmonide ajoute que non seulement la doctrine de la création du monde correspond au sens littéral des versets du début de la Genèse, mais que celle adverse de l'éternité du monde n'est pas démontrée et « sape la religion par sa base » (*hadd lil-šarīᶜa bi-aṣlihā*) [2] en rendant les miracles impossibles, à commencer par la révélation de la Tora.

Maïmonide discute ensuite quelques textes rabbiniques qui sembleraient aller dans le sens de la doctrine platonicienne (II, 26) et conteste que le monde soit nécessairement voué à la corruption, à supposer qu'il soit créé (II, 27-29). La discussion sur la question s'achève avec un chapitre exégétique (II, 30), proposant une interprétation des premiers versets de la Genèse. Le chapitre 31 constitue comme un supplément à cette discussion théorique, proposant une réflexion sur le shabbat, doté de sa double justification, repos prescrit en référence au repos divin au jour de la création et à la libération de l'esclavage d'Égypte. Il est présenté comme un acte rituel enseignant une « opinion vraie » (*ra'y ṣaḥīḥ*) [3] : l'adventicité du monde.

Il n'y a ainsi aucune ambiguïté, quant à ce qu'affirme Maïmonide dans le *Guide* sur sa propre position sur la question. Il est un tenant de la Tora de Moïse et soutient, à ce titre, la création absolue. Il répète à de nombreuses reprises qu'il n'adhère pas à l'éternité, bien qu'il l'admette dans sa démonstration de l'existence de Dieu. La création est une possibilité non démontrée, tout comme l'éternité, mais elle est plus plausible qu'elle. À la différence de l'éternité en outre, elle ne menace pas les « bases de la religion » et s'accorde, selon Maïmonide du moins, avec le sens littéral des versets bibliques. L'ambiguïté et les possibles dissensions quant à sa « véritable opinion » apparaissent à partir du moment où l'on se réfère aux propos de Maïmonide dans l'introduction du *Guide* qui attirent l'attention du lecteur sur le fait que l'ouvrage requiert un type particulier de lecture. Toute la question est, pour le lecteur, de comprendre sur quoi précisément il doit faire porter son attention et ce qu'il doit déduire de ce qu'il aura

1. *Guide*, II, 22, p. 179-180. Pour l'usage d'Alexandre dans le *Guide*, voir S. Pinès, « Les sources philosophiques du *Guide des Perplexes* » [1963], dans *La liberté de philosopher : de Maïmonide à Spinoza*, Malakoff, Desclée de Brouwer, 1997, p. 100-120, qui identifie la référence à Alexandre comme étant un passage des *Principes du Tout*, éd. A. Badawi dans *Ariṣṭū ᶜinda al-ᶜArab*, Le Caire, Maktabat al-Nahḍa al-miṣriyya, 1947, p. 276 ; la source aristotélicienne de cette règle semble être *Topiques*, I, 10-11.

2. *Guide*, II, 25, p. 197 ; ar. p. 229, 23-24

3. *Guide*, II, 31, p. 259 ; ar. p. 253, 6.

remarqué, en matière d'incohérences du texte et de bizarreries dans l'ordre d'exposition ou dans le choix des termes.

Les « clés de lecture » de l'introduction

C'est donc vers l'introduction que nous devons nous tourner pour retrouver les lignes directrices d'une lecture attentive des propos maïmonidiens sur la création. Le problème est, précisément, que la compréhension des clés de lecture données par Maïmonide dans ce texte liminaire est elle-même difficile. L'introduction du *Guide des égarés*, comme nous l'annoncions dans notre propre introduction, constitue une ressource extraordinaire pour penser nos deux modèles de l'ésotérisme. Si l'usage d'une écriture ésotérique caractérise une bonne partie du *corpus* philosophique juif, le *Guide* présente cette caractéristique singulière que son auteur y affirme explicitement qu'il fera usage de procédés d'écriture sophistiqués tout en théorisant une telle écriture.

> Si tu veux comprendre tout ce que (ce traité) renferme, de manière à ce qu'il ne t'en échappe rien, il faut combiner ses chapitres les uns avec les autres, et en lisant un chapitre il ne faut pas seulement avoir pour but de comprendre l'ensemble de son sujet, mais aussi de saisir chaque parole (*lafẓa*) qui s'y présente dans la suite du discours, quand même elle ne ferait pas partie du sujet (principal) du chapitre. Car dans ce traité il ne m'est jamais arrivé de parler comme par hasard (*hādhihi al-maqāla mā waqaᶜa al-kalām fīhā kayfa ittafaqa*), mais (tout a été dit) avec une grande exactitude et avec beaucoup de précision, et en ayant soin de n'y laisser manquer l'explication d'aucune obscurité ; et si on y a dit (çà et là) quelque chose qui n'est pas à sa place, ce n'a été que pour expliquer quelque autre chose à sa véritable place [1].

Voilà un auteur qui a la prétention exorbitante de maîtriser absolument sa plume, jusque dans le choix de chaque terme [2]. De fait, c'est dans l'introduction du *Guide* que Strauss a puisé l'idée même d'un « art d'écrire » de la philosophie. Si une dissension peut exister sur les motifs de l'ésotérisme maïmonidien, c'est que d'emblée, dès l'introduction, on peut repérer une tension entre deux registres de secrets. Le souci majeur de Maïmonide dans ce texte est de justifier l'écriture même de son ouvrage de nature inédite au sein de la tradition rabbinique. Il présente un portrait de son lecteur type : juif élevé dans la religion, chez qui la véridicité de la Tora est fermement établie et qui, ayant étudié la

1. *Guide*, Introduction, p. 22-23, ar. 9, 26-10, 2.

2. Il convient toutefois de remarquer que cette prétention de l'auteur à la maîtrise de son discours est particulièrement amplifiée par la traduction de Munk (« … il *ne m'est jamais arrivé de parler* comme par hasard… »). L'arabe comporte pourtant une tournure impersonnelle, qui donne plus littéralement « le discours de ce traité n'est pas tombé comme par hasard », laissant entendre une certaine indépendance du discours par rapport au sujet qui l'énonce. Samuel Ibn Tibbon traduit ainsi : « *ha-ma ʾamar ha-ze lo naflu bo ha-devarim ka-ašer nizdammen* », et S. Pinès : « the diction of this Treatise has not been chosen at haphazard » (*The Guide of the Perplexed*, Chicago, University of Chicago Press, 1963, p. 15).

philosophie, se trouve saisi de troubles et de crainte, pensant devoir sacrifier soit sa raison sur l'autel de la Tora ou, à l'inverse, sa Tora sur l'autel de la raison [1]. L'ouvrage entend, dans ce dilemme, proposer une troisième voie, en montrant la compatibilité de la Tora et de la philosophie.

Toutefois, puisque Maïmonide est conduit, dans ce but, à aborder des sujets qui relèvent de la catégorie traditionnelle des « secrets de la Tora » (*sitrei Tora*), parmi lesquels on compte la question de la création du monde (*Maᶜaśe Bereᵓšit*), il se doit d'élaborer une manière d'écrire singulière. Selon la *mishna* de *Ḥagiga* (II, 1) mentionnée dans notre introduction [2], l'enseignement, même oral, de tels sujets est réservé à un public choisi et restreint ultimement à un seul auditeur. Le livre qui en traite devra par conséquent se présenter comme un texte adressé à un seul lecteur et le *Guide* est en effet écrit comme une longue lettre écrite à un disciple unique, Joseph ben Juda Ibn Shim'on, selon son épître dédicatoire [3]. Ce disciple même ne se verra pas livrer un enseignement clair et explicite, suivi et systématique, mais seulement, conformément à l'expression talmudique, les têtes de chapitres (*raᵓšei peraqim*) [4]. Reste à comprendre ce qui commande l'ésotérisme prescrit par la tradition rabbinique à laquelle Maïmonide se réfère. Or, sur ce point, sur lequel Maïmonide ne se prononce jamais clairement, deux tendances peuvent être repérées dans l'introduction, nouant une tension, proprement indécidable.

D'une part, l'introduction recèle une anthropologie élitiste, aboutissant à une méfiance absolue vis-à-vis du « vulgaire » ou de la masse (*jumhūr*), de la part de l'élite intellectuelle ou de l'homme parfait (*kāmil*). Dans cette perspective, l'ésotérisme maïmonidien semble relever de l'ésotérisme « politico-religieux ».

> L'homme attentif ne me demandera pas ni n'espérera, lorsque nous aurons parlé d'un certain sujet, que nous l'achevions, ou, lorsque nous aurons commencé l'explication du sens d'une certaine allégorie, que nous épuisions tout ce qui a été dit au sujet de cette allégorie : ceci, un homme intelligent ne pourrait le faire de vive voix, dans une conversation, et comment pourrait-il le consigner dans un livre sans s'exposer à être un point de mire pour tout ignorant prétendant à la science, et qui lancerait vers lui les flèches de son ignorance [5].

Le motif du danger des « flèches de l'ignorance » incline clairement vers une compréhension de l'ésotérisme maïmonidien comme imposé par la crainte d'une persécution politique, ainsi que l'entend la lecture straussienne. On peut fort bien comprendre dans ce sens la revendication de Maïmonide de s'inscrire dans une tradition d'enseignement ésotérique remontant jusqu'aux rabbins voire jusqu'aux prophètes, usant d'allégories et s'exprimant de manière obscure

1. *Guide*, Introduction, p. 7-8.
2. *Supra*, p. 10.
3. *Guide*, Épître dédicatoire, p. 3-6.
4. Talmud de Babylone, *Ḥagiga*, 13a.
5. *Guide*, « Introduction », p. 8-9 ; ar. p. 3, 2-7.

eu égard à certains sujets [1]. Il s'agit, conformément à « l'intention divine » de cacher certaines vérités à ceux qui ne sauraient les appréhender et les supporter, de les protéger et de protéger par là même l'auteur de l'enseignement des réactions violentes qu'il pourrait susciter, cette dissimulation pouvant passer par l'inculcation de doctrines délibérément fausses.

Ailleurs dans le *Guide*, Maïmonide distingue en effet, parmi les croyances, entre la « croyance vraie » (*i^ctiqād ṣaḥīḥ*) et la « croyance nécessaire » (*i^ctiqād ḍarūrī*) [2]. Tel le noble mensonge platonicien de *République* III (414b-c), les « croyances nécessaires » sont des opinions fausses que l'on inculque au vulgaire dans le but de garantir l'ordre et la cohésion de la société. Certains interprètes « radicaux », faisant de Maïmonide un aristotélicien orthodoxe, assignent ainsi la création du monde, à laquelle Maïmonide affirme croire, à la catégorie des « croyances nécessaires » [3].

> Car mon but est (de faire en sorte) que les vérités y soient entrevues, et qu'ensuite elles se dérobent, afin de ne pas être en opposition avec le but divin (*al-gharaḍ al-ilāhī*), auquel d'ailleurs il serait impossible de s'opposer, et qui a fait que les vérités qui ont particulièrement pour objet de faire comprendre Dieu fussent dérobées au commun des hommes (*jumhūr al-nās*), comme a dit (le psalmiste) : *Le mystère de l'Éternel est pour ceux qui le craignent* (Ps 25, 14) [4].

Si les vérités portant sur Dieu se dérobent au « commun des hommes », il semble qu'elles soient accessibles du moins en droit aux hommes « hors du commun », l'élite intellectuelle, les « craignants-Dieu » du verset des Psaumes. Il n'y aurait donc pas de trace dans ce texte d'une considération portant sur les intrinsèques de la connaissance humaine.

Cependant, on trouve, par ailleurs, dans l'introduction, l'expression d'un scepticisme épistémologique, se traduisant par une insistance sur les limitations de la connaissance possible à l'homme et par une gnoséologie singulière, soulignant que certaines vérités, relevant des domaines physique et métaphysique n'apparaissent pas à l'homme de manière claire et continue. Dans cette seconde perspective, c'est à l'autre type d'ésotérisme que nous avons affaire,

1. Voir S. Klein-Braslavy, *King Solomon and Philosophical Esotericism in the Thought of Maimonides* [en hébreu], Jérusalem, Magnes Press, 1996, première partie, qui inscrit l'ésotérisme maïmonidien dans une double filation : philosophique (voir *Guide*, I, 17, p. 68) et rabbinique.

2. *Guide*, III, 28, p. 216-217 ; ar. p. 374, 16-17. Sur ce motif, voir C. Touati, « Croyances vraies et croyances nécessaires : Platon, Averroès, philosophie juive [Maïmonide, Nissim de Marseille, Moïse Narboni] et Spinoza », dans *id.* et G. Nahon (éd.), *Hommage à Georges Vajda*, Louvain, Peeters, 1980, p. 169-182.

3. Une telle catégorisation de la création comme « croyance nécessaire » est proposée dans J. Bekker, *The Secret of the* Guide of the Perplexed. *On Maimonides' Worldview* [hébreu], Jérusalem, Shim'oni, 1955, p. 48-49. Récemment, P. Bouretz, *Lumières du Moyen Âge*, *op. cit.*, p. 222-241 et p. 286-334, incline clairement dans cette direction. Pour d'autres passages où Maïmonide insiste sur l'impossibilité de transmettre certaines connaissances au vulgaire en raison de son défaut de compréhension, voir en particulier *Guide*, I, 17 et I, 31-34.

4. *Guide*, « Introduction », p. 10 ; ar. p. 3, 14-17.

à savoir à l'« ésotérisme essentiel », découlant de la *nature* même de certains objets de connaissance.

> Il ne faut pas croire qu'il y en ait un seul parmi nous qui connaisse ces graves mystères (*al-sodot al-ᶜaẓīma*) [relevant de la physique et de la métaphysique] dans toute leur étendue. Il n'en est pas ainsi; mais, au contraire, la vérité tantôt nous apparaît de manière à nous sembler (claire comme) le jour, tantôt elle est cachée par les choses matérielles et usuelles, de sorte que nous retombons dans une nuit profonde à peu près comme nous étions auparavant, et nous sommes alors comme l'homme qui, se trouvant dans une nuit profondément obscure, y voit parfois briller un éclair [1].

À la suite de ce passage Maïmonide file cette métaphore proposant une typologie de l'humanité selon ses capacités intellectuelles. Certains ont une vision directe de la lumière, sous la forme d'éclairs plus ou moins nombreux et plus ou moins espacés. D'autres n'ont accès à la lumière qu'indirectement via son reflet sur des corps polis et d'autres enfin n'ont jamais accès à la lumière et restent tels des aveugles dans une nuit obscure. La proximité avec un passage de l'*Épître sur la conjonction* d'Ibn Bājja qui propose comme une ré-écriture de l'allégorie de la caverne de la *République* de Platon, est frappante. Shlomo Pinès, dans sa préface à sa traduction anglaise du *Guide*, est donc fondé à voir dans ce passage la source de Maïmonide [2]. On retrouve chez Ibn Bājja l'image de la lumière dans la nuit et la classification des hommes en fonction du degré d'éclairage que reçoit leur obscurité. On retrouve la distinction entre ceux qui ont un accès direct à la lumière et ceux chez qui elle passe par l'intermédiation d'un corps où elle se reflète. Le texte de Maïmonide use par ailleurs d'une terminologie très proche de celle d'Ibn Bājja [3]. Le rapprochement est donc légitime, de même que la tentative de déceler une correspondance entre les différentes catégories d'hommes décrites, chez l'un et l'autre auteurs [4].

Comme nous l'avons noté [5], Pinès inaugure à partir de la fin des années 1970 les lectures « sceptiques » du *Guide*, selon lesquelles Maïmonide, par son écriture ésotérique, ne cherche pas à cacher son adhésion à l'aristotélisme, mais au contraire ses doutes quant à la possibilité pour l'homme d'accéder à des connaissances assurées à propos des questions essentielles de la métaphysique. Mais, en 1963, Pinès est encore un lecteur « radical » s'inscrivant dans la lignée de Strauss.

1. *Guide*, « Introduction », p. 10-11 ; ar. p. 3, 23-27 (les parenthèses sont des ajouts du traducteur S. Munk, les crochets sont de nous). Noter l'usage, au sein du texte arabe du *Guide*, du terme hébraïque *sodot*, pour désigner les vérités les plus profondes de la philosophie.

2. S. Pinès, « Les sources philosophiques du *Guide des Perplexes* », art. cit., p. 174-178. Ibn Bājja, *Épître de la conjonction de l'intellect avec l'homme*, § 44-45 et § 52-55, dans *La conduite de l'isolé et deux autres épîtres*, éd. et trad. fr. C. Genequand, Paris, Vrin, 2010, p. 200-201.

3. *Ḍawʾ* (lumière) et ses dérivés ; corps/surface poli(e) : Maïmonide : *jism saqīl* (ar. p. 4, 4) ; Ibn Bājja : *saṭḥ ṣaqīl* (p. 201, 18).

4. Voir S. Pinès, « Les sources philosophiques du *Guide des Perplexes* », art. cit., p. 174-178, et, pour une critique de cette lecture, H. A. Davidson, « Maimonides on Metaphysical Knowledge », dans A. Hyman, *Maimonidean Studies*, vol. 1, New York, Yeshivah University, 1995, p. 66-70).

5. Voir notre introduction *supra* n. 6, p. 15.

Il réduit la référence maïmonidienne au texte d'Ibn Bājja à une indication à l'adresse du lecteur perspicace, à travers un jeu de correspondances entre les deux textes, qu'il n'y a pas lieu de croire à une supériorité intellectuelle du prophète vis-à-vis du philosophe.

Toutefois, une image n'apparaît pas dans le texte d'Ibn Bājja : celle de l'éclair, qui pourrait provenir d'Avicenne [1], et Maïmonide semble donc construire sa propre gnoséologie en combinant ces deux sources [2]. Du soleil qu'Ibn Bājja reprend directement à Platon à l'éclair avicennien, le type d'éclairage n'est pas le même : clarté diurne face à illumination électrique. À l'image de celui qui vient de sortir de la caverne ébloui par le soleil (515c-516b), l'homme maïmonidien est ébloui par les vérités qu'il perçoit, à la différence près que cet état d'éblouissement n'est pas chez lui transitoire, mais permanent. L'élément fondamental de la métaphore dans le texte de Maïmonide est le double mouvement d'apparition et de disparition de la lumière et même « le plus parfait des hommes », dont on peut penser qu'il s'agit dans la perspective maïmonidienne de Moïse, ne voit sa nuit transformée en une sorte de jour qu'en tant que les éclairs s'y produisent coup sur coup, sans intervalle les séparant. Le modèle gnoséologique est même dans ce cas discontinuiste. Le degré ultime de la connaissance n'est pas comparable au rang des bienheureux bājjiens, chez qui la distinction entre l'observateur et l'objet vu s'efface, si bien que l'analogie ne fonctionne plus, leur vision devenant la lumière même [3]. L'homme parfait chez Maïmonide, fût-il Moïse lui-même, reçoit la vérité, dans les domaines physique et métaphysique, par à-coup.

On ne s'étonnera pas dès lors, qu'un motif important, associé à l'image de la vérité comme éclair, ne trouve pas d'équivalent chez Ibn Bājja : celui du mode de communication des idées qui correspond exactement à leur mode de réception. Du reste, le bienheureux bājjien, ou l'« isolé » (*mutawaḥḥid*, selon la traduction de Genequand), ne cherche pas en définitive à communiquer des idées. Il est un étranger au milieu des hommes [4]. Maïmonide, en revanche, considère comme une caractéristique intrinsèque à la connaissance, même si elle est intuitive et fugace, qu'elle cherche nécessairement à se communiquer [5]. Reste à savoir comment les vérités perçues telles des éclairs dans la nuit, les « mystères »

1. Avicenne, *Livre des directives et remarques*, Paris/Beyrouth, Vrin/UNESCO, 1999, p. 493. Voir S. Pinès, « Les sources philosophiques du *Guide des Perplexes* », art. cit., p. 168.

2. Voir D.-A. Ilies, *Sur le chemin du palais : réflexions autour de deux chapitres du* Guide des égarés *de Maïmonide*, Paris, Cerf, 2016, p. 71-72.

3. « Si la vision se transformait et devenait lumière, elle occuperait alors la place des bienheureux » (Ibn Bājja, *Épître de la conjonction de l'intellect avec l'homme*, *op. cit.*, p. 198-199, § 48). « Celui qui est dans le troisième rang [=celui des bienheureux] ressemble au soleil lui-même (*al-šams bi-ʿaynihā*) » (*ibid.*, p. 200-201, § 55 ; Genequand note, p. 380, qu'Ibn Bājja aurait ici dû dire « lumière » (*ḍawʾ*) et non « soleil », puisque seule la lumière est véritablement immatérielle à l'instar de l'intellect en acte).

4. Ibn Bājja, *Conduite de l'isolé*, *op. cit.*, p. 127, § 35.

5. *Guide*, II, 37, p. 293 (trad. légèrement mod.) ; ar. p. 265, 12-14 : « La nature de la chose *impose* (*tūjibu*) à quiconque a reçu cet épanchement (*fayḍ*) surabondant [DL : *i.e.* l'épanchement de l'intellect agent sur l'âme rationnelle] de prêcher aux hommes, n'importe qu'il soit écouté ou non, dût-il même exposer sa personne. »

de la physique et de la métaphysique, peuvent être communiquées à d'autres par l'instrument du langage.

> Il faut savoir que, lorsqu'un des hommes parfaits (*al-kāmilīn*) désire, selon le degré de sa perfection, se prononcer, soit verbalement, ou par écrit, sur quelque chose qu'il a compris en fait de ces mystères (*al-sodot*), il ne lui est pas possible d'exposer même ce qu'il en a saisi avec une clarté parfaite et par ordre, comme il le ferait pour les autres sciences dont l'enseignement est répandu. Au contraire, il lui arrivera pour l'enseignement des autres ce qui lui est arrivé dans ses propres études ; je veux dire que la chose apparaîtra et se fera entrevoir, et qu'ensuite elle se dérobera ; car on dirait que telle est la *nature* de cette chose (*tabī*ᶜ*at al-amr*), qu'il s'agisse de beaucoup ou de peu [1].

Si, plus haut, Maïmonide présentait la nécessité d'une écriture qui voile puis dissimule comme émanant du danger des « flèches de l'ignorance », ici, tout au contraire, celle-ci paraît découler de la nature même de l'objet de connaissance. Cet objet prescrit tout à la fois 1) qu'il doit être enseigné et 2) le mode de son enseignement et ce, indépendamment du risque qu'il pourrait faire courir à l'enseignant [2]. Selon le jeu de mots sous-jacent au titre d'un ouvrage récent proposant une lecture sceptique de l'ensemble du *Guide* : alors que la *matière*, qui limite la connaissance humaine, empêche la *forme* pure de se laisser parfaitement appréhender par l'homme, la *matière* du discours portant sur les « secrets de la Tora » lui impose une *forme* spécifique, un mode d'exposition « ésotérique » par essence [3]. Dans un contraste saisissant par rapport à l'assurance affichée plus haut par Maïmonide vis-à-vis de la maîtrise de sa propre écriture, on trouve dans ce passage de la même introduction l'idée que quelque chose s'exprime à travers les mots de l'auteur et comme malgré lui.

La même tension entre l'ésotérisme politico-religieux et l'ésotérisme essentiel se manifeste à propos de l'exposé de la fameuse « septième cause de contradiction » [4]. À la fin de son introduction, Maïmonide énonce la liste des sept causes pour lesquelles on trouve des contradictions dans un texte. Il précise que le texte du *Guide* comporte des contradictions délibérées, relevant de la cinquième cause, qui répond à des exigences pédagogiques, et de la septième cause, que l'on peut qualifier de contradictions « ésotériques » [5]. Alors que les autres causes sont tout à fait claires et pour certaines même triviales (allant d'un changement d'avis de l'auteur – deuxième cause – à une faute d'étourderie de sa

1. *Guide*, « Introduction », p. 12 ; ar. p. 4, 12-17 (nous soulignons). Noter à nouveau l'usage du terme *sodot* pour les mystères de la philosophie. S. Klein-Braslavy, *King Solomon and Philosophical Esotericism in the Thought of Maimonides*, *op. cit.*, p. 63-64 envisage ce passage comme illustrant un scepticisme métaphysique de Maïmonide.

2. Voir la fin de la citation de *Guide*, II, 37, à la note précédente.

3. J. Stern, *The Matter and Form of Maimonides'* Guide, Cambridge, London, Harvard University Press, 2013. Voir en particulier la justification de ce titre, p. 1.

4. Cf. *infra*, chap. V, p. 118 *sq.*, la manière dont Gersonide construira, dans l'introduction de ses *Guerres*, une contre-introduction du *Guide*, dans une optique anti-ésotérique, en partant de ces sept causes.

5. *Guide*, « Introduction », p. 30.

part – sixième cause), la nature même de la septième cause reste, quant à elle, obscure.

> *Septième cause*. La nécessité du discours (*ḍarūrat al-kalām*) quand il s'agit de choses très obscures dont les détails doivent être en partie dérobés et en partie révélés. Car quelquefois on se voit forcé, en émettant une opinion, de s'exprimer de manière à affirmer une certaine proposition, tandis que, dans un autre endroit, on se voit forcé de s'exprimer de manière à affirmer une proposition qui se trouve en contradiction avec la première. Le vulgaire (*jumhūr*) ne doit d'aucune manière s'apercevoir de l'endroit où existe la contradiction, et l'auteur quelquefois cherche toute sorte d'expédients pour la dérober [1].

L'invocation de cette septième cause est devenue dans la tradition des lecteurs radicaux du *Guide* la métonymie même du secret politico-religieux. Dire d'un passage du *Guide* qu'il relève de la contradiction de la septième cause est une manière de dire que ce passage recèle une vérité qui contrevient à la *doxa* religieuse [2]. La fin de l'exposé de cette septième cause semble en effet indiquer que la spécificité de ce genre de contradiction est d'être précisément, en principe, imperceptible pour le vulgaire, autrement dit décelable uniquement par les lecteurs compétents. Le lecteur radical en déduit qu'il s'agit de contradictions qui, si elles en venaient à être perçues par le vulgaire, produiraient tous les effets néfastes que nous avons mentionnés dans notre introduction, sur le vulgaire lui-même, sur l'homme parfait et sur la loi. Par conséquent, il offre une compréhension faible de la tournure initiale, au demeurant fort obscure, identifiant la septième cause de contradiction à la « nécessité du discours, quand il s'agit de choses très obscures ».

Le registre de nécessité dont il est question est celui de l'impératif kantien de la prudence, qui prescrit d'agir d'une certaine façon, en vue d'obtenir le bonheur (ou, en l'occurrence, éviter le malheur). *S'il veut se prémunir des flèches de l'ignorance*, l'auteur *doit*, lorsqu'il aborde une des choses très obscures, user de propositions contradictoires, sans que leur contradiction apparaisse aux ignorants. La clause hypothétique de cet impératif – s'il veut se prémunir des flèches de l'ignorance ou de la persécution du vulgaire – n'est pourtant nullement explicitée. Elle est déduite précisément de l'importance accordée par l'auteur au fait que la contradiction ne doive pas apparaître au vulgaire et suppose que, si elle n'avait pas cours, l'auteur *pourrait* s'exprimer de manière claire, sur ces sujets obscurs, que Maïmonide se garde bien, du reste, de définir ici.

Mais la formulation du texte se prête tout aussi bien, sinon davantage, à une lecture plus forte de cette nécessité qui en fait une nécessité d'ordre catégorique : l'auteur doit *absolument* user de propositions contradictoires pour aborder

1. *Guide*, « Introduction », p. 28-29 ; ar. p. 12, 7-12.

2. Comme le reflète notamment l'usage de l'expression *ha-sibba ha-ševiᶜit* (« la septième cause »), dans le *Commentaires sur le Guide* de Profiat Duran (ou Perfeyt Duran dit « Efodi », actif à la croisée des XIVe et XVe siècles), voir par exemple *Com. Guide*, II, 1, *Sefer More Nevukhim, ᶜim Arbaᶜa Perušim*, Lvov, 1866, réimpr. Jérusalem, Barazani, 1980 [désormais « éd. Barazani »], 15a et *passim*.

certaines choses très obscures. On retrouve dans la formulation de cette septième cause, le motif de l'alternance du dévoilement et de la dissimulation, déjà présenté plus haut dans l'introduction, à propos des secrets (*sodot*) de la physique et de la métaphysique, dans le cadre de la métaphore des éclairs dans la nuit. Certains lecteurs contemporains [1] contredisent ainsi la lecture « politico-religieuse » reçue de la contradiction de la septième cause et y trouvent l'expression d'une position sceptique.

Il est dès lors difficile d'avoir une lecture unifiée de la seule introduction du *Guide*. Le lecteur radical se trouve quelque peu désarmé par la gnoséologie « illuminative » de l'image de la vérité comme éclair et de l'idée d'un mode d'écriture s'imposant à l'auteur. À l'inverse, le lecteur sceptique peine à expliquer la méfiance vis-à-vis du vulgaire et des « flèches de son ignorance ». Si les clés de lecture du *Guide*, posées dans l'introduction, ne sont pas univoques, c'est à plus forte raison toute la compréhension de l'ouvrage qui est marquée du sceau de la plurivocité. Cela ressort de manière particulièrement criante des diverses lectures contradictoires qui ont été faites quant à sa position sur la création ou l'éternité.

Des lectures contradictoires

L'abondance des thèses quant à la position de Maïmonide sur la création constitue un obstacle à l'abord de l'ouvrage à partir de l'hypothèse d'un ésotérisme essentiel, qui consiste à se demander ce qui se dit dans le texte indépendamment de l'intention de son auteur. Car presque tous les détails du texte du *Guide* ont déjà fait l'objet d'un examen scrupuleux y voyant les indices de l'adoption de l'une ou l'autre thèse par l'auteur. Mais cette abondance de lectures diverses atteste également à sa façon la primauté du lecteur dans l'élaboration du sens d'un texte ésotérique et l'impossibilité, toutefois, d'accéder à la véritable intention de son auteur. Avant d'aborder le *Guide* comme « Texte » selon le mot de Barthes, il convient de rappeler les grandes thèses en présence et leurs arguments contradictoires. On ne saurait évidemment en quelques lignes résumer l'ensemble des arguments et des discussions [2]. Nous nous contentons ici de relever les arguments les plus saillants et de souligner leurs limites.

Certains lecteurs considèrent qu'il n'y a pas à chercher dans le *Guide* de doctrine secrète, en ce qui concerne la question de la création et de l'éternité, dont Maïmonide affirme pourtant que « tout en dépend » [3]. Maïmonide serait

1. Voir M. Fox, « A New View of Maimonides' Method of Contradictions », *Annual of Bar-Ilan University. Studies in Judaica and Humanities*, 22-23, 1987, p. 19-43, repris dans *Interpreting Maimonides : Studies in Methodology, Metaphysics, and Moral Philosophy*, Chicago, University of Chicago Press, 1995, chap. IV, p. 67-93 et surtout Y. Lorberbaum, « On the Contradictions in Maimonides' *Guide of the Perplexed* : A Reappraisal » [hébreu], *Tarbiz*, 69, 1999, p. 213-237 et *id.*, « On Contradictions, Rationality, Dialectics, and Esotericism in Maimonides' *Guide of the Perplexed* », art. cit.

2. Voir *supra* n. 1, p. 53.

3. *Guide*, II, 25, p. 199 ; *al-amr kulluhu muta*ᶜ*alliq bi-hādhā al-maṭlab*, ar. p. 230, 24-25.

donc un tenant de l'adventicité du monde, thèse qu'il attribue à « tous ceux qui admettent la Loi de Moïse, notre maître »[1] en II, 13. D'autres interprètes s'engagent au contraire à chercher une telle doctrine ésotérique. Parmi ces lecteurs ésotériques, diverses positions se trouvent attribuées à Maïmonide depuis le XIIIe siècle, qui correspondent pour l'essentiel aux deux versions de l'éternité (*qidam*) exposées en II, 13. Certains lecteurs y voient un tenant de l'éternité du monde, entendue dans le sens averroïste d'une création *ab aeterno* (position prêtée à Aristote)[2], d'autres un tenant d'une forme de création *ex aliquo* (position prêtée à Platon)[3]. L'examen des arguments avancés par chacune de ces écoles fait apparaître que, si certains d'entre eux paraissent forts, aucun n'est concluant et que la plupart d'entre eux sont réversibles.

L'argument le plus probant en faveur d'un Maïmonide éternaliste tient à l'entremêlement de la démonstration de l'existence de Dieu et du traitement de la question de la création ou de l'éternité du monde. Comme nous l'avons rappelé, Maïmonide à partir de la fin du livre I, s'engage à démontrer l'existence, l'unité et l'incorporalité de Dieu à partir d'un argument qui a la structure de ce que les stoïciens appelaient un « dilemme constructif simple »[4]. Que le monde soit adventice ou éternel, Dieu existe. Toutefois, Maïmonide se concentre essentiellement sur le second lemme : démontrer l'existence de Dieu sur la base de l'éternité. Il assigne la déduction de l'existence de Dieu à partir de la création à l'évidence première, tout en contestant le caractère démonstratif des preuves que le *kalām* propose de la création. À l'inverse, il insiste sur le fait que sa propre preuve est bien démonstrative, sans que l'on sache s'il fait allusion au dilemme dans son ensemble ou uniquement à son lemme éternaliste.

La tradition des lecteurs « radicaux » évoquée dans notre introduction[5] – notamment Samuel Ibn Tibbon, Shem Tov Falaquera (actif au XIIIe siècle en

1. *Guide*, II, 13, p. 104 ; *raʾy kulli man iʿtaqada šarīʿat Moše' Rabbenu*, ar. p. 196, 4-5.

2. Nous discutons ci-après certains arguments de quelques représentants médiévaux et modernes de cette approche.

3. Pour des lectures modernes « platonisantes », voir notamment, H. A. Davidson, « Maimonides' Secret Position on Creation », dans I. Twersky (éd.), *Studies in Medieval Jewish History and Litterature*, Cambridge, Cambridge University Press, 1979, p. 16-40 et A. L. Ivry, « Maimonides on Creation », dans D. Novak et N. Samuelson (éd.), *Creation and the End of Days : Judaism and Scientific Cosmology*, Lanham, University Press of America, 1986, p. 185-213.

4. Un « dilemme constructif » est un raisonnement du type $(p \vee q, p \rightarrow r, q \rightarrow s) \rightarrow r \vee s$. Dans le cas d'un « dilemme constructif *simple* », on a simplement : $(p \vee q, p \rightarrow r, q \rightarrow r) \rightarrow r$. Voir W. Kneale et M. Kneale, *The Development of Logic*, Oxford, Clarendon Press, 1971, p. 178 et J. Stern, *The Matter and Form of Maimonides'* Guide, *op. cit.*, p. 151.

5. Voir *supra* notre introduction, p. 15 *sq*.

Espagne)[1] et les averroïstes Joseph Ibn Kaspi[2] et Moïse de Narbonne[3] – a vu là l'indication d'une adhésion à l'éternité du monde : les allégations de Maïmonide quant à son adoption de la thèse de la création sont de peu de poids face à au savoir démonstratif acquis à partir de l'hypothèse de l'éternité. Le XXe siècle a vu un regain de vitalité de ce type de lecture, dans la lignée des travaux de Leo Strauss[4].

Or on a vu ces dernières années se développer un retournement « sceptique » de cet argument, dans la lignée des travaux du « second Pinès ». Une phrase en II, 24, au demeurant fort ambiguë semble suggérer en effet que, même à partir de l'hypothèse de l'éternité du mouvement, il est impossible de proposer une preuve de l'existence de Dieu[5]. Ce que Maïmonide chercherait donc à cacher dans son traitement complexe de la question de la création ou de l'éternité serait principalement l'absence de toute preuve de l'existence de Dieu[6]. Lectures radicales et sceptiques peuvent ainsi s'appuyer sur les mêmes textes pour fonder des interprétations parfaitement contradictoires.

Une autre ressource importante pour identifier la position de Maïmonide sur la question est tirée des textes extérieurs au *Guide*, ouvrage tardif achevé en 1190. Car, dans ces textes, Maïmonide n'use pas des mêmes procédés d'écriture complexes, du moins pas à ce niveau de sophistication. Dans les textes de jeunesse, Maïmonide semble implicitement adhérer à l'éternité. Dans la version originelle de sa fameuse liste de croyances fondamentales du judaïsme, dans le *Commentaire de la Mishna* (première version achevée en 1168), Maïmonide

1. Il semble douter de la remise en cause par Maïmonide de l'éternité dans son commentaire sur le *Guide* (cité par S. Munk, n. 1, p. 350) : *More ha-More*, I, 71, éd. Y. Shiffman, Jérusalem, World Union of Jewish Studies, 2001, p. 175 : « Comment pourrait-on démontrer un grand sujet comme celui-ci à partir d'une prémisse douteuse et, *a fortiori*, si elle n'est pas vraie ? ». Sur cet auteur et sa demarche, voir notre introduction à Shem Tov Falaquera, *L'accord de la Torah et de la philosophie* (*l'Épître de la controverse*), Paris, Hermann, 2014, p. 7-62.

2. Voir notamment son commentaire sur le *Guide*, *ᶜAmudei Kesef* sur I, 71 et II, 2, éd. S. Z. Werbluner, Frankfurt am Main, 1848, p. 72-73 et p. 90.

3. Voir l'introduction de son *Commentaire sur le Guide* (notamment, ms Paris BN héb 699, 2a ; trad. fr. dans M. R. Hayoun, *Moshe Narboni*, Tübingen, Mohr Siebeck, 1986, p. 36-37). Sur ce commentaire, voir G. Holzman, « Moshe Narboni Commentary on Maimonides' *Guide of the Perplexed* » [hébreu], *Da'at*, 74-75, 2013, p. 197-236.

4. A. Ravitzky, « The Secrets of Maimonides : Between the Thirteenth and the Twentieth Centuries », art. cit.

5. *Guide*, II, 24, p. 194 ; ar. p. 228, 23-26 : « Il nous est impossible d'avoir les éléments (nécessaires) pour raisonner sur le ciel, qui est loin de nous et trop élevé par sa place et son rang ; et même la preuve générale qu'on peut en tirer, (en disant) qu'il nous prouve (l'existence de) son moteur, est une chose à la connaissance de laquelle les intelligences humaines ne sauraient arriver ». Gêné par ce texte, Samuel Ibn Tibbon y a ajouté quelques mots qui en inversent le sens : la phrase signifierait que la seule chose que l'on puisse connaître à partir du ciel est l'existence de Dieu. Cette traduction a determiné presque toute la reception du texte du *Guide*, jusqu'à l'édition de Munk.

6. Voir les études recueillies dans *Aleph : Historical Studies in Science and Judaism*, 8/1. 2008, Voir aussi T. Visi, *The Existence of God : Maimonides' Intricate Argument*, Saarbrücken, Dr. Müller, 2008.

ne mentionne pas la création[1]. Il en va de même dans le *Mishne Tora* (achevé en 1180), où Maïmonide emploie au contraire des formules qui suggèrent que ses preuves de l'existence de Dieu reposent bien uniquement sur l'hypothèse de l'éternité[2]. Certains commentateurs « radicaux » en tirent argument à l'appui de leur lecture du *Guide*. Dans ses textes tardifs, en revanche, Maïmonide affirme sans vergogne son allégeance à l'adventicité du monde. Il ajoute notamment, vers la fin de sa vie, une note marginale à son *Commentaire de la Mishna*[3] qui semble inclure la création absolue parmi les croyances fondamentales[4]. Il affirme également son adhésion à la création dans le *Traité sur la résurrection* (1191)[5], dans la *Lettre sur l'astrologie* (1195 ou 1196)[6] et même dans un écrit médical où l'on ne l'attendrait pas, l'un des derniers textes de Maïmonide, les *Fusūl Mūsā* (*Aphorismes médicaux*)[7]. Des commentateurs anti-ésotéristes du *Guide* sur cette question du moins en déduisent que la position de Maïmonide a tout simplement évolué entre ses écrits de jeunesse et ses écrits tardifs, y compris le *Guide*, dans le sens d'une position plus traditionnelle[8]. Toutefois, le statut de chacun de ces textes laisse toujours ouvert, dans la perspective d'une lecture

1. *Com. de la Mishna*, Introduction au Pereq Ḥeleq (traité *Sanhedrin*, chap. X/XI), trad. fr. S. de Hulsken, Maïmonide, *Épîtres*, Paris, Gallimard, 1993, p. 182-195.

2. *Mishne Tora* [désormais MT], *Yesodei ha-Tora* (*Fondements de la Tora*), I, 5, trad. fr. V. Nikiprovetzky et A. Zaoui, *Le livre de la connaissance*, Paris, P.U.F., 2013, p. 29 ; *Akum* (*Idolâtrie*), I, 3, trad. fr., p. 224.

3. Le passage figure dans le manuscrit Oxford Bodleian Library, MS Poc. 295, Introduction au *Pereq Ḥeleq*, traité *Sanhedrin* (ordre *Neziqin*). Facsimilé dans C. Sirat et S. Di Donato, *Maïmonide et les brouillons autographes du* Dalâlat al-Ḥâʾirîn (Guide des égarés), Paris, Vrin, 2011, p. 58.

4. Voir M. M. Kellner, *Dogma in Medieval Jewish Thought : From Maimonides to Abravanel*, Oxford, Oxford University Press, 1986, p. 53-61. C. Sirat (*Maïmonide et les brouillons autographes*, *op. cit.*, p. 57-59) interprète toutefois la tournure de cette note comme suggérant que la création n'est qu'une « croyance nécessaire ».

5. Éd. I. Shailat, *The Letters and Essays of Moses Maimonides* [arabe et hébreu], Vol. 1, Jérusalem, Shailat Publishing - Ma'aleh Adumim, 1995, p. 334-335 (trad. fr. *Épîtres*, *op. cit.*, p. 148 et p. 151).

6. *Ibid.*, vol. 2, p. 483-484 (trad. fr. R. Lévy, Paris, Alia, 2001, p. 15-16).

7. *Fusūl Mūsā*, XXV, § 40, éd. M. Meyerhof et J. Schacht, « Maimonides Against Galen, on Philosophy and Cosmogony » [éd. et trad. angl. de "Fuṣūl Mūsā", 25, 40], *Bulletin of the Faculty of Arts of the University of Egypt*, 5, 1937, p. 53-88, repris dans M. Meyerhof, *Studies on the History of Islamic Medecine and Related Fields*, Frankfurt am Main, Institute for the History of Arabic-Islamic Science, 1997, p. 1-36, voir en part. p. 33-34 (266b-267b).

8. Cette évolution a, du reste, déjà été remarquée par L. Strauss lui-même, « Notes on Maimonides' *Book of Knowledge* », dans E. E. Urbach, R. J. Z. Werblowsky et C. Wirszubski (éd.), *Studies in Mysticism and Religion Presented to Gershom G. Scholem on His Seventieth Birthday by Pupils Colleagues and Friends*, Jérusalem, Magnes Press, 1967, p. 269-283, qui affirme que le *Mishne Tora* est « plus philosophique » que le *Guide* (p. 269). En ce qui concerne la création et les questions associées, voir notamment C. H. Manekin, « Divine Will in Maimonides' Later Writings », dans A. Hyman et A. L. Ivry (éd.), *Maimonidean Studies*, vol. 5, New York, Yeshivah University Press, 2008, p. 189-221 qui soutient que Maïmonide aurait évolué à propos de la possibilité d'un changement de la volonté divine, entre ses écrits de jeunesse, où il se montre strictement aristotélicien, et le *Guide*, où il adopte l'idée d'un tel changement qui entraîne la possibilité de la création.

éternaliste du *Guide*, la possibilité d'une lecture du soupçon [1]. Rien ne garantit que la « véritable doctrine » de Maïmonide soit plutôt à trouver dans les textes tardifs contemporains de la rédaction du *Guide*, plutôt que dans les textes de jeunesse de Maïmonide.

Il en va de même d'autres arguments. Abraham Nuriel a fondé une méthode d'interprétation ésotérique du *Guide*, à partir de la remarque précitée de l'introduction, où Maïmonide incite son lecteur à prêter attention au choix de chaque terme (*lafẓa*) [2]. Nuriel se penche ainsi sur l'usage du mot « *bārīᵓ* » (Créateur), participe substantivé de la racine *BRᵓ*, reprise à l'hébreu. Il constate qu'alors que Dieu est mentionné à des centaines de reprises dans le *Guide*, il n'est désigné par le mot *bārīᵓ* qu'une vingtaine de fois. Une étude attentive des emplois de ce terme montre qu'il est systématiquement employé, dans le *Guide*, dans des contextes où précisément Maïmonide développe l'idée d'une dépendance ontologique *perpétuelle* du monde vis-à-vis de Dieu, qui semble aller à l'encontre de l'idée d'une création *de novo*. Il en tire que Maïmonide, par les usages à contre-emploi du mot *bārīᵓ*, indique au lecteur perspicace que la création s'opère de manière perpétuelle [3]. Mais il est bien évident que l'argument peut se retourner. On peut s'étonner du faible nombre relatif d'usages du terme et de son usage dans des contextes inattendus, mais on peut aussi en tirer la conclusion inverse : que Maïmonide utilise ce terme précisément dans de tels contextes peut s'entendre comme une indication de son attachement sincère à l'adventicité [4].

Dans la lignée de la lecture lexico-centrée de Nuriel, on a également voulu donner une signification forte aux hésitations de Maïmonide entre diverses formules pour désigner la création, notamment « création *après* le néant » (*baᶜd al-ᶜadam*) et « *à partir* du néant » (*min al-ᶜadam*). L'usage de l'expression « à partir du néant » (*min al-ᶜadam*) [5] pourrait faire signe vers une adhésion à une forme de création *ex aliquo* puisque *ᶜadam* peut aussi bien désigner la privation (de la forme) que le non-être [6]. Même si Maïmonide s'efforce de lever cette ambiguïté en qualifiant par endroits la privation de « pure et absolue » (*al-ᶜadam al-maḥdh al-muṭlaq*) [7], les commentateurs ont tiré différentes conclusions de l'emploi de la formule *min al-ᶜadam* ou de l'emploi combiné de

1. Le texte des *Fusūl Mūsā* est néanmoins problématique dans cette perspective, s'agissant d'un écrit scientifique.

2. Voir *supra*, dans ce chapitre, n. 1, p. 56.

3. A. Nuriel, « The Question of a Created or Primordial World in the Philosophy of Maimonides » [hébreu], *Tarbiz*, 33/4, 1964, p. 372-387, repr. dans *Concealed and Revealed in Medieval Jewish Philosophy*, *op. cit.*, p. 25-40.

4. I. Ravitzky, « The Question of a Created or Primordial World in the Philosophy of Maimonides » [hébreu], *Tarbiz*, 35/4, 1966, p. 333-348.

5. *Guide*, II, 30, p. 257 ; ar. p. 252, 4-5, III, 10, p. 60 ; ar. p. 316, 9-10 et *passim*.

6. H. A. Wolfson, « The Meaning of *Ex Nihilo* in the Church Fathers, Arabic and Hebrew Philosophy, and St. Thomas », art. cit. ; S. Klein-Braslavy, « The Creation of the World and Maimonides' Interpretation of Gen. I-V », dans S. Pinès et Y. Yovel (éd.), *Maimonides and Philosophy*, Dodrecht, Martinus Nijoff, 1986, p. 66 *sq*.

7. *Guide*, I, 74, p. 423 ; ar. p. 151, 14, *Guide*, II, 13, p. 104 ; ar. p. 196, 6.

ces diverses formules : une adhésion de Maïmonide à la thèse platonicienne (Falaquera) [1], à l'idée de création éternelle (W. Harvey) [2] ou bien même son indifférence quant à la résolution de la question (S. Klein-Braslavy) [3].

Comme on peut le constater, cette méthode de repérage lexical permet d'asseoir différents types d'interprétations. Elle repose en outre sur une confiance dans la maîtrise absolue qu'aurait Maïmonide sur son écriture alors que rien n'exclut que des glissements terminologiques entre des expressions telles que *baᶜd al-ᶜadam* et *min al-ᶜadam* et plus encore entre *lā min šayʾ* [4] et *min lā šayʾ* [5], toutes deux attestées dans l'ouvrage, ne soient dues à l'inattention de l'auteur, voire à des erreurs de copiste. Le degré de précision que requiert une lecture ésotérique du *Guide*, partant du choix des termes, est incompatible, dans de tels cas, avec le mode de transmission et de circulation des textes médiévaux [6].

CONCLUSION :
LA PART DE *MIDRASH* DE L'HISTOIRE DE LA PHILOSOPHIE

Nous nous trouvons face à Maïmonide dans une situation semblable à celle qu'il décrit lui-même, selon ses déclarations « exotériques » du moins, précisément à propos de la création. Ni la création ni l'éternité, dit-il, ne sont démontrées et, dans une telle situation, s'applique « la règle d'Alexandre » :

> Alexandre [d'Aphrodise] a déjà exposé que, toutes les fois qu'une chose n'est pas susceptible d'être démontrée, il faut poser les deux hypothèses contraires, voir quels sont les doutes qui s'attachent à chacun des deux cas opposés, et admettre celui qui offre le moins de doutes [7].

Autrement dit, dans une telle situation, le problème traité est un problème dialectique et non démonstratif. C'est alors la plausibilité relative des deux contraires qui permet de trancher. Maïmonide, quant à lui, s'engage à montrer que c'est bien l'adventicité qui offre le moins de doute.

1. C'est ce qui semble du moins ressortir de diverses remarques du *More ha-More*. Voir en particulier *More ha-More*, II, 13, éd. cit., p. 260-261, les propos de Falaquera sur l'ambiguïté de la particule *min*.

2. W. Z. Harvey, « A Third Approach to Maimonides' Cosmogony-Prophetology Puzzle », art. cit., n. 9, p. 289 et p. 296.

3. S. Klein-Braslavy, « Maimonides' Interpretation of the Verb *Bara* and the Problem of the Creation of the World » [hébreu], *Da'at*, 16, 1986, p. 39-55.

4. *Guide*, II, 13, à deux reprises : ar. p. 196, 9 ; p. 198, 7 ; II, 26, ar. p. 231, 6 ; II, 30, ar. p. 245, 20.

5. *Guide*, II, 13, ar. p. 197, 12 et ar. p. 197, 20.

6. Un autre cas intéressant d'argument réversible est la correspondance que Maïmonide suggère au début de *Guide*, II, 32, p. 259, entre les trois positions qu'il expose sur la prophétie et les trois positions qu'il expose en II, 13 sur la création. On a pu proposer toute sorte de jeux de correspondances entre ces deux séries de positions qui peuvent servir d'appui à une lecture « créationniste » (Isaac Abravanel, *Com. Guide*, II, 32 ; S. Atlas, « Moses in Maimonides, Spinoza and Solomon Maimon », *Hebrew Union College Annual*, 25, 1954, p. 370-373), « éternaliste » (W. Z. Harvey, « A Third Approach to Maimonides' Cosmogony-Prophetology Puzzle », art. cit.) ou « platonicienne » (H. A. Davidson, « Maimonides' Secret Position on Creation », art. cit., p. 22-27).

7. Sur la règle d'Alexandre, voir *supra*, p. 55.

Dès lors cependant que l'on introduit le soupçon d'une thèse ésotérique de Maïmonide sur la question, nous nous trouvons, s'agissant de l'attribution d'une certaine thèse plutôt qu'une autre, dans le même dilemme que lui. Nous n'avons pas de démonstration ni du fait qu'il adhérait à la création, ni à l'éternité dans sa version aristotélicienne ou platonicienne. Dès lors, c'est le poids relatif des arguments qui permettra de trancher. Dans cette perspective, l'affirmation même de Maïmonide selon laquelle il a moins de doute concernant la création se transforme en un simple *argument* en faveur de l'attribution de la création, qui peut se trouver contrebalancé par un argument contraire en faveur de l'attribution de l'éternité. Il est tout à fait symptomatique que les débats touchant à l'interprétation de la position de Maïmonide sur la création aient, en particulier ces dernières années, pris la forme de véritables disputations. On peut se référer pour deux exemples remarquables au forum organisé par la revue *Aleph* (n°8, 2008), sur la phrase ambiguë précédemment mentionnée en II, 24, et à la confrontation des articles de H. Kreisel (favorable à un éternalisme maïmonidien) et de K. Seeskin (défenseur d'un Maïmonide « pensant exactement ce qu'il dit »), dans le volume *Jewish Philosophy : Perspectives and Retrospectives* (édité par R. Jospe et D. Schwartz, Boston, 2012). Dans ce même volume, deux autres chercheurs sont invités à arbitrer la dispute, l'une (R. Weiss) prenant partie pour Kreisel et l'autre (C. Manekin) pour Seeskin.

Le problème est que l'analogie n'est que partiellement correcte et que la règle d'Alexandre ne saurait ici s'appliquer. Car, du point de vue du lecteur ésotérique, tout énoncé explicite en faveur de la création se trouve dégradé en énoncé *exotérique*. Une telle dévaluation suffit à neutraliser la force de l'énoncé ou de l'argument qu'il propose et dispense d'en donner une lecture. À l'inverse, le lecteur exotériste n'aura de cesse que d'opposer aux indices des ésotéristes, la cohérence du propos exotérique et n'aura pas de peine à neutraliser à son tour les arguments adverses. *In fine*, indépendamment des considérations objectives tirées du texte même, la résolution du problème est livrée à la décision *subjective* du lecteur, de prêter telle ou telle thèse à notre auteur. Et nous verrons ci-après, que c'est en dernière instance ce que dit Maïmonide lui-même à propos du problème « dialectique » de l'origine du monde.

Ainsi, la disputation autour de la question de la « véritable position » de Maïmonide est vouée à tourner au dialogue de sourds. Seeskin, qui s'est courageusement[1] engagé depuis une vingtaine d'années[2] dans une défense d'une adhésion de Maïmonide à la création absolue, se pose en quelque sorte en « protestant » face à l'Église straussienne, appelant un « retour au texte même »

1. H. A. Davidson, *Moses Maimonides. The Man and His Works*, *op. cit.*, p. 298 : « Members of the academic community who cannot shake off the eerie notion that Maimonides may actually have meant what he said hesitate to "come out" lest they be viewed as gullible and naive ».

2. K. Seeskin, *Searching for a Distant God : the Legacy of Maimonides*, New York, Oxford University Press, 1999, chap. IV, p. 66-90 ; *id.*, *Maimonides on the Origin of the World*, *op. cit.* et « Maimonides on Creation », dans R. Jospe et D. Schwartz (éd.), *Jewish Philosophy : Perspectives and Retrospectives*, Boston, Academic Studies Press, 2012, p. 185-199.

de Maïmonide. Il abandonne la quête des indices ésotériques du *Guide* pour l'évaluation des *arguments* maïmonidiens en faveur de la création. Au lieu de s'engager dans une réponse terme à terme aux arguments avancés par les ésotéristes, le camp « créationniste » inverse la charge de la preuve et interpelle l'adversaire en lui demandant de prouver qu'il y a bien une doctrine ésotérique à chercher sur l'origine du monde. Pourquoi Maïmonide multiplierait-il les arguments forts en faveur de la création, s'il n'en croit rien ? Ainsi, Manekin va-t-il jusqu'à affirmer que :

> l'évidence textuelle de l'adhésion de Maïmonide au créationnisme est tellement immense que, même si l'on découvrait, parmi les fragments de la Geniza du Caire, une note de la main de Maïmonide disant « ma véritable position est la création éternelle », il serait plus raisonnable de mettre en doute l'authenticité de la note ou, au moins, de la tenir pour incompatible avec la teneur générale de la philosophie de Maïmonide, que de rejeter les abondantes contre-preuves textuelles en faveur de la création [*de novo*] [1].

Le raisonnement est semblable à la réfutation humienne des miracles. Face à un témoignage relatant un fait miraculeux, il convient d'évaluer la probabilité relative de l'événement rapporté lui-même (probabilité extrêmement faible, puisqu'il s'agit précisément d'un phénomène qui tranche avec le cours habituel de la nature) et de la fausseté (délibérée ou non) du témoignage [2]. Ici le « cours habituel des choses » est constitué par la multiplicité des énoncés du *Guide* (ou contemporains de sa rédaction) qui affirment la création *de novo*, tandis que le miracle serait un hypothétique énoncé univoque de Maïmonide en faveur de l'éternité. Pour Manekin, le témoignage du fragment imaginaire de la Geniza sera réputé faux devant l'invraisemblance d'un cas singulier face à la surabondance des cas contraires. Cependant, le calcul humien semble ici pouvoir s'envisager exactement dans le sens inverse, car le débat dont il s'agit avec la création concerne précisément la possibilité ou non du miracle, l'universalité ou non de la nécessité naturelle. En ce sens, la multiplicité des déclarations en faveur de la création correspondrait, dans l'optique d'une lecture ésotérique, à la multiplicité des témoignages d'un événement miraculeux. Et Hume souligne qu'un élément mine la plausibilité d'un tel témoignage, à savoir la propension humaine à admettre quelque chose d'incroyable, l'attrait pour l'extraordinaire.

Dans notre analogie, le témoignage réitéré en faveur de la création n'est que le reflet de la crédulité vulgaire qu'il s'agit de satisfaire. En face, l'énoncé naturaliste en faveur d'une création entendue comme création éternelle, fait figure d'énoncé de bon sens, dont la plausibilité est à ce titre supérieure à celle des énoncés contraires, *aussi nombreux soient-ils*. Et ce d'autant plus que, parmi les circonstances que le lecteur du *Guide* doit prendre en compte, figure l'indication

1. C. H. Manekin, « Comments on Professor Kreisel's Paper », dans R. Jospe et D. Schwartz, *Jewish Philosophy : Perspectives and Retrospectives*, *op. cit.*, p. 216.

2. « [N]ul témoignage ne suffit à établir un miracle, à moins que le témoignage ne soit de telle sorte que la fausseté en fût plus miraculeuse que le fait qu'il s'efforce d'établir. » (D. Hume, *Enquête sur l'entendement humain*, X, trad. fr. D. Deleule, Paris, Librairie générale française, 1999, p. 213).

de l'auteur que sa pensée ne s'exprime pas toujours de manière univoque, qui mine encore davantage la confiance en la véridicité de ces énoncés. Le fondement même de la confiance que l'on prête au témoignage d'autrui est précisément, pour Hume, l'inclination à la véridicité et à la probité que l'on observe communément par expérience parmi les hommes. Mais, dans ce cas précis, cette expérience est contrebalancée par une déclaration de l'auteur qui exige de son lecteur qu'il se méfie de ce qu'il avance.

Il y va ainsi du principe même d'une lecture ésotérique que de considérer l'abondance ou la catégoricité d'un énoncé comme suspecte. Avec le syllogisme *toute thèse secrète du* Guide *est tenue pour la thèse vraie, or ce qui est secret est rare, donc la thèse secrète du* Guide *est celle qui y est la plus rare*[1], Leo Strauss transforme même l'abondance des textes créationnistes en objection non pas contre l'éternité, mais contre l'adventicité du monde. Plus Maïmonide se défend de tenir l'éternité[2], plus il atteste qu'il y adhère. Plus il attribue la création à « tous ceux qui admettent la loi de Moïse »[3] – tout en remarquant que certains parmi eux et non des moindres, le roi Salomon[4] et certaines autorités rabbiniques[5] semblent n'y avoir pas cru – et plus il affirme que la création est un « principe de la Loi de Moïse » (*qā^c^idat šarī^c^at Mošeh*)[6], plus il indique qu'elle n'a de nécessité que sociale en vue de renforcer l'autorité de la Loi, sur le mode d'une croyance nécessaire. Plus il se réclame outrancièrement du collectif (« nous ») des sectateurs de cette loi[7], plus il s'en exclut en réalité. Et l'on peut en dire de même des textes contemporains et postérieurs à la rédaction du *Guide*, affirmant sans nuance la création contre l'éternité.

Quant aux arguments dialectiques solides que Maïmonide multiplie pour montrer que la création est moins susceptible de doutes que l'éternité, ils ne sont certes pas réductibles à de simples professions de foi. Mais, du point de vue ésotériste, leur force et leur nombre n'est pas un argument suffisant pour

1. L. Strauss, « Le caractère littéraire du *Guide pour les perplexes* », *op. cit.*, p. 251.

2. Cf. *Guide*, I, 71, à propos de l'admission hypothétique de l'éternité : « Ce n'est pas que je croie l'éternité du monde » (p. 348) ; « Ce n'est pas que je professe l'éternité ; mais je veux affermir l'existence de Dieu dans notre croyance par une méthode démonstrative » (p. 351).

3. Voir *Guide*, II, 13, qui fait de la création absolue, la doctrine de « tous ceux qui admettent la Loi de Moïse, notre maître » (p. 104, voir *supra*, n. 2, p. 64) ; « tous ceux qui suivent (*tubbā^c^*) la Loi de Moïse et de notre père Abraham, ou qui marchent sur leurs traces, ne tendent à autre chose qu'à cette croyance » (p. 113 ; ar. p. 199, 6-8).

4. *Guide*, II, 28, p. 206 : « il est étonnant qu'on ait pu s'imaginer qu'un homme [Salomon] qui professait la religion de Moïse, notre maître, ait pu admettre l'éternité ».

5. *Guide*, II, 26, p. 200-201 ; II, 30, p. 232-233.

6. *Guide*, II, 13, p. 107 ; ar. p. 197, 6 ; *cf.* II, 27, p. 203, ar. p. 232, 15 et II, 30, p. 234, ar. p. 245, 19-21.

7. *Guide*, II, 17, p. 163 (trad. légèrement mod.) ; ar. p. : « nous, la communauté des sectateurs (*naḥnu ma^c^šar tubbā^c^*) de Moïse, notre maître, et d'Abraham, notre père, nous croyons que le monde a été formé de telle et telle manière » ; II, 21, p. 169-170 ; ar. p. 220, 17-18 : « (nous demandons) si cette cause, par son existence même, a motivé et rendu nécessaire cette diversité, ou bien si elle est l'efficient de cette diversité qui l'a particularisé de la manière que nous croyons, nous, les sectateurs (*naḥnu tubbā^c^*) de Moïse, notre maître ? ».

conclure à la sincérité de leur auteur. Kreisel reconnaît qu'il peut paraître « pervers »[1], de la part d'un lecteur, de supposer d'un auteur qui multiplie les preuves d'une certaine thèse qu'il n'y adhère pas en réalité. Mais il se défend d'une telle perversité en montrant que les *enjeux* sont suffisamment graves pour que l'auteur se soit senti dans l'obligation de renforcer la thèse adverse. Étant donné que le vulgaire n'est pas en mesure de comprendre en quel sens l'éternité est compatible avec la prophétie, les miracles, la loi divine et la providence, il était nécessaire de lui fournir des arguments contre l'éternité, pourtant avérée[2]. C'est notamment le cas, lorsque Maïmonide fait de l'adhésion d'Abraham et de Moïse à la création, un argument d'autorité venant se surajouter aux arguments dialectiques, puis précise :

> Il faut que ton esprit soit toujours sur ses gardes à cet égard [pour ne pas te laisser séduire par de faux arguments en faveur de l'éternité], et que tu suives les deux prophètes [= Abraham et Moïse] qui sont la colonne de l'amélioration de l'espèce humaine dans ses croyances et sa vie sociale (*i*ᶜ*tiqādāt wa-ijtimā*ᶜ*āt*)[3].

Cette insistance sur la dimension politique des prophéties fondatrices d'Abraham et de Moïse pourrait ici s'entendre comme une réduction de la création à une croyance *socialement* nécessaire (pour assurer le « perfectionnement du corps » social), mais fausse. Et peu importe que le même passage précise que les deux prophètes en question sont également « les colonnes de l'amélioration de l'espèce humaine *dans ses croyances* » et que la phrase suivante énonce : « Tu ne t'écarteras de l'opinion de l'adventicité du monde que par suite d'une démonstration (*burhān*) ; mais une telle démonstration n'existe pas dans la nature (*ghayr mawjūd fī al-ṭab*ᶜ) »[4]. Ne pourrait-il pas s'agir d'un maquillage exotérique ?

À l'inverse, pour le commentateur créationniste, la multitude des indices ésotériques n'appelle aucune réponse, puisqu'il est convaincu par les arguments de Maïmonide en faveur de la création. Et il renverra l'ésotériste à la mise en garde de Maïmonide contre les surinterprétations des textes prophétiques, qui figure dans l'introduction du *Guide* juste avant les recommandations relatives à la lecture du traité lui-même. Maïmonide distingue entre deux types de paraboles, celles dont il faut interpréter le sens d'ensemble sans chercher un sens spécifique à chacun de ses éléments et celles dont, au contraire, chaque détail est signifiant. En cherchant un sens à des détails de la parabole qui n'en ont pas, le lecteur risque de :

> tomber dans cette grande folie (*al-hadhayān al-*ᶜ*aẓīm*) dont la plupart des écoles du monde sont atteintes de nos jours et qui se révèle dans leurs écrits ; car chacun

1. H. Kreisel, « Maimonides on the Eternity of the World », dans R. Jospe et D. Schwartz (ed.), *Jewish Philosophy*, *op. cit.*, p. 158 : « that a strong philosophic argument should be interpreted as not being seriously held by its author – such an interpretation appears to be the product of perverse thinking ».

2. *Ibid.*, p. 181-182.

3. *Guide*, II, 23, p. 182 ; ar. p. 224, 30-p. 225, 1.

4. *Ibid.* ; ar. p. 225, 2.

de ces gens cherche à trouver un sens à des paroles par lesquelles l'auteur n'a visé à rien de ce qu'ils veulent (y trouver) eux-mêmes [1].

Le problème est que Maïmonide ne donne pas de clé pour déterminer quand une parabole doit ou ne doit pas être interprétée dans tous ses détails [2]. Cette remarque transposée à l'interprétation du *Guide*, c'est la quête des indices ésotériques dans le détail des incongruités du texte qui n'est jamais garantie de ne pas sombrer dans cette folie interprétative.

Pourtant, rétorqueront les ésotéristes, l'introduction en question indique bien que le livre est un texte ésotérique. De fait, l'une des difficultés majeures des lectures exotériques est d'offrir une lecture satisfaisante des notations « ésotériques » de l'introduction du *Guide*. En général, ces lectures sont bien en peine de produire une contradiction de la septième cause. Alors que les lectures ésotériques désactivent la portée des énoncés et des arguments exotériques, au regard des notations ésotériques de l'introduction, les lectures exotériques désactivent au contraire la portée desdites notations au regard de la force des énoncés et des arguments prétendument exotériques. Alors que les ésotéristes adoptent constamment une lecture méfiante du *Guide*, l'une des stratégies des exotéristes consiste fort logiquement à donner une lecture extrêmement limitative des remarques de l'introduction, annonçant la mise en œuvre d'une écriture ésotérique [3].

La thèse la plus provocatrice dans ce sens, est celle d'Herbert Davidson qui va jusqu'à suggérer que le procédé d'écriture annoncé dans l'introduction du *Guide* n'a peut-être pas été mis en œuvre du tout dans le corps de l'ouvrage. Il soutient que l'introduction, à la différence de celle du *Mishne Tora*, a été écrite *avant* l'ouvrage et n'offre que des indications programmatiques. Maïmonide n'aurait pas eu le loisir de mettre en pratique ce programme étant donné les énormes contraintes, reflétées par une fameuse lettre à Samuel Ibn Tibbon [4], qui étaient les siennes au moment de la rédaction du traité. Amputé de son introduction, le *Guide*, avec son style abscons et son ordre apparemment hasardeux, n'est plus une géniale intrigue philosophique, mais un ouvrage tout simplement bâclé. Si tel est le cas, on est en droit de se demander pourquoi Maïmonide aurait conservé de telles remarques dans l'introduction de son ouvrage annonçant des contradictions qui ne s'y trouvent pas. Au gré d'une lecture rigoureuse de l'exposé de la septième cause de contradiction, Davidson se voit contraint de conclure que le *Guide* ne contient aucune contradiction remplissant tous les critères introduits dans l'introduction. N'y a-t-il pas là un paradoxe patent dans le fait de se dispenser

1. *Guide*, « Introduction », p. 22 ; ar. p. 9, 18-21.

2. Pour une discussion récente sur ce point, voir M. Z. Cohen, *Three Approaches to Biblical Metaphor*, *op. cit.*, p. 129-133.

3. Fox insiste ainsi sur le fait que les contradictions de la septième cause sont, selon leur définition, des contradictions *entre des énoncés* (M. Fox, *Interpreting Maimonides*, *op. cit.*, p. 67) et non des contradictions en un sens lâche, ce qui occasionne une critique acerbe de la méthode straussienne.

4. « Lettre à S. Ibn Tibbon à propos de la traduction du *Guide* », éd. cit., vol. 2, p. 511-559.

de la lecture scrupuleuse du *Guide* recommandée par l'auteur dans son introduction, au nom d'une lecture scrupuleuse de la seule introduction ?

Ainsi, les ésotéristes qui élargissent au maximum le spectre des indications ésotériques annoncées dans l'introduction, sont aussi ceux qui font la lecture la plus précise du reste de l'ouvrage. À l'inverse, ceux qui font la lecture la plus précise de l'introduction sont aussi ceux qui s'adonnent à la lecture la moins attentive aux détails dans le reste de l'ouvrage. Tout se passe comme s'il était impossible de produire une lecture cohérente de l'ensemble.

Howard Kreisel, qui tient lui-même une lecture ésotérique « radicale » du *Guide*, admet qu'une telle lecture, qui à la suite de L. Strauss prête attention au moindre détail du texte maïmonidien, puisse être qualifiée de « *midrashique* » [1]. Sous sa plume, cela signifie qu'une telle lecture est toujours sous la menace d'être considérée comme excessive, à l'instar des exégèses du judaïsme rabbinique classique [2], et de se voir dénier le statut d'interprétation scientifique. Cette analogie, conférant à l'interprétation du *Guide* le rôle du *midrash*, place le texte du *Guide* au niveau du texte biblique et Maïmonide au niveau de Moïse, comme le suggère une formule célèbre : « De Moïse à Moïse, nul ne s'est élevé comme Moïse ».

Sans suivre les conclusions de Kreisel, nous dirions en effet que le texte du *Guide* lui-même se présente, avec ses ambiguïtés et sa plurivocité, à son lecteur, à la manière dont le texte biblique est abordé au sein de la tradition rabbinique : comme une ressource de signification dont le lecteur doit s'enquérir sans pouvoir jamais s'assurer de sa véritable signification. Spinoza fera à Maïmonide le reproche, par sa méthode de lecture allégorique, de tordre le texte biblique et d'y chercher ses propres idées, pour leur conférer l'autorité d'un enseignement prophétique [3]. Il en va de même ici : en l'absence d'un énoncé univoque de la « véritable pensée » de Maïmonide, l'interprétation du *Guide* devient la projection de la pensée du lecteur, du moins d'une thèse qu'il cherche préalablement à y trouver [4]. Et peu importe que Maïmonide lui-même, anticipant Spinoza, mette en garde son lecteur sur la « folie » qui consiste à prêter à

1. H. Kreisel, « Maimonides on the Eternity of the World », art. cit., p. 159.

2. Pour une présentation synthétique sur le *midrash*, voir R. Kasher, « The Interpretation of Scripture in Rabbinic Literature », dans M. J. Mulder (éd.), *Mikra : Text, Translation, Reading and Interpretation of the Hebrew Bible in Ancient Judaism and Early Christianity*, Assen, Van Gorcum, 1988, p. 547-594.

3. Spinoza, *TTP*, VII, p. 319. Voir aussi *infra*, chap. VI, p. 146 *sq.*, la conception de l'exégèse philosophique développée par Albalag, qui tient la « véritable doctrine » du prophète pour inaccessible, mais confère néanmoins un rôle important à l'interprétation nécessairement ouverte de leurs textes.

4. Les deux lectures ésotériques contradictoires du *Guide* proposées par D. Schwartz, *Contradiction and Concealment in Medieval Jewish Thought*, *op. cit.*, chap. III, l'illustrent fort bien. Sur le *midrash* comme projection d'une lecture dans un texte, voir D. Weiss Halivni, *Peshat and Derash : Plain and Applied Meaning in Rabbinic Exegesis*, New York, Oxford University Press, 1991, qui caractérise le *midrash* comme « reading *in* ». Voir aussi notre article, « Pieds de nez à la lettre : la liberté exégétique dans le judaïsme rabbinique classique et médiéval », *Revue des Sciences Religieuses*, 91/3, 2017, p. 379-398.

un auteur une intention qu'il n'avait pas. Il a lui-même, avec ses remarques introductives, placé son lecteur, face au texte du *Guide*, dans une situation épistémologique telle qu'il lui est devenu impossible d'accéder à la pensée de l'auteur. Au regard de ces apories, nous nous proposons donc de revenir au « Texte » de Maïmonide, sans toutefois prétendre y découvrir sa « véritable pensée ».

CHAPITRE IV

LE MONDE ÉTERNEL ET CRÉÉ DU *GUIDE DES ÉGARÉS*

On peut donc tenir pour illusoire la prétention de déterminer la « véritable pensée » de Maïmonide. Mais que le *Guide* ne soit pas un ouvrage qui nous rende accessible la pensée de son auteur, cela le rend-il pour autant vain ? Ce n'est pas à une quête de la pensée maïmonidienne que nous nous proposons de nous livrer dans ce qui suit. Étant donné qu'il n'est pas possible de déterminer ce qui est une notation ésotérique et ce qui ne l'est pas ; pas plus que d'affirmer avec certitude l'idée que ces notations sont censées indiquer, ne reste au lecteur qu'à appréhender le texte « exotérique » du *Guide* sans pour autant supposer que ce texte livre « la véritable pensée de son auteur ». Mais le texte « exotérique » du *Guide*, c'est-à-dire le texte du *Guide*, tout simplement, n'est précisément pas un texte clair et univoque. C'est au contraire un texte marqué par des tensions et des incohérences, singulièrement s'agissant du problème de la création du monde. La question que nous nous proposons de poser au *Guide* est, dès lors : qu'est-ce que ce texte, à travers ses tensions et ses incohérences, nous dit de la question de la création elle-même, s'il ne nous dit pas ce que Maïmonide en a pensé ? Armé de l'hypothèse d'un ésotérisme essentiel à la question, il s'agit de scruter ce qui s'énonce dans ou à travers le discours du *Guide*.

Il ressort des éléments précédemment mentionnés qu'une tension majeure régit le traitement de notre question dans le *Guide* qui en reflète les enjeux fondamentaux. C'est bien là la singularité et la force particulière du *Guide*, par différence avec les autres textes et les autres auteurs au cœur du présent travail.

Deux thèses contradictoires principales sont confrontées, la création *de novo* d'une part, l'éternité *a parte ante* de l'autre. À ces deux thèses sont associés deux termes qualifiant ce qui est au principe de l'existence du monde : le dessein ou l'intention (*qaṣīda*) du côté de la création, la nécessité (*lazīm*) du côté de l'éternité. À ces deux termes principiels sont aussi associés deux attributs divins : la volonté (*irāda* ou *mašīya*) d'une part, la sagesse (*ḥikma*) de l'autre. Ces deux attributs eux-mêmes s'accolent à deux séries d'idées qui concernent tout à la fois Dieu et le monde, la liberté divine et l'idée d'un monde comme projet d'un côté, la perfection divine et la perfection du monde qui en est le corollaire, engageant pour l'homme la possibilité de le connaître et d'y exercer son intelligence. D'un côté un monde-projet, de l'autre un monde-objet de connaissance. Ce sont deux visions du monde et deux visions de Dieu qui s'affrontent et la tension qui anime tout le traitement de la question dans le *Guide* tient dans le fait que Maïmonide, tout à la fois, souligne l'antagonisme des deux pôles du problème et prétend proposer une solution qui permette de les tenir ensemble. Ou plutôt, cette solution s'apparente à un refus de chacun des pôles de l'antinomie, envisagé de manière autonome et exclusive.

Il est bien évident que l'adhésion finale de Maïmonide à la création ne peut se réduire, même envisagée au niveau « exotérique », à une simple profession de foi, étant donné qu'elle intervient après une longue légitimation de l'éternalisme et de la vision « philosophique » du monde qui l'accompagne. La solution qui ressort du texte du *Guide* consiste à associer création et éternité, non pas au sens d'une position doctrinale synthétique, qui est explicitement rejetée par Maïmonide, mais au sens où il s'agit de préserver la possibilité d'une connaissance du monde, d'une part, et l'idée que l'existence du monde a un sens (bien qu'il soit ultimement inaccessible à l'homme), de l'autre.

Le refus de la « vision religieuse du monde »

L'enjeu essentiel du traitement de la question ressort de la manière dont elle est introduite dans le *Guide*, à la fin de la première partie, à travers une critique radicale du *kalām* et un parti pris tout aussi affirmé pour la philosophie. La critique maïmonidienne du *kalām* est tout entière orientée vers une opposition de deux figures de la pensée : le théologien et le philosophe [1]. Nous ne nous attacherons pas ici à évaluer l'exactitude du compte-rendu que Maïmonide fait du *kalām* [2]. Ce qui nous importe est le rôle stratégique que joue le personnage conceptuel du théologien dans l'économie du discours maïmonidien. Il s'agit pour lui de *se ranger du côté de la philosophie contre la théologie* [3] et, en un certain sens, du côté de l'éternité contre celui de la création, en

1. Qui trouve sa source chez Fārābī (voir *Énumération des sciences*, trad. fr. I. Mansour, Beyrouth, Centre de développement national, 1991), qui caractérise le discours du *kalām* comme discours dialectique, et des échos chez Averroès (voir notamment, *Discours décisif*, Paris, Flammarion, 1996, en particulier § 31 et § 65-66). Sur l'importance de l'opposition du philosophe et du théologien et plus généralement la critique maïmonidienne du *kalām*, voir aussi P. Bouretz, *Lumières du Moyen-Âge*, *op. cit.*, chap. IV.

2. À propos des sources de cette discussion, voir H. A. Wolfson, *The Philosophy of the Kalam*, *op. cit.*, chap. III, p. 43-57 ; S. Pinès, « A Note on an Early Meaning of the Term *Mutakallim* », *Israel Oriental Studies*, 1, 1971, p. 224-228 ; S. Stroumsa, *Maimonides in His World : Portrait of a Mediterranean Thinker*, Princeton, Princeton University Press, 2009, p. 26-38.

3. Voir W. Z. Harvey, « Why Maimonides Was Not a *Mutakallim* », dans J. L. Kraemer, *Perspectives on Maimonides : Philosophical and Historical Studies*, Oxford, Oxford University Press, 1991, p. 105-114, surtout p. 110, qui qualifie ainsi la divergence entre Maimonide et le *kalām* : « a distinction between philosophy and tendentious argumentation ».

présentant le théologien comme un idéaliste, mais aussi comme un mystificateur.

L'opposition du théologien et du philosophe dans le *Guide* correspond *mutatis mutandis* à celle de l'idéologue et du philosophe matérialiste chez Marx et Engels. Le théologien idéologue se donne une représentation erronée de la réalité, visant à servir son intérêt théologique. Dans les termes de Maïmonide, les *mutakallimūn* ruinent la « nature de l'existant (ou de la réalité) » (*ṭabīᶜat al-wujūd*) [1]. Ceci est le leitmotiv de l'important chapitre programmatique I, 71, qui tout à la fois propose une généalogie du *kalām*, conteste, sur la base de celle-ci, la validité de tous les arguments kalāmiques pour démontrer l'existence de Dieu, et annonce la méthode du dilemme, fondée pour moitié sur l'hypothèse de l'éternité du monde.

La négation de la « nature » de l'être, que Maïmonide prête au *kalām*, engage en réalité celle de l'idée de causalité [2]. Maïmonide explicite, quant à lui, que cette nature apparaît à travers l'expérience sensible (la désignant parfois comme « nature visible » ou « manifeste », *al-ṭabīᶜa al-mušāhada*) [3]. Les *mutakallimūn*, pour défendre leurs principes religieux, sont prêts à renverser ou annuler cette nature, au mépris de l'évidence sensible. Car toutes les démonstrations des *mutakallimūn* dans leur diversité se ramènent à un principe unique, que plus tard, entrant dans le détail de l'axiomatique *kalāmique*, Maïmonide nommera le principe « d'admissibilité » (*tajwīz*) [4]. Maïmonide vise ici spécifiquement le *kalām ashᶜarite* et, pour employer un vocable anachronique, son occasionnalisme radical. Il n'est pas de nature ou de causalité naturelle. Bien que les existants naturels (qu'englobe ici le terme *wujūd*, que Munk traduit par « être », mais qui désigne plus précisément « ce qui existe ») se présentent comme s'ils s'inscrivaient dans un ordre fixe, nous pouvons *imaginer* qu'ils se comportent de manière radicalement différente, voire contraire.

C'est là la critique principale de la méthode du *kalām* : il livre du réel une représentation déformée qui s'accorde avec le credo religieux qu'il admet tout d'abord, à savoir celui d'un Dieu créateur tout puissant. Pour ce faire, il soustrait sa pensée à la soumission au réel même et adopte pour faculté maîtresse, non

1. *Guide*, I, 71 : « [les *mutakallimūn*] considéraient comment l'être *devait* exister (*yanbaghī an yakun al-wujūd*) pour qu'il pût servir de preuve de la vérité de leur opinion » (p. 344 ; ar. p. 123, 10-14) : « ils sont obligés d'établir qu'aucune chose n'a une nature (*lā ṭabīᶜa li-'šayʾ bi-wajhi*) » (p. 351 ; ar. p. 126, 1-3) ; « ils ont nié la nature de tout l'être (*abṭalū ṭabīᶜat al-wujūd kullihu*) » (p. 351-352 ; ar. p. 126, 6-8) ; « chacune de ces propositions [DL : les axiomes des *mutakallimūn*], à l'exception d'un petit nombre, est réfutée par ce qui se voit dans la nature de l'être (*al-mušāhad min ṭabīᶜat al-wujūd*) » (p. 352 ; ar. p. 126, 18-19) et I, 76 : « [les *mutakallimūn*] ont effacé toute loi naturelle (*abṭalū ṭabīᶜat al-wujūd*) » (p. 458-459, ar. p. 162, 6-11).

2. Wolfson le démontre en soulignant l'usage *kalāmique* de désigner la *causalité* naturelle par le mot *ṭabīᶜa* (H. A. Wolfson, « The Controversy Over Causality Within the Kalam », dans I. B. Cohen *et al.* (éd.), *Mélanges Alexandre Koyré : publiés à l'occasion de son soixante-dixième anniversaire*, Paris, Hermann, 1964, p. 602-603).

3. *Guide*, I, 71, p. 351 ; ar. p. 126, 1-3.

4. « Tout ce qui peut être imaginé est admissible pour l'intellect », *Guide*, I, 73, p. 400 ; ar. p. 174, 3-4.

pas l'intellect (*ᶜaql*), qui en matière de connaissance naturelle se fonde sur l'expérience sensible, mais l'imagination (*khayāl*) [1]. Non contents de se donner une représentation *déformée* de la réalité, en la reconstruisant à partir d'une axiomatique *ad hoc*, les *mutakallimūn* donnent à cette représentation l'apparence d'un compte-rendu fidèle de ce qui est. La démarche du *kalām* est fondamentalement malhonnête en ce qu'elle revient, pour le théologien, à se mentir à soi-même en faisant fi de l'évidence sensible, au profit de la défense d'une axiologie religieuse.

Mais cette malhonnêteté première d'une pensée qui s'illusionne elle-même se double d'une mystification, en ce que la vision théologique du monde est présentée par les *mutakallimūn* comme le résultat d'une enquête axiologiquement neutre sur la réalité. L'enjeu de la généalogie maïmonidienne du *kalām* est de mettre à nu cette double malhonnêteté. Les premiers *mutakallimūn* – écrit Maïmonide – ont consigné leur cosmologie dans des livres sans préciser qu'elle visait à asseoir les principes fondamentaux de la religion (*qawāᶜid al-šarīᶜa*). Cette omission donna naissance à une tradition intellectuelle ignorante de son propre caractère apologétique. Car ceux qui leur succédèrent pensaient sincèrement que les raisonnements des premiers, se présentant comme un discours autorisé sous la forme d'argumentations sophistiquées (*istidlālāt ᶜaẓīma*) dans des livres anciens, relevaient d'une réflexion désintéressée sur la réalité [2].

À l'inverse, « les preuves philosophiques sur ces trois questions [l'existence, l'unité et l'incorporalité de Dieu] sont prises dans la nature visible de l'être (*ṭabīᶜat al-wujūd al-mušāhada*), qui ne saurait être niée qu'à la faveur de certaines opinions préconçues » [3]. Le philosophe ne part d'aucun présupposé – de même que l'historien matérialiste, qui n'a aucun intérêt de classe à défendre – et s'efforce seulement de rendre compte de la réalité telle qu'elle est, dût-elle mettre en question quelques rassurantes illusions.

Le personnage conceptuel du théologien fonctionne comme une figure de repoussoir qui instrumentalise la raison et, ce faisant, la ruine. La vision théologique ou religieuse du monde, qui situe la volonté divine en unique principe de l'existence, menace la *réalité* même du monde. Croyant fermement établir l'existence de Dieu en niant l'idée de nature, les *mutakallimūn* ont en fait rendu impossible toute connaissance, puisqu'il « n'existe autre chose que Dieu et cette réalité / *laysa thamma ghayr Allah taᶜālā wa-hadhā al-mawjūd* » [4]. Dieu est ce qu'il s'agit de démontrer. Le monde qui nous entoure, le donné sensible, est la seule source de connaissance dont nous disposons. En le déréalisant, le *kalām* se prive donc de toute possibilité de connaissance, aussi bien du monde que de Dieu. Maïmonide, tout au contraire, se pose en philosophe qui admet pour seul présupposé la réalité telle qu'elle se donne. Celle-ci est la base d'une cosmologie

1. *Guide*, I, 71, p. 346 ; ar. p. 124, 3-5. Voir aussi la critique de l'imagination en tant que faculté de connaissance, *Guide*, I, 73, p. 407-413.

2. *Guide*, I, 71, p. 344-345, ar. p. 123, 16-28.

3. *Ibid.*, p. 351 ; ar. p. 125, 29-126, 1.

4. *Ibid.*, p. 353 ; ar. p. 126, 26-27.

scientifique, exposée et admise en I, 72, dans laquelle les phénomènes sont régis par une causalité naturelle.

Cette causalité, néanmoins, ne signifie pas une indépendance absolue de la nature. Celle-ci se tient au contraire constamment dans une dépendance ontologique vis-à-vis de sa cause. C'est à ce niveau qu'intervient la tendance néoplatonisante de l'aristotélisme maïmonidien. Maïmonide rejette la doctrine du *mu^{c}tazilite* Mu^{c}ammar Ibn ^{c}Abbad al-Sulamī (m. 830) selon laquelle le monde pourrait subsister si son créateur venait à disparaître [1]. Maïmonide, au contraire, représente la relation de Dieu avec le monde comme une relation *permanente* et non pas ponctuelle : Dieu n'est pas seulement cause efficiente, mais aussi formelle et finale [2], sa relation avec le monde est appréhendée à partir du modèle plotinien de l'émanation [3].

C'est là sans doute l'un des arguments les plus forts en faveur d'un Maïmonide éternaliste. Contre le *kalām* qui prétend démontrer la création en vue de démontrer l'existence de Dieu, mais qui, ce faisant, « détruit la nature de l'être », Maïmonide, philosophe, prend pour point de départ de la pensée, la nature de l'être, qui trouve son fondement dans sa cause première. Il est fondamental de resituer cette discussion au niveau des enjeux qu'elle engage. Contre le pôle de la volonté, Maïmonide choisit le pôle de la sagesse. Contre le monde du *kalām* transi de volonté, mais fondamentalement insaisissable, Maïmonide opte pour celui de la philosophie qui obéit à des règles stables et dont l'harmonie et l'unité se laissent appréhender par l'intelligence humaine. À ce stade, le monde du *kalām* est celui du non-sens, une création renouvelée à chaque instant, sans aucune nécessité intrinsèque, et soumise constamment à l'arbitraire capricieux du vouloir divin. Celui de la philosophie et de la science est à l'inverse un monde accessible à la connaissance humaine. C'est dans cette perspective que s'inscrit la démarche maïmonidienne eu égard aux démonstrations de l'existence de Dieu. Quelle que soit la lecture que l'on fait de l'argument du dilemme, l'hypothèse de l'éternité est la base des démonstrations proposées par Maïmonide. Les lecteurs « radicaux » ont donc raison de considérer qu'*en un sens* Maïmonide croit à l'éternité du monde.

Mais il faut bien mesurer que ces pages, qui opposent le théologien et le philosophe, construisent le sens même du pôle de l'éternité du monde. Le monde « éternel » des philosophes est précisément celui qui fonctionne selon un ordre fixe, disposant d'une nature stable, qui est telle que rien n'indique qu'elle a eu un commencement. C'est là la base de tous les arguments « *a parte mundi* », tirés de la nature du monde, que les éternalistes opposent aux tenants

1. *Guide*, I, 69, p. 322-323 et, pour l'identification de la référence à Mu^{c}ammar, H. A. Wolfson, « The Controversy Over Causality Within the Kalam », art. cit.

2. *Guide*, I, 69.

3. *Guide*, II, 12. Sur ceci, voir A. Ivry, « Neoplatonic Currents in Maimonides'Thought », dans J. L. Kraemer (éd.), *Perspectives on Maimonides*, *op. cit.*, p. 115-140.

de la création [1]. Ils consistent à partir de l'observation du monde tel qu'il existe et de ses règles et d'en faire des règles universelles qui rendent impensable l'idée d'un commencement de l'Univers [2].

La thèse de l'éternité du monde désigne donc à ce stade la rationalité même : l'entreprise scientifique et la possibilité d'accéder à une quelconque connaissance. Kant dont on peut reconstruire la filiation maïmonidienne via Thomas, explicitera cet enjeu. La première antinomie de la raison pure situe l'antithèse – « le monde n'a pas de commencement » – du côté de l'empirisme ou des intérêts spéculatifs de la raison. L'entendement appliquant ses catégories aux phénomènes de la nature exige que chacun soit conditionné par un phénomène antérieur [3]. Ainsi, en adoptant l'attitude du philosophe vis-à-vis de la réalité naturelle, en admettant l'éternité du monde dans ses preuves de l'existence de Dieu, Maïmonide *s'installe* littéralement dans l'hypothèse de l'éternité. Il choisit l'intellect contre l'imagination. Face au non-sens du monde *kalāmique*, Maïmonide oppose le fait brut d'un monde harmonieux. Reste que ce monde parfaitement connaissable tombe également sous la menace du non-sens, mais d'un autre point de vue : précisément parce que produit de la nécessité, son existence semble sans pourquoi. Il n'y aurait qu'à s'efforcer de le connaître sans s'interroger sur le sens de son existence.

Le refus de la nécessité brute

C'est ainsi que dans l'économie du *Guide*, apparaît le tournant annoncé dès la fin de la première partie : bien qu'installé dans l'hypothèse de l'éternité, bien que philosophe, Maïmonide se pose en tenant de la création. Le début de la deuxième partie est ainsi l'un des passages les plus proprement « philosophiques » du *Guide*. L'existence de Dieu est établie à partir de l'hypothèse de l'éternité. Puis (II, 3-12) une théorie des intellects séparés (= anges) est exposée, visant à rendre compte du mode d'action de principes intellectuels sur des êtres matériels, anticipant sur le problème de la production du multiple à partir du simple (II, 22). C'est alors qu'intervient la discussion spécifique de la question de la création et de l'éternité, dans le cadre de laquelle Maïmonide revendique une vision du monde qui y entrevoit une intention et l'œuvre d'une volonté. Il reprend ainsi, à son propre compte, le principe d'admissibilité ou plutôt de particularisation (l'idée que les caractéristiques particulières et contingentes du

1. *Guide*, II, 14 expose sept arguments éternalistes contre la création. Les quatre premiers sont tirés du monde (*a parte mundi*) et les trois suivants de Dieu (*a parte Dei*). Maïmonide répond aux premiers en II, 17 et aux seconds en II, 18.

2. Voir H. A. Davidson, *Proofs*, chap. II, qui fait une étude de ces arguments.

3. I. Kant, *Kritik der reinen Vernunft*, B 496-497, AK III, 325-326. Sur la filiation Maïmonide-Thomas-Kant, voir C. Michon, *Thomas d'Aquin et la controverse sur « L'Éternité du monde »*, Paris, Flammarion, 2004, p. 22-35.

monde ne s'expliquent que par l'intervention d'un agent volontaire), alors même qu'il en condamnait l'usage *kalāmique*[1].

C'est là que se situe la contradiction la plus grande sur la question, creusant l'écart entre un monde caprice et une sage nature, il opte pour la sage nature ; mais cette sage nature se trouve elle-même investie d'une volonté et considérée comme le produit d'un dessein.

Le « Principe de Maïmonide »

Maïmonide résout formellement cette tension ou cette contradiction avec l'élément sans doute le plus puissant de son argumentation, qu'Oliver Leaman nomme le « principe de Maïmonide »[2], que par la suite nous noterons par commodité avec une majuscule :

> On ne peut en aucune façon argumenter de la nature qu'a une chose, après être née, achevée et arrivée en définitive à son état le plus parfait, sur l'état où se trouvait cette chose au moment où elle se mouvait pour naître[3].

La césure radicale que ce Principe introduit entre l'*avant* et l'*après* la création est d'abord une césure épistémologique qui induit la *possibilité* d'une césure ontologique. Il affirme que les catégories de la connaissance humaine ne permettent pas de se prononcer sur « ce » que le monde « était » « avant » d'être. Autrement dit, de la création du monde – si une telle chose a eu lieu – il est impossible de *connaître* quoi que ce soit. Mais, du seul fait que le monde se présente à nous sous l'apparence d'une nature *éternelle,* qui rend difficilement pensable qu'il a pu être autrement qu'il n'est ou qu'il a pu ne pas être, on ne saurait *exclure* qu'il n'a, en effet, pas toujours été tel qu'il est. L'impossibilité d'une connaissance de l'origine du monde ouvre précisément la porte à une *possibilité* de la création, qu'aucun argument physique (*a parte mundi*) ne saurait invalider.

Le Principe réduit le champ d'application de la science de la nature à l'état du monde après la possible création et situe la question de la création dans un registre radicalement distinct de celui de la science. En d'autres termes, ce que permet le Principe de Maïmonide, c'est de conserver toute la physique aristotélicienne *malgré* la création, à la différence des arguments du *kalām*, dans le cadre duquel création et causalité naturelle se trouvent en position d'exclusion réciproque. Le monde peut se comporter exactement de la même manière, qu'il soit créé *de novo* ou éternel *a parte ante.* La régularité de l'ordre naturel, la nature elle-même, peut être garantie, sans pour autant nuire à l'idée d'un monde existant en vue d'un projet.

1. Dès la fin de son exposé du principe d'admissibilité, en I, 73 (p. 412-413), Maïmonide annonce qu'il convient de le conserver d'une certaine façon : « Tel est ce principe d'admissibilité sur lequel je me réserve de revenir dans d'autres endroits de ce traité ; et ce n'est pas là une chose qu'on doive se hâter de repousser entièrement et à la légère ».

2. O. Leaman, *Moses Maimonides*, London, Routledge, 1990, p. 68.

3. *Guide*, II, 17, p. 130.

Que Maïmonide formule, en II, 17 au moment de l'exposé du Principe, une analogie *inadéquate* de la situation épistémologique de l'homme vis-à-vis du problème de la création, à savoir le fameux exemple de l'enfant dans l'île [1], ne saurait trop nous étonner, ni nous conduire à tirer quelque conclusion quant à sa sincérité dans ce chapitre, à l'instar de certains interprètes modernes [2]. Tel un enfant abandonné dès son plus jeune âge sur une île déserte qui ne saurait croire qu'un être humain avant de naître vit, pendant des mois, en milieu aquatique sans boire ni manger, l'homme ne saurait envisager d'autres principes que ceux qui régissent le monde dans son état achevé. De là l'illusion de l'éternité. Autrement dit, la situation épistémologique de l'homme est celle d'un habitant du monde, dont les connaissances sont toutes indexées, dans le cadre du réalisme maïmonidien, sur l'ordre du monde tel qu'il est. L'homme [3] n'a aucune raison d'imaginer, ni de moyen de le penser, que ce monde, son ordre et ses lois aient jamais été autrement qu'ils ne sont présentement.

Notons d'ailleurs que cette remarque peut s'appliquer également dans le cadre du modèle cosmologique commencementiste de la physique actuelle. La théorie du big bang et ses dérivés ne contredisent pas « l'éternité du monde » au sens où nous l'envisageons ici. Il s'agit d'un « existential » : « éternité du monde », qui se confond ici avec éternité de la nature [4], désigne en somme la manière dont un individu humain envisage le monde qui l'entoure en vertu de sa finitude. L'Univers existait avant lui et existera après lui. Il n'est que le cadre dans lequel vient s'inscrire son existence et il se présente *comme s*'il avait toujours été et sera toujours tel qu'il est. La grande construction cosmologique de la science aristotélicienne, en tant qu'elle vise à rendre compte du sensible, peut ainsi à bon droit être caractérisée comme « une phénoménologie du monde naturel » [5] : elle élabore des hypothèses à même de rendre compte d'un monde qui se présente comme étant certes en perpétuel devenir, mais selon des règles fixes et permanentes. À ce niveau en effet, la nature est éternelle pour le sujet humain, mais sur le mode du *comme si*. Le langage et les outils de connaissance de l'homme sont tous déterminés à rendre compte de ce monde éternel qui constitue la scène de son existence. Ils sont en quelque sorte calibrés pour dire et connaître cet arrière-plan dans lequel il s'insère.

1. *Guide*, II, 17, p. 130-133.

2. Voir A. L. Ivry, « Maimonides on Possibility », dans J. Reinharz, D. Swetschinski, K. P. Bland (éd.), *Mystics, Philosophers, and Politicians : Essays in Jewish Intellectual History in Honor of Alexander Altmann*, Durham (N.C.), Duke University Press, 1982, p. 77-79 et J. Malino, « Aristotle on Eternity : Does Maimonides Have a Reply », dans S. Pinès et Y. Yovel (éd.), *Maimonides and Philosophy*, *op. cit.*, p. 65-71.

3. G. Roux, *Maïmonide ou la nostalgie de la sagesse*, Paris, Éditions Points, 2017, p. 162-166, fait entendre ce qu'a de précisément *masculin* cet Univers insulaire et clôt sur lui-même. La difficulté à percevoir la possibilité de la création s'entend alors comme celle de faire une place au féminin.

4. Cette réduction du « monde » à la nature est précisément la limite de la présente référence à Heidegger (voir *Sein und Zeit*, I, chap. III). Voir aussi H. Arendt, *Condition de l'homme moderne*, Paris, Calmann-Lévy, 1983, p. 53.

5. J. Patočka, *Aristote, ses devanciers, ses successeurs*, Paris, Vrin, 2011, p. 427.

Dès lors, si l'éternité du monde signifie que l'homme n'a d'instruments de pensée qu'adaptés au monde *dans* lequel il existe, toute analogie employée pour évoquer la création du monde ne peut être qu'impropre. D'une part, l'état du fœtus dans le ventre maternel ne relève pas de l'inconnu, il fait partie du monde institué, fonctionnant selon des règles parfaitement descriptibles et explicables. D'autre part, il ne provient pas du « néant pur et absolu », mais des semences qui en constituent le substrat matériel. Seul qui voudrait y voir un tel indice pourrait déceler ici la trace d'une secrète adhésion maïmonidienne à la doctrine platonicienne ou aristotélicienne. L'analogie, en vertu du Principe de Maïmonide lui-même, est nécessairement inadaptée, puisqu'elle est inévitablement tirée de ce qui est connu de l'homme, construite à partir d'un être qui fait partie du monde. Pas plus l'admission totale par Maïmonide de la *vérité* des principes de la physique aristotélicienne, répétée à plusieurs reprises dans ce même chapitre [1], n'est-elle en elle-même un argument en faveur d'un éternalisme maïmonidien. Car c'est là précisément ce que permet le Principe : tenir ensemble la cosmologie aristotélicienne, comme vraie, et l'idée de création absolue, comme possible [2].

En droit donc, le Principe de Maïmonide rend absolument irréfutable la *possibilité* de la création du monde, y compris pour le philosophe qui se refuse à soustraire sa pensée à l'exigence de penser ce qui est. Ainsi, un commentateur aussi prompt à souligner les faiblesses (délibérées ou non) du texte du *Guide* que Moïse de Narbonne, écrit-il, à propos de II, 17, que Maïmonide « a dit vrai » (*ṣadaq*) en énonçant son Principe, ainsi qu'en choisissant pour analogie (*mašal*) celle de l'orphelin demandant « comment sommes-nous venus à l'existence ? » [3]. On dira que Narboni ironise, soulignant peut-être précisément que la parabole de l'orphelin est inadéquate. Dans la suite de son commentaire du chapitre, Narboni méprise du reste la teneur proprement philosophique du Principe. Il écrit :

> qu'il a bien parlé en disant (*ma ṭov omro*) que nous la communauté des partisans de Moïse notre Maître et d'Abraham, nous croyons que le monde a été engendré, etc. [4] !

1. Aristote « montre qu'il est impossible que [la matière première] soit née. *Et cela est vrai* (*ṣaḥīḥ*). » (*Guide*, II, 17, p. 133 ; ar. p. 206, 26-28, nous soulignons) ; « on a argumenté de la nature du mouvement pour prouver qu'il n'est pas né et qu'il ne périra pas. Et *cela est encore vrai* (*ṣaḥīḥ*). » (*Ibid.*, p. 134 ; ar. p. 207, 4-5) ; « Nous en dirons autant de la possibilité qui doit précéder tout ce qui naît ; car cela n'est *nécessaire* (*yulzimu*) que dans cet univers (complètement) établi, où tout ce qui naît ne naît que d'un être quelconque. » (*Ibid.*, p. 135 ; ar. p. 207, 11-13) ; « ... nous raisonnerons encore de la même manière sur (ce qu'il dit) que dans le ciel il n'y a pas de contrariété. *Cela est encore vrai* (*ṣaḥīḥ*). » (*Ibid.*, 14-15). Sur ceci, envisagé comme une preuve de l'éternalisme, voir P. Bouretz, *Lumières du Moyen Âge*, *op. cit.*, p. 301-302.

2. Voir *Guide*, II, 16, p. 129 : « Ce que je désire faire, moi, c'est de montrer que la nouveauté du monde, conformément à l'opinion de notre Loi que j'ai déjà exposée, n'est point impossible. »

3. Moïse de Narbonne, *Com. Guide*, II, 17, ms Paris BN héb 699, 75a. Le passage en italique est une citation de *Guide*, II, 17, p. 133.

4. *Ibid.*

Il s'agit sans doute de souligner que le chapitre est « exotérique » et que Maïmonide suggère, en se réclamant des autorités et de la communauté des croyants, que l'utilité de l'idée de création est bien politique (une croyance « nécessaire » et non pas une croyance « vraie »). Il réduit du reste à peau de chagrin, sinon à rien, la portée du Principe. Maïmonide affirme que son Principe permet de lever l'une des difficultés les plus sérieuses posées par la thèse de la création *ex nihilo*. Selon les principes de la physique aristotélicienne, il est nécessaire, dans toute génération, qu'existe un substrat préalable qui soit le support de la possibilité de l'être engendré [1]. D'après le Principe, ceci n'est pas nécessaire s'agissant de la création du monde dans son ensemble. C'est seulement le cas dans le monde *après* sa création. À ce propos, Narboni écrit :

> Le Maître a dit vrai (*ṣadaq*) : dans le cas d'un être créé *ex nihilo*, il n'y a aucun être particulier sensible ou intelligible au sein duquel sa possibilité aurait préalablement existé. Si tel est le cas, la chose [= une création *ex nihilo*] est impossible (*nimna*ᶜ) puisqu'il n'y pas de moyen terme (entre le possible et l'impossible) [2].

Narboni refuse précisément de penser qu'une autre modalité que la génération naturelle soit envisageable et, prenant Maïmonide au mot, il la caractérise comme impossible. Mais il ne fait précisément rien d'autre que redire ce que Maïmonide affirme dans ce chapitre, à savoir que, *dans les coordonnées du monde actuel*, une génération *ex nihilo* est impossible. Le pas supplémentaire que fait Maïmonide est de tenir ces coordonnées elles-mêmes pour relatives [3]. Narboni n'a donc formellement pas de réponse au « Principe de Maïmonide » et, dès lors sa remarque selon laquelle il est « vrai » n'est peut-être pas si insincère qu'il n'y paraît. Simplement, si la posture du philosophe, telle qu'elle est élaborée dans la critique du *kalām*, consiste à envisager la réalité naturelle comme contraignante pour la pensée, alors Narboni se refuse à envisager une autre posture qui se tiendrait non pas dans une rivalité vis-à-vis de celle du philosophe (telle celle du théologien), mais à côté d'elle, à un autre niveau – autre posture ouverte précisément par le « Principe de Maïmonide ». L'attitude de Narboni correspond à ce que Levinas, dans un texte situant le point le plus important de la pensée de Maïmonide dans son traitement de la création du monde, nommait « paganisme » : « l'impuissance radicale à sortir du monde » [4].

1. Aristote, *Physique*, VIII, 1, 251a (*cf.* la note de S. Munk, *Guide*, II, n. 1, p. 27, qui reconstitue l'interprétation de ce passage par Al-Fārābī qui sert de source à Maïmonide). Il s'agit de la quatrième objection *a parte mundi* des éternalistes (II, 14, p. 117).

2. Moïse de Narbonne, *loc. cit.* (les mots en italique sont ceux de Maïmonide, *Guide*, II, 17, p. 135).

3. Cf. *infra*, chap. V, p. 130 *sq.*, la critique partielle du « Principe de Maïmonide » par Gersonide.

4. É. Levinas, « L'actualité de Maïmonide », *Paix et Droit*, 15/4, 1935, p. 7, repr. dans *Cahiers de l'Herne. Emmanuel Lévinas*, Paris, L'Herne, 1991, p. 142-144.

Exégèse : la césure cosmogonie/cosmologie

L'exégèse maïmonidienne du récit de la création repose entièrement sur la césure entre cosmogonie inconnaissable et cosmologie tombant sous les catégories de la science physique. Maïmonide – on le sait – identifie le récit biblique de la création, *Maᶜaśe Bereʾšit,* avec la physique aristotélicienne. Cette « identification » est une opération constante chez lui, depuis le *Com. sur la Mishna*, jusqu'au *Guide*, en passant par le *Mishne Tora* [1]. Ceci semble un autre argument en faveur d'un éternalisme maïmonidien. Il n'y aurait rien d'autre à entendre dans le récit de la création qu'un résumé, fort lâche au demeurant, de la science de la nature et, plus radicalement, il n'y aurait rien d'autre à penser s'agissant de le genèse du monde que la description du devenir perpétuel, c'est à dire la définition même de la *physis* d'après Aristote [2].

Le sens et la portée de cette identification restent toutefois obscurs : est-ce à dire que le « secret de la Tora » que constitue l'Œuvre du Commencement n'est *rien d'autre* que la physique aristotélicienne [3] ou bien que celle-ci permet de pénétrer le sens de celle-là sans pour autant l'épuiser totalement ? La physique aristotélicienne fonctionne, quoi qu'il en soit, comme une « clé exégétique » du récit de la création [4]. Et, quand bien même voudrait-on *réduire* ce récit à la physique aristotélicienne, cela ne permettrait pas de conclure à un aristotélisme radical, vaguement dissimulé par Maïmonide – vaguement car l'exégèse naturaliste dont il s'agit est rien moins que discrète. Maïmonide a annoncé dès l'introduction générale du *Guide* que l'un des enjeux essentiels de l'ouvrage était l'interprétation du récit de la création. Celle-ci est exposée en II, 30, au terme de la discussion autour de la création et de l'éternité. Ce chapitre constitue donc un élément central et attendu de l'ouvrage, en rien un passage caché, ésotérique relevant du secret réservé au seul lecteur attentif.

Il en ressort que, d'après Maïmonide, le récit des six jours de la création constitue une description de l'état du monde *après* la création. S'inspirant d'un *midrash* [5], il considère que les « jours » ne doivent pas s'entendre dans le sens

1. Voir *Com.* sur la Mishna, *Ḥagiga*, II, 1 ; MT, *Yesodei ha-Tora* (*Fondements de la Tora*), IV 10-12 (trad. cit., p. 65-66), *Guide*, « Introduction », p. 9. On trouve déjà une telle identification chez Abraham Bar Ḥiyya, *La obra enciclopédica : Yĕsodé ha-tĕbuná u-migdal ha-ĕmuná*, éd. J.-M. Millás Vallicrosa, Madrid, CSIC, 1952, p. 49.

2. Voir à cet égard, la justification de l'expression même de « *Maᶜaśe Be-reʾšit* » par Moïse de Narbonne : « la science de la nature s'appelle "*Maᶜaśe Be-reʾšit*", "œuvre dans un principe (ou œuvre d'un principe interne)", [car] ce sont les êtres qui ont dans leur propre substance le principe de leur engendrement » (*Com. Guide*, introduction, ms Paris BNF héb 699, 3a, *cf.* M. R. Hayoun, *Moshe Narboni*, *op. cit.*, p. 38-39).

3. Cette possibilité, largement exploitée par les commentateurs radicaux du *Guide*, prête le flanc à la critique sur laquelle nous reviendrons de Nissim de Gérone et de Ḥasday Crescas, cf. *infra*, chap. VI, p. 169.

4. Voir A. Ravitzky, « Aristotle's *Meteorology* and the Maimonidean Modes of Interpreting the Account of Creation » [hébreu], *Jerusalem Studies in Jewish Thought*, 9, 1990, p. 225-250, repris en anglais dans *Aleph*, 8, 2008, p. 361-400, en part. p. 370.

5. Talmud de Babylone, *Roʾš ha-Šana*, 11a et *Ḥullin*, 60a ; voir *Guide*, II, 30, p. 245.

d'une succession chronologique, mais de relations causales entre différents composants du monde naturel. Autrement dit, les six jours décrivent des relations causales simultanées entre des êtres de différents rangs et le récit biblique ne fait que déployer ces relations dans une forme narrative donc temporelle [1]. On pourrait donc croire que la naturalisation du récit biblique de la création est un indice de ceci qu'il n'y aurait rien d'autre à penser s'agissant du monde que les lois de la nature et que le *Maᶜaśe Be-reʾšit* n'en est que la représentation inadéquate à l'adresse du vulgaire incompétent.

Pourtant, si l'exégèse des six jours relève tout entière de la cosmologie, Maïmonide, à la différence d'A. Ibn Ezra précédemment commenté, offre une exégèse de Gn 1, 1, qui en fait une affirmation de la création de *l'ensemble* de l'Univers des êtres sublunaires, comme supralunaires. Il ne s'agit pas d'une opération qui a lieu *dans* la nature, relevant de la cosmologie, mais d'un acte de cosmogénèse.

> Le monde n'a pas été créé dans un commencement temporel, comme nous l'avons exposé, le temps étant (lui-même) du nombre des choses créées ; c'est pourquoi on a dit *be-reʾšit* (Gn 1, 1), où la particule *be* a le sens de « dans » (*fī*). La véritable traduction de ce verset est donc celle-ci : « Dans le principe (*fī badāʾa*) Dieu, créa le haut et le bas (de l'univers) » (*fī badāʾa khalaqa Allah al-ᶜuluww wal-sufl*) ; c'est là la seule explication qui s'accorde avec la nouveauté (du monde) [2].

La compréhension de cette traduction soulève de grandes difficultés, tant Maïmonide l'a rendue ambiguë. Tout le début du chapitre 30 de la IIe partie est consacré à poser une distinction entre « le principe » (ar. *mabdaʾ*, dont Maïmonide donne pour équivalent hébraïque *reʾšit*) et le « le commencement » (ar. *awwal* ; dont l'équivalent hébreu est, selon Maïmonide, *teḥilla*). Alors que le commencement est clairement ce qui précède temporellement ce dont il est le commencement, tout en étant une de ses parties, une ambiguïté demeure quant à la caractérisation maïmonidienne du principe : désigne-t-il une pure antécédence causale et non temporelle ou peut-il aussi désigner une antécédence à la fois causale et temporelle ? Ceci engage la compréhension proposée de Gn 1, 1, où le mot *reʾšit* est employé et renvoie donc à l'idée de principe. Si le principe est purement causal, alors on serait tenté de voir dans le *tafsīr* maïmonidien une affirmation d'une création éternelle. S'il est à la fois causal et temporel [3], cette création pourrait être *de novo*. De plus, contre toute attente, Maïmonide, pour rendre l'hébreu *be-reʾšit*, emploie, comme pour brouiller les pistes, les termes *fī badāʾa*, où le mot *badāʾa*, certes dérivé de la même racine que *mabdaʾ*, n'en est pas le strict équivalent. Il semble précisément avoir

1. Voir *Guide*, II, 30, p. 234-235.

2. *Ibid.*, p. 231-232 ; ar. p. 245, 2-6. *Cf.* le *tafsīr* du même verset par Saadia Gaon, *supra*, chap. premier, p. 30.

3. Comme le suggèrent les commentateurs Profiat Duran (Efodi) et Asher Crescas, dans leurs *Com.* respectifs *ad. loc.*(éd. Barazani, 58a-59a).

conservé davantage, que *mabda*ʾ, le sens temporel de cette racine qui signifie *commencer*.

D'où le désarroi des traducteurs. Ibn Tibbon, suivi par M. Schwartz [1], rend *fī badāʾa*, par *be-hatḥala*, « dans le principe » en utilisant un terme paradoxalement fondé sur la même racine que *teḥilla* que Maïmonide identifie pourtant univoquement avec le commencement temporel. De même, Munk traduit en français « dans le principe », sans prendre en compte la nuance *mabdaʾ/badāʾa*. S. Pinès le rend par « in the origin » [2], suivi par M. Zonta en italien « in origine » [3], termes plus ambigus encore que les équivalents du mot « principe ». Y. Kafih se refuse tout bonnement à traduire en transcrivant le *tafsīr* arabe dans sa traduction hébraïque. Mais il précise en note que la traduction la plus correcte serait pour lui, une traduction proche de celle que nous avons rencontrée chez A. Ibn Ezra : « au commencement *de la* création (*be-reʾšit beroʾ*) par Dieu du supérieur et de l'inférieur » [4]. Cette traduction, dont Kafih expose le bien-fondé grammatical, semble toutefois contredire l'idée d'une création atemporelle, puisqu'elle désigne un processus créateur se déroulant dans le temps et suppose donc un temps anté-mondain.

L'identification de ce « principe » « dans lequel » le monde a été créé a fait couler beaucoup d'encre parmi les commentateurs [5]. Une solution particulièrement intéressante pour notre propos peut être trouvée dans les commentaires de Profiat Duran (Efodi) [6] et d'Asher Crescas (actif au début du xve siècle en Provence) [7], consistant à identifier ce principe avec l'instant initial du temps, qui fait en effet partie des créatures. L'instant n'est pas un « principe temporel » en ce sens que, dans une perspective aristotélicienne, il ne fait pas partie du temps, à l'image du point sur la droite [8]. Narboni objecte que l'instant aristotélicien « sépare entre l'avant et l'après » et qu'il ne peut donc y avoir de premier instant. Il propose donc de traduire *fī badāʾa* par « par le principe », par un principe causal, le monde a été créé, ce principe n'étant autre que Dieu lui-même, identifié au Premier Moteur [9]. Cette solution contredit les termes mêmes de Maïmonide, qui précise que la particule *Beyt* dans *be-reʾšit* a un sens local, de contenance, et non instrumental. De plus, l'objection de la définition aristotélicienne de l'instant peut être levée par une doctrine non-orthodoxe, qui

1. Voir, toutefois, la note de M. Schwartz (*More Nevukhim*, Tel Aviv, Tel Aviv Univesity Press, 2002, n. 6, p. 361) qui relève les difficultés de traduction du passage.

2. *Guide of the Perplexed*, trad. cit., p. 349.

3. *La guida dei perplessi*, Turin, UTET, 2003, *ad. loc.*

4. *More Nevukhim*, Jérusalem, Mossad ha-Rav Kook, 1978, n. 10, p. 333.

5. Voir S. Klein-Braslavy, *Maimonides' Interpretation of the Story of Creation* [hébreu], Jérusalem, Rubin Mass, 1987, p. 114-131, qui fait un compte-rendu de leurs discussions.

6. Voir *supra*, n. 2, p. 62.

7. Éd. Barazani, *ad. loc.*, 58a-59a. Voir T. Visi, « The First Instant of Creation », art. cit., p. 83-124.

8. Voir Aristote, *Physique*, IV, 10, 218a.

9. Moïse de Narbonne, *Com. Guide*, II, 30, ms Paris BN héb 699, 94b ; *cf.* M. R. Hayoun, *Moshe Narboni*, *op. cit.*, p. 158-159.

fonctionnerait ici de manière implicite telle qu'elle sera explicitée plus tard par Gersonide [1], distinguant entre le premier instant qui n'a pas *d'avant* et les instants ultérieurs qui, en effet, correspondent à la définition aristotélicienne de séparation entre *l'avant* et *l'après*.

En comprenant donc « dans le premier instant, Dieu créa etc. », deux lectures cohérentes nous semblent pouvoir être données [2] : l'une qui s'accorde avec la création *de novo*, l'autre avec la création éternelle. Si le temps, de même que l'ensemble de ce qui existe, est créé avec l'acte de création, reste à savoir si cet acte désigne un processus perpétuel, dans lequel le temps est recréé constamment, ou si cet acte est l'acte initial d'un univers qui existe *de novo*. Mais dans l'un et l'autre cas, cet acte est purement thétique, il désigne le fait même de poser l'existence du monde. Il est sans commune mesure avec le mode de fonctionnement du monde une fois cet acte posé.

Avant de revenir sur la thèse de la création éternelle, parfois identifiée comme la « véritable thèse » de Maïmonide, nous pouvons remarquer que la césure cosmogonie/cosmologie introduite par le « Principe de Maïmonide » fonctionne ici, quoi qu'il en soit de la durée du monde, dans toute son efficace. Que l'énoncé cosmogonique de Gn 1, 1, tel que rendu par Maïmonide en arabe, soit ambigu ne doit pas nous engager dans la quête de ce que Maïmonide a voulu dissimuler : s'agissant d'énoncer la création de l'Univers, le langage calibré, en vertu du Principe, pour dire le monde se heurte à sa limite. Il en va de même de l'ensemble des tournures ambiguës que l'on peut relever dans le *Guide* pour désigner la création [3]. Elles pourraient bien provenir simplement de la difficulté à énoncer et à se représenter la création, plutôt que de la volonté de dissimuler une thèse, selon l'hypothèse maximaliste des lecteurs straussiens, ou même que d'une erreur d'inattention, selon l'hypothèse minimaliste des anti-ésotéristes.

« Création éternelle » du monde ou création du « monde éternel » ?

Nous venons de voir que l'idée de « création éternelle » ou de création *ab aeterno*, s'accordait bien avec l'exégèse maïmonidienne de Gn 1, 1. S'agissant de « tenir ensemble » la création du monde, ou l'idée d'un monde-projet, et éternité du monde, ou une nature appréhensible par la science, il serait tentant de prêter à Maïmonide une position doctrinale syncrétiste. Mais une telle résolution des contradictions du texte du *Guide*, outre qu'elle est interdite par certains passages de ce texte même, ne rend pas compte des enjeux qu'il situe dans cette question et ses tensions constitutives.

1. Gersonide, *Guerres*, VIa, 21.

2. Pour une troisième lecture qui considère que *badāʾa* pourrait désigner ici la matière première, voir S. Klein-Braslavy, *Maimonides' Interpretation of the Story of Creation*, *op. cit.*, p. 129-130.

3. Voir *supra*, chap. III, p. 67.

Déplacement sémantique : antécédance (qidam) *et permanence* (taʾbīd)

Les chapitres 27-29 de la partie II élaborent une doctrine originale d'un monde à la fois créé et perpétuel (*abadī*), adventice mais éternel *a parte post*, ou plutôt éternel *a parte post* bien que créé. Ceci s'accorde parfaitement avec le « Principe de Maïmonide » : une fois le monde créé, il *devient* éternel, conformément à la doctrine aristotélicienne. Maïmonide contourne le principe aristotélicien selon lequel tout ce qui est engendré est corruptible, en le tenant pour un principe vrai s'agissant d'un être engendré selon la causalité naturelle. En revanche, le monde étant engendré en dehors de cette causalité, ceci n'est pas vrai dans le cas de la genèse de l'Univers. Par la césure *avant/après* la création, il est dès lors possible d'envisager que le monde soit à la fois créé et éternel.

Le caractère par trop irénique de cette solution a conduit de nombreux lecteurs à douter qu'elle puisse correspondre à la « véritable doctrine de Maïmonide ». Moïse de Narbonne est, ici encore, un des grands représentants médiévaux de cette lecture du soupçon, explicitant les ressorts et les enjeux d'une telle lecture. Il ironise sur les termes de Maïmonide, selon lesquels il s'accorde avec Aristote « pour la moitié de son opinion » (*Guide*, II, 29, p. 226), qu'il présente comme un pur *modus vivendi*, visant à accommoder, sans les réconcilier l'opinion de la Loi et celle d'Aristote.

> L'intention du Maître est d'adoucir autant que possible la controverse tout en conservant les principes de la Tora. C'est là une intention religieuse (*toranit*), divine et élevée. C'est pourquoi, il explique au chapitre suivant (II, 28) que le Roi Salomon (de mémoire bénie) n'a pas employé le mot « éternité » (*qadmut*), mais celui de « permanence » (*niṣḥut*) [1]. Au chapitre suivant (II, 29) [2], il interprète de manière allégorique tous les versets enseignant la destruction [du monde], de façon à ce qu'ils s'accordent avec la moitié de la doctrine d'Aristote, à savoir que (le monde) est permanent (*niṣḥi*), bien qu'il soit créé (*meḥuddaš*). Il s'agit là comme d'un verdict pacificateur, dont le juge serait Sumkhus [3].

Sumkhus (ou Symmachus) est un rabbin du IIᵉ siècle, dont un des dits les plus célèbres concerne la résolution d'un litige financier, dans le cas où il existe un doute irrésoluble quant à la propriété d'un bien. Le cas *princeps* est celui d'une vache encornée par un taureau, à côté de laquelle on retrouve mort, le petit veau qu'elle portait. Il est objectivement impossible de déterminer si le veau est décédé par la faute du taureau ou s'il était déjà mort avant le choc. Dans le premier cas, le propriétaire du taureau doit payer des dommages au propriétaire de la vache et de son veau. Dans le second, il ne lui doit rien en ce qui concerne le veau. La majorité des rabbins considèrent qu'il existe un principe général selon lequel on ne saurait, sans preuve, priver quelqu'un de son bien. Par conséquent,

1. *Guide*, II, 28, p. 206-210. Le chapitre vise à réfuter que Salomon admettait l'éternité du monde (*qidam*, ar. p. 233, 18 et 26, que S. Ibn Tibbon traduit par *qadmut*). Or, dans la suite du chapitre, Maïmonide substitue systématiquement ou presque à *qidam* le terme *taʾbīd* (perpétuité) et ses dérivés, qu'Ibn Tibbon rend par *niṣḥut*.

2. *Guide*, II, 29, p. 210-222.

3. Moïse de Narbonne, *Com. Guide*, II, 27, ms Paris BNF héb 699, 89b.

ici, en l'absence de preuve établissant objectivement que le taureau est la cause de la mort du veau, le propriétaire lésé ne saurait exiger d'argent de celui du taureau. Sumkhus soutient au contraire que, dans un tel cas, on divise la valeur du bien endommagé : le propriétaire du taureau en paiera donc la moitié et le propriétaire du veau prendra en charge l'autre moitié [1].

Dans la comparaison juridique de Narboni, l'objet du litige « douteux » est la question : le monde est-il créé ou éternel ? Pour Narboni, l'éternité étant fermement établie, il reviendrait aux créationnistes d'apporter la preuve de ce qu'ils avancent, ce qu'ils ne sont pas en mesure de faire (puisque Maïmonide a clairement montré que la création est indémontrable). La question du reste n'admet pas de solution de compromis. Seule la *fiction* juridique de la division monétaire, introduite par Sumkhus, permet la division du bien débattu. La solution des rabbins s'opposant à Sumkhus a le mérite de pouvoir *en droit* correspondre à la réalité objective, même s'il est impossible d'en avoir la certitude. Celle de Sumkhus est au contraire une projection de la situation subjective d'incertitude épistémologique radicale sur la réalité objective. Sumkhus tranche comme s'il était vrai « pour moitié », que le veau était mort par la faute du taureau et vrai également « pour moitié » qu'il était mort de sa belle mort. L'enjeu d'un tel jugement est que le propriétaire du veau ne soit pas *trop* lésé dans le cas où il s'avérait que le taureau ait été effectivement fautif.

La position de Maïmonide apparaît alors comme une solution elle-même fictive et projective, qui ne modifie rien au fait que la solution *réelle* du problème est radicale et exclusive, les deux partis – éternité et création – étant inconciliables. Cette fiction maïmonidienne ne servirait à rien d'autre qu'à donner le change – intention « divine et élevée » – aux esprits religieux, « lésés » par la thèse de l'éternité, en feignant un accord possible entre éternité et création *de novo*. Or, puisque la *halakha* (loi juive) suit ici comme ailleurs l'avis majoritaire et rejette donc la position singulière de Sumkhus, Narboni suggère clairement, par cette référence talmudique, que Maïmonide ne saurait être sincère dans ses propos [2].

Derrière la fiction de l'accord de l'éternité *a parte post* et de la création, Narboni entrevoit l'indice d'une doctrine secrète qui accorderait en effet éternité et création : l'idée d'une création *ab aeterno*, qu'il trouve explicitée chez Averroès. Si éternité et création sont en effet compossibles, ce n'est qu'à condition d'admettre une autre signification à chacun de ces termes. Maïmonide lui-même invite son lecteur perspicace à une telle resémantisation, en opérant, en ces chapitres apparemment conciliateurs, un glissement terminologique à propos de l'éternité, passant du *qidam* arabe (ou de la *qadmut* hébraïque), qui désigne en général l'éternité *a parte ante*, mais veut dire littéralement l'antécédance, au *taʾbīd* arabe (ou à la *niṣḥut* hébraïque), qui désigne l'éternité *a parte*

1. Pour ce cas, Talmud de Babylone, *Baba Qamma*, 46a et pour d'autres passages précisant la position de Sumkhus, *Baba Qamma*, 35a-b, *Baba Meṣiʿa*, 2b et 100a.

2. Maïmonide, lui-même, tranche la *halakha* contre Sumkhus, dans le cas présent, MT, *Nizqei Mamon* (*Dommages matériels*), IX, 2-3.

post, mais aussi la permanence. Maïmonide ne fait en quelque sorte que la moitié du travail, en n'opérant de glissement sémantique qu'en ce qui concerne l'éternité. Le terme *ḥudūth* qui désigne la création conserve toujours chez lui le sens d'une création *de novo*. Mais Narboni, paraphrasant le *Tahāfut al-Tahāfut* (*Destruction de la destruction*) d'Averroès, n'a aucune peine à tirer toutes les conséquences de cette évolution terminologique de la désignation de l'éternité, qu'il relève dans le texte précédemment cité. En suggérant que l'éternité doit s'entendre en deux sens distincts, Maïmonide entend bien indiquer que le *ḥudūth* n'est pas contradictoire avec chacun de ces deux sens et que, bien compris, ce terme peut désigner une création éternelle, *a parte ante* et *a parte post*.

> Employer le terme « adventicité » (*ḥidduš*) à propos du monde, comme le font les textes révélés (*torot*), peut se justifier par le fait que l'acte [de création], en tant qu'acte, est en effet adventice. Cependant, on peut le concevoir comme étant éternel a *parte ante* (*qadmut*), du fait que ce procès de création (*ḥidduš*) et cet acte adventice (*poᶜal meḥuddaš*) n'ont ni commencement, ni fin. Les philosophes de l'islam éprouvent des difficultés à qualifier le monde de « *qadmon* » (éternel) et Dieu de « *qadmon* » (éternel). Car ils ne comprennent par « *qadmon* » que ce qui n'a pas de cause [1].

Le texte paraphrasé d'Averroès s'efforce de justifier l'usage du terme *ḥudūth* malgré l'évidence de l'éternité d'un monde qui dérive d'une cause éternelle. Le monde est éternel par la durée, mais « adventice » ou plutôt « créé » en ce sens qu'il est le résultat d'une « action » de sa cause, autrement dit qu'il vient « après » elle en rang et en dignité, comme l'effet vient « après » la cause, quand bien même ils seraient simultanés. Selon la suggestion de Narboni, qui le lit ici à la lumière d'Averroès, Maïmonide rendrait compatibles, par son glissement terminologique, durée éternelle et dépendance ontologique. Le *qidam* serait le propre de la conception qu'il qualifie lui-même d'« aristotélicienne » (bien qu'elle ne corresponde pas à l'opinion *réelle* des philosophes) de l'éternité, qui ne fait place qu'à la nécessité brute et non au dessein et à la volonté. Le *taʾbīd*, au contraire, serait le nom d'une éternité d'un autre type, non exclusive de la volonté [2]. À condition toutefois de resémantiser ce terme également, l'on pourrait tenir Maïmonide, malgré ses dires, pour un tenant d'une création *ab aeterno* [3].

1. Moïse de Narbonne, *loc. cit.* Tout ce passage est une paraphrase du *Tahāfut al-Tahāfut* [désormais *TT*], II, éd. M. Bouyges, Beyrouth, Imprimerie catholique, 1930, p. 123-124.

2. C'est la position que l'on retrouve, par exemple, avec quelques nuances, dans W. Z. Harvey, « A Third Approach to Maimonides'Cosmogony-Prophetology Puzzle », art. cit. ; R. Gatti, *Be-re'šit : interpretazioni filosofiche della creazione nel Medioevo ebraico e latino*, Genova, Il melangolo, 2005, p. 90 *sq.* J. Costa, « Rashi et Maïmonide : le problème de la création », dans D. Iancu et C. Iancu (éd.), *L'écriture de l'histoire juive. Mélanges en l'honneur de Gérard Nahon*, Paris, Peeters, 2012, p. 23-50, s'il n'adhère pas à l'idée de création *ab aeterno*, fait néanmoins grand cas de la substitution de *taʾbīd* à *qidam*.

3. D'autres indices peuvent, du reste, être relevés en II, 27, inclinant fortement dans le sens de l'admission d'une création éternelle par Maïmonide. Un passage notamment (p. 204-205 ; ar. p. 232,

Déplacement sémantique : volonté et sagesse

Si la tension entre création et éternité reflète une tension entre les deux attributs de volonté et de sagesse, les interprètes radicaux qui prêtent à Maïmonide la thèse d'une création éternelle, ne nient donc pas une participation de la volonté divine à la production du monde. Ce serait là, pour eux l'enjeu du passage du terme *qidam* à celui de *taʾbīd*, de l'éternité issue de la nécessité brute à l'éternité accompagnée en un certain sens de volonté. Maïmonide lui-même, lorsqu'il présente la doctrine aristotélicienne de l'éternité du monde, suggère d'ailleurs qu'elle fait intervenir une telle notion de volonté divine [1]. Aristote, écrit-il, considère « qu'il est de la catégorie de l'impossible que Dieu *change de volonté* (*tataghayar lil-lāh mašīʾa*) » et que « tout cet univers, tel qu'il est, Dieu l'a fait exister par sa *volonté* (*irāda*) sans pourtant qu'il ait rien fait du néant » [2].

De cette présentation, il semble en effet ressortir que la *seule* différence entre la doctrine aristotélicienne et celle de la Tora, concerne la possibilité d'une création « après le néant » (*baʿd al-ʿadam*) et d'un changement de la volonté divine [3], qui constitue son corollaire. Si Dieu crée après n'avoir pas créé, la volonté divine paraît avoir connu un changement, ce qui est incompatible avec l'immutabilité de son essence [4]. Comme nous le verrons, tel est l'écueil principal de la doctrine de la création *de novo*, mis en avant plus tard par Ḥ. Crescas [5]. Maïmonide lève cette difficulté, en II, 18, en affirmant, là encore dans le sens du Principe, une différence essentielle entre la volonté *que le monde soit* et celle d'un changement *dans* le monde. L'idée d'un changement de volonté suppose une volonté affectée par un obstacle ou une sollicitation extérieure. Dans le cas de la volonté *que le monde soit*, il n'y a précisément aucune extériorité qui le motive. La volonté est parfaitement spontanée et l'on ne saurait objecter que le fait même de vouloir « après » n'avoir pas voulu constitue en soi un changement, dans la

24-28) compare la permanence (*dawām*) du monde à celle de Dieu, ce qui laisse à penser que celle-ci pourrait désigner une éternité *a parte ante*. C'est l'argument principal de R. Gatti, *Be-re'šit...*, *op. cit.* Sur *dawām* en tant que terme caractérisant l'Univers éternel de l'aristotélisme, qui ne fait pas de place à la *singularité* humaine, voir R. Lévy, *La divine insouciance. Étude des doctrines de la providence d'après Maïmonide*, Lagrasse, Verdier, 2008, p. 171-190.

1. Comme le note W. Z. Harvey, « A Third Approach to Maimonides' Cosmogony-Prophetology Puzzle », art. cit., p. 297 *sq.*, qui en tire argument pour nier la sincérité de Maïmonide, en II, 18, p. 142, lorsqu'il prétend lever la sixième objection de II, 14, p. 119.

2. *Guide*, II, 13, p. 112 ; ar. p. 198, 21-23 (nous soulignons).

3. On a remarqué que Maïmonide emploie ici les deux termes *irāda* et *mašīya*, que Munk traduit respectivement par « volonté » et « volition ». A. Nuriel a voulu, conformément à sa méthode tirer des conséquences doctrinales de l'emploi de ces deux termes (« The Divine Will in the *More Nevukhim* » [hébreu], *Tarbiz*, 35, 1970, p. 39-61, repr. dans *Concealed and Revealed in Medieval Jewish Philosophy*, *op. cit.*, p. 41-63). Mais cette tentative a été contestée (D. Schwartz, *Contradiction and Concealment in Medieval Jewish Thought*, *op. cit.*, n. 26, p. 35) et on peut constater qu'ici les deux termes sont employés de manière indifférente (C. H. Manekin (éd.), « Divine Will in Maimonides' Later Writings », art. cit., p. 194).

4. Ceci constitue également un des arguments éternalistes *a parte Dei* contre la création en *Guide*, II, 14 (6 [e] méthode), p. 119.

5. Cf. *infra*, chap. VI, p. 153 *sq.*

mesure où il y va de la définition même de la volonté de « vouloir et de ne pas vouloir »[1].

Les lecteurs radicaux considèrent toutefois qu'un tel acte de la volonté entrerait en contradiction avec la sagesse divine, ce qui rend suspectes toutes les affirmations de Maïmonide concernant une volonté à l'œuvre dans la création. Si le monde découle de la sagesse de Dieu, c'est-à-dire de sa connaissance de ce qu'il y a de plus parfait, il serait contradictoire avec sa perfection même que le monde ait eu un commencement et n'ait pas existé de toute éternité. Que dire d'un Dieu qui, connaissant ce qu'il y a de plus parfait, ne l'aurait pas fait exister de toute éternité ? Les œuvres de jeunesse de Maïmonide mettent l'accent sur la sagesse divine reflétée par l'ordre et l'harmonie de la nature, plutôt que sur la volonté. Dans le *Mishne Tora*, l'amour et la crainte de Dieu sont définis comme des affects produits par l'observation de l'harmonie qui règne dans la nature, qui donne à voir la sagesse divine[2]. Au sein du *Guide* même, cette identification de la régularité naturelle avec la sagesse divine est bien présente[3], rendant difficile la thèse d'une évolution radicale de la pensée de Maïmonide sur la question des rapports entre sagesse et volonté[4].

Nulle place semble-t-il dans cette théologie naturelle pour l'idée d'une volonté en quelque façon distincte de la sagesse. L'interprète radical s'efforcera par conséquent de montrer comment le message caché du *Guide* est que la notion de volonté, sur laquelle Maïmonide insiste tant dans l'élaboration de son concept de monde créé, est identique à celle de la sagesse. Une telle identification ressort du reste de la doctrine maïmonidienne des attributs divins. D'après elle, les attributs sont tous identifiables à l'essence divine elle-même, éternelle et immuable[5]. Pour l'interprète radical, la volonté ne serait ainsi qu'un autre nom de l'essence ou de la sagesse divine. Elle s'exercerait donc, malgré les dires de Maïmonide, de toute éternité et non pas « nouvellement » par une opération de création elle-même « adventice ».

Le naturalisme du commentaire narbonien est ici encore un exemple typique de la resémentisation de l'idée de volonté dans le cadre d'une doctrine de la création éternelle, que nous annoncions tout à l'heure.

> Sache que les philosophes ne nient pas la volonté, mais ils soutiennent que Dieu est la cause (*ʿilla*) des existants et qu'il veut leur [existence] non pas d'une volonté

1. *Guide*, II, 18, p. 141-142.
2. MT, *Yesodei ha-Tora* (*Fondements de la Tora*), II, 2 et IV, 12 (trad. p. 35-36 et 65-66).
3. « Si tu considères les œuvres divines, je veux dire les œuvres de la nature, tu comprendras quelle prévoyance, quelle sagesse (*ḥikma*) Dieu a manifestées dans la création des êtres vivants » (*Guide*, III, 32, p. 249 ; ar. p. 383, 20-23).
4. Voir *supra*, n. 8, p. 66.
5. *Guide*, I, 69, p. 322 ; ar. 117, 16-17 : « Mais celles-ci [la volonté et la sagesse], selon notre opinion, sont son essence ; car il a été exposé que l'intention, la volonté et la sagesse de Dieu ne sont point des choses en dehors de son essence, je veux dire, autres que son essence » ; voir aussi *Guide*, I, 53, p. 213-215. La même association entre volonté et sagesse se trouve en *Guide*, II, 25 : « ... la réponse à toutes ces questions serait celle-ci : "c'est ainsi qu'il l'a voulu" ou bien : "c'est ainsi que l'a exigé sa sagesse" » (p. 198-199 ; ar. p. 230, 13-17).

> sujette aux passions, [comme c'est le cas de] la volonté attribuée à homme. Il t'a déjà été expliqué que, chez les philosophes, la volonté que Dieu a que les existants adviennent de lui (*ḥidduš ha-nimṣa'ot me-itto*), désigne le fait que les existants émanent (*mesuddarot*) de sa science (*yedi^cato*) et que [seul] le meilleur des deux possibles contraires en soit émané. En effet, si la science en tant que science porte sur les deux possibles contraires, c'est de la volonté d'un agent, qui n'est pas naturellement contraint, qu'ils [les existants] sont émanés. Car ce sont les deux contraires qui devraient nécessairement émaner de lui, puisqu'il les connaît et que les existants émanent de sa science. Par conséquent, que ne soit émané de lui qu'un seul des deux contraires, à savoir le meilleur, ressortit à un attribut (*to'ar*) s'ajoutant à la connaissance, à savoir la volonté. Voilà ce que les philosophes comprennent par « volonté » s'agissant de Dieu [1].

Ce texte est, lui aussi, une paraphrase d'un passage du *Tahāfut al-Tahāfut* d'Averroès [2], qui fait de la volonté, non pas un libre choix entre deux possibles également valables, mais un choix *déterminé* par la connaissance du meilleur possible. « Volonté » divine est ici un nom parfaitement homonyme qui se réfère au simple fait qu'un monde, le meilleur, existe parmi une pluralité de mondes possibles et qu'il ne soit pas resté de l'ordre de la pure idéalité pensée dans l'intellect divin – à l'instar de l'idée des 100 thalers kantiens qui ne me rendent pas plus riche [3]. Mais c'est précisément la faiblesse d'une telle idée de la volonté que Maïmonide conteste, dans le chapitre commenté ici par Narboni, II, 21.

Dans ce chapitre, Maïmonide insiste sur l'incompatibilité fondamentale entre l'éternité *a parte ante* et l'idée de volonté. Contre quelques « philosophes modernes » derrière lesquels on reconnaît aisément Fārābī [4] et Avicenne [5], Maïmonide tient l'idée d'une « création éternelle » pour une contradiction dans les termes. Ces philosophes prétendent, tout à la fois, maintenir ensemble l'idée de dessein et l'inadmissibilité d'un changement de l'action ou du vouloir divin, en considérant l'acte créateur comme un acte perpétuel et continu. Ces philosophes, dit Maïmonide, « ont bien changé le mot nécessité, mais en ont laissé subsister l'idée » [6]. Il n'y a, ainsi, aucun sens à dire le monde créé volontairement, si en réalité il découle nécessairement de la perfection divine, en tant qu'un Dieu parfait serait incapable de *ne pas choisir* ce qu'il sait être le meilleur. Or, ce dont cette compréhension de la volonté divine ne rend précisément pas compte est de la *nécessité d'un tel choix*. Elle présuppose un Dieu devant choisir, alors que c'est du choix lui-même qu'il convient de rendre compte, choix que vise, dans le texte du *Guide*, l'idée d'un monde *voulu*. La différence radicale entre le texte

1. Moïse de Narbonne, *Com. Guide*, II, 21, ms Paris BNF héb 699, 83b.

2. Averroès, *TT*, XI, § 24-26, éd. cit., p. 438, 6-439, 10. Cf. *infra*, chap. VI, p. 140 *sq.*, la reprise de cette même conception par Isaac Albalag.

3. I. Kant, *Kritik der reinen Vernunf*, AK III, 401.

4. Voir M. Rashed, « Al-Fārābī's Lost Treatise on Changing Beings and the Possibility of a Demonstration of the Eternity of the World », *Arabic Sciences and Philosophy*, 18/1, 2008, p. 19-58.

5. Sur la conception avicennienne de la création, voir A.-M. Goichon, *La distinction de l'essence et de l'existence d'après Ibn Sīnā (Avicenne)*, Paris, Desclée de Brouwer, 1937, p. 149-340.

6. *Guide*, II, 21, p. 169.

maïmonidien et la lecture que Narboni en fait entre les lignes tient à l'assomption ou non d'une radicale contingence du monde. L'idée de la volonté ici attribuée aux philosophes n'envisage pas sérieusement que le monde pourrait ne pas être [1].

Face à la doctrine conciliatrice de la création éternelle, le texte du *Guide* propose un autre mode de préservation conjointe des deux concepts.

Volonté, sagesse et gnoséologie

L'idée de création volontaire semble ainsi avoir pour enjeu, dans le *Guide*, de rendre compte de la contingence radicale de l'existence du monde. Dans cette perspective, la question centrale devient celle de l'attestation, dans le monde, d'une volonté. Comment une volonté créatrice se manifeste-t-elle dans un monde qui revêt en effet une telle harmonie et un tel ordre qu'il paraît découler nécessairement de sa cause ? Dans les termes de Maïmonide : « on ne saurait se figurer le *dessein*, sans qu'il s'agisse d'une production nouvelle / *lā yutaṣawwar qaṣd illā ma*ᶜ*a ḥudūth muḥdath* » [2]. Autrement dit, nulle volonté ne s'atteste sinon à travers la possibilité *réelle* de la non-existence de la chose voulue. Il semble qu'il faille ici donner un sens fort à la dimension épistémologique de cet énoncé. Il ne s'agit pas seulement de dire que la « production nouvelle » (*ḥudūth*) fait partie de manière analytique du concept d'intention, comme pourrait encore le laisser penser la conception dé-temporalisée de l'intention et de la volonté proposée par Narboni. Le problème est plus fondamentalement celui de la représentation de l'intention. Comment se figurer, en l'occurrence, qu'une volonté est à l'origine de l'existence du monde, sinon en supposant, que, bien qu'il se présente *comme s'il* était éternel, il existe après n'avoir pas existé ?

Une doctrine de la volonté, qui s'accorde avec la césure cosmogonie-cosmologie introduite par le Principe de Maïmonide, se trouve ainsi élaborée. Le monde, bien qu'il manifeste la sagesse divine, à travers la régularité des lois de la nature et l'harmonie que revêt l'Univers, est le produit de sa volonté, en ce sens fort qu'il existe après n'avoir pas existé. Cette volonté n'affecte pas Dieu d'un changement, dans la mesure où elle n'est pas motivée de l'extérieur par une réalité déjà existante. Cela n'est pas à dire que la volonté est sans rapport avec la sagesse. Que le monde soit *tel qu'il est* relève de la sagesse, éternelle en effet, prescrivant l'ordre et la perfection de ce monde. Qu'il *soit* relève de la volonté. Relève également de la sagesse que le monde apparaisse tel qu'il est (sous l'atour de l'éternité), mais *en tant que* produit de la volonté.

> Bien que nous croyions que le monde a été créé, tous nos docteurs et tous nos savants admettent que ce fait n'a pas eu lieu par la seule volonté de Dieu ; mais ils disent que la sagesse divine, que nous sommes incapables de comprendre, a nécessité l'existence de cet univers entier, au moment où il arriva à l'existence, et

1. Pour des échos de cette conception de la volonté, voir Spinoza, *Éthique*, I, Prop. XXIX, XXXII, XXXIII, Scol. 1 et 2.

2. *Guide*, III, 13, p. 86 ; ar. p. 324, 23-24.

> que cette même sagesse invariable avait nécessité le néant avant que le monde existât [1].

La sagesse invariable et éternelle « nécessite » l'existence du monde, comme *monde créé* volontairement, en le faisant advenir après le néant. Impossible de déterminer pourquoi le monde a été créé « à tel moment ». On sait que cette formulation est inadéquate, dans la mesure où le « choix du moment » de la création n'est pas un choix entre des « moments » existants déjà préalablement. Mais il y a choix *que* le monde soit créé après le néant et non de toute éternité.

C'est à ce niveau, qu'intervient la sagesse divine éternelle et parfaite, en se contredisant elle-même en quelque sorte. Elle, qui prescrit un ordre constant du monde, prescrit en même temps que cet ordre ne soit pas toujours. Se construit ici une notion singulière de la sagesse, en tant que figure non seulement de la science divine de l'ordre le plus parfait du monde, mais aussi du savoir divin des limitations de la connaissance humaine. La sagesse divine, impénétrable, joue, dans l'économie du texte du *Guide*, le rôle pédagogique que nous avons déjà rencontré chez Saadia Gaon qui s'interrogeait sur la « sagesse » qu'il y a à créer en six jours un monde qui pourrait être créé en un instant [2]. Saadia comme Maïmonide, nomment « sagesse » divine, un principe de limitation de la perfection divine elle-même de manière à affronter le problème que l'idée de création absolue posait à la connaissance humaine. Alors même que, d'un Dieu sage et parfait, ne saurait découler qu'un monde lui-même investi de sa perfection et donc éternel, la sagesse divine prescrit que le monde soit *néanmoins* créé *de novo*. Elle pose un monde après le néant pour que l'idée d'un monde créé puisse être accessible à l'intelligence des hommes.

C'est également en prenant en compte cette attention aux difficultés épistémologiques de l'idée de création que l'on peut comprendre la légitimation de la thèse dite « de Platon » (création *ex aliquo*) dans divers passages du *Guide*. Dans une perspective radicale, on a pu voir dans la thèse platonicienne un « compromis » entre éternalisme nécessitariste et création volontaire. Ou plutôt, il s'agirait d'une concession qu'un Maïmonide foncièrement aristotélicien aurait faite à la thèse « vulgaire » de la création absolue. En glissant dans le *Guide* des remarques à même de faire croire que sa véritable doctrine est la thèse platonicienne, il aurait cherché à permettre au lecteur de faire un pas en direction de la thèse éternaliste. La version *ex aliquiste* de la création constituerait la version la moins inavouable de l'éternité, mais ne serait en même temps qu'un marchepied vers l'aristotélisme pur et dur [3]. Dans notre perspective, ce compromis est d'une tout autre nature. Nous avons vu, dans nos chapitres I et II, qu'une

1. *Guide*, III, 25, p. 200. Voir aussi II, 25, p. 199 ; ar. p. 230, 14-15 : « il a fait naître le monde sous cette forme au moment où il l'a voulu, sans que nous puissions nous rendre compte de sa volonté (*irāda*) à cet égard, ni de la sagesse (*ḥikma*) qui lui a fait particulièrement choisir telles formes et telle époque ».

2. Cf. *supra*, chap. premier, p. 35.

3. Voir par exemple, H. Kreisel, « Maimonides on the Eternity of the World », art. cit., « Appendix », p. 182-184.

cosmogénèse *ex aliquiste* est la forme *nécessaire* que prend l'idée de création dès lors que l'on s'efforce de s'en donner une représentation. C'est ainsi que l'on peut comprendre la suggestion de Maïmonide selon laquelle, d'une part, certaines autorités traditionnelles ont pu adhérer à la thèse platonicienne et selon laquelle, d'autre part, cette thèse est à même, voire la mieux à même, de rendre compte de certains versets ou de certaines *aggadot.* Ici encore la référence au Principe s'impose : incapables de nous forger une représentation adéquate de la création de notre monde, nous ne pouvons qu'assymptotiquement l'approcher par sa représentation analogique avec les processus de production dont nous pouvons faire l'expérience dans le monde.

Ambiguïtés et incohérences

Le sens que nous entendons donner à la conciliation de l'idée de création et celle d'éternité dans le *Guide* – à savoir celle d'un monde régi par les lois de la nature et offert au regard de la science, *quoique* créé volontairement, au sens fort d'une création *de novo* – se heurte toutefois à deux problèmes majeurs. Si le Principe fonctionnait effectivement dans toute sa rigueur, alors rien dans le monde créé ne devrait renvoyer à l'idée de création, une césure radicale étant posée entre la création et son *après*[1]. Or Maïmonide déroge à cette règle dans deux contextes, qui ne sont pas de moindre importance : celui de l'argumentation en faveur de la création et celui de la doctrine des miracles.

Traces de la création

Dans les chapitres « dialectiques », dans lesquels sont pesés les doutes respectifs de l'éternité et de la création (II, 19-24), Maïmonide, en vertu de la règle d'Alexandre[2], s'engage à mettre en difficulté la thèse de l'éternité, en partant de quelques problèmes que soulèvent certains phénomènes du monde dans son état actuel. Le chapitre 19 de la partie II, en particulier, relève, parmi les phénomènes supralunaires, certaines caractéristiques contingentes (telles la diversité de la célérité et de la direction du mouvement des sphères célestes) que l'hypothèse d'un monde régi par la stricte nécessité ne saurait expliquer. L'hypothèse d'un Dieu particularisateur ayant choisi telle caractéristique plutôt que telle autre permet en revanche d'en rendre compte[3]. Le créateur aurait pour ainsi dire laissé dans le monde la marque de son geste créateur. Outre que Maïmonide recourt, de son aveu même, à un équivalent du principe *kalāmique* d'admissibilité[4] – ce qui pourrait être vu comme l'indice d'une insincérité de l'auteur –, cette quête de « traces » de la création *dans le monde constitué* semble

1. Tel sera d'ailleurs le principal reproche de Gersonide à l'encontre de l'usage généralisé par Maïmonide du Principe. Voir *infra,* chap. V, p. 130 *sq.*

2. Voir *supra*, p. 55.

3. Il en va de même des difficultés de l'astrophysique indiquées en *Guide*, II, 24.

4. Voir *supra*, p. 79.

contradictoire avec la coupure épistémologique introduite par le Principe. Gersonide – nous le verrons, dans le prochain chapitre – reprendra à son compte une telle démarche, en en tirant pour sa part ce qu'il juge être une véritable *démonstration* de la création et non pas une simple argumentation dialectique en sa faveur.

À cet égard, on n'a peut être pas assez fait remarquer que le chapitre 25 de la partie II, qui ponctue cet ensemble et qui s'achève par la *décision* d'opter pour la création, est en réalité décalé par rapport à la série II, 19-24. Ce chapitre crucial passe certes pour le « chapitre exotérique » *par excellence*. Il quitte le domaine de l'argumentation dialectique pour celui de l'exégèse et s'inaugure étrangement par la remarque selon laquelle deux raisons ont conduit Maïmonide à *ne pas* interpréter allégoriquement les versets à propos de la création de manière à ce qu'ils s'accordent avec l'éternité du monde : 1) l'éternité n'est pas démontrée et 2) l'éternité, dans sa version aristotélicienne conduit à la ruine de la religion. Cette remarque rompt avec tous les développements précédents : pourquoi Maïmonide, après avoir montré que la création est plus probable que l'éternité, se voit-il obligé d'expliquer les raisons qui l'ont poussé à s'abstenir d'interpréter les versets bibliques en accord avec l'éternité ? La question est tout à fait étrange à ce stade, puisqu'il n'y pas de raison de considérer qu'*a priori* il faudrait produire une interprétation éternaliste des versets. La réponse l'est tout autant : Maïmonide n'aurait pas dû se contenter de dire que l'éternité n'était pas démontrée, mais qu'elle est en outre plus sujette aux doutes que la création. Or, dans ce chapitre, Maïmonide ne fait aucune mention de l'argumentation dialectique longuement développée dans les chapitres immédiatement précédents.

C'est un tout autre scénario qu'il présente au lecteur que celui de la pondération des doutes dans les problèmes dialectiques. En suivant la règle d'Alexandre, la création étant *objectivement* moins douteuse que l'éternité, il convient de choisir la création, bien qu'elle ne soit pas démontrée. Maïmonide, en II, 25, se projette en-deçà de ces développements et présente ce choix comme une décision purement *subjective* que nous pouvons paraphraser ainsi : « la création, comme l'éternité ne sont pas démontrées et sont *également* probables ; je choisis la création parce qu'elle est conforme au sens des versets et parce qu'à la différence de l'éternité entendue à la façon aristotélicienne, ils – les versets – deviennent possibles ». La Tora et les miracles sont rendus possibles par la création. En optant au contraire pour l'éternité, ils deviennent impossibles et l'interprétation allégorique qui permettrait de concilier les versets mentionnant la création avec l'éternité deviendrait une « forme d'absurdité » ou de « folie » (*hadhayān*), à l'image des partisans musulmans du « sens intérieur » (*ahl al-bāṭin*) [1] qui allégorisent « tous les miracles » [2]. La « folie » interprétative qui consiste – on s'en souvient – à prêter à un auteur une intention qu'il n'a jamais

1. Référence au « sens intérieur » ou caché à la base en particulier de l'exégèse ismaélienne. Voir M. Z. Cohen, *Opening the Gates of Interpretation : Maimonides' Biblical Hermeneutics in Light of His Geonic-Andalusian Heritage and Muslim Milieu*, Leiden, Brill, 2011, p. 195-196.

2. *Guide*, II, 25, p. 197, ar. p. 229, 25-26.

eue [1], se double ici d'une folie plus profonde, qui consiste à faire de l'entreprise exégétique elle-même une contradiction performative. En posant l'éternité, à la manière d'Aristote, les miracles, y compris la révélation de la Tora elle-même, deviennent impossibles et il devient parfaitement contradictoire, quoique formellement possible, de produire une interprétation de la Tora qui s'accorde avec l'éternité.

Ce chapitre aisément contournable dans une optique ésotérique, s'inscrit dans la lignée de II, 17, en soustrayant de manière radicale la problématique de la création à celle de la science ou de l'explication des phénomènes. De la création en tant que telle, on ne peut rien connaître et, par conséquent, tenir le monde pour créé, relève de la pure décision subjective : il s'agit de considérer le donné du monde comme fondamentalement déficient et de faire dépendre son existence d'un être radicalement extérieur à lui et donc non réductible à son Premier Moteur qui lui est intimement lié. Ceci, alors même que la nature se présente comme éternelle, c'est-à-dire précisément sans défaut et apte à rendre compte de tout ce qui est en elle [2].

Avec ce chapitre 25 de la partie II, Maïmonide vient comme dire, qu'*in fine*, l'enjeu du débat sur la création est le choix d'envisager le monde avec un autre regard que celui de la science, choix qui n'invalide pas la science objective du monde en son domaine. Ce choix consiste à décider de voir dans le monde un dessein et une volonté à l'œuvre. La « Tora et les miracles » rendus possibles par la création, sont en retour l'attestation de cette volonté. Ils sont pourtant un donné préalable à la décision subjective elle-même. C'est parce que je suis engagé dans l'entreprise herméneutique d'une lecture de la Tora – herméneutique présentée comme l'enjeu principal du *Guide* – que j'adopte, du monde, une vision qui rende possible la Tora même.

C'est pourquoi, il est en effet très simple de réfuter le chapitre 25 de la partie II en refusant l'ouverture qui est faite à un autre champ qu'à celui des sciences de la nature. Moïse de Narbonne une fois encore se présente comme l'adversaire exemplaire de cette idée.

Maïmonide conclut son chapitre en avançant une série de questions que soulève le dispositif religieux du judaïsme (pourquoi la Tora n'a-t-elle donnée qu'à ce peuple ? Pourquoi à ce moment là ?, etc.). Il y apporte une réponse qui consiste à faire de la création du monde une idée dirimante pour l'ensemble de ces questions.

1. Voir *supra*, p. 72-73, le passage cité de l'introduction où le terme *hadhayān* est également utilisé. Sur ce terme, voir S. Stroumsa, « "Ravings" : Maimonides' Concept of Pseudo-Science », *Aleph : Historical Studies in Science and Judaism*, 1, 2011, p. 141-163, en part. p. 157-159.

2. Ceci rejoint les conclusions de K. Seeskin qui considère que la création absolue est commandée philosophiquement par l'idée d'un Dieu transcendant. Toutefois, Seeskin s'efforce précisément de montrer que cette conclusion découle de la force des arguments de Maïmonide en faveur de la création (« Maimonides on Creation », art. cit., p. 185), alors que II, 25 la motive tout autrement.

> La réponse à toutes ces questions serait celle-ci : « c'est ainsi qu'il l'a voulu, » ou bien : « c'est ainsi que l'a exigé sa sagesse ». De même qu'il a fait naître le monde sous cette forme au moment où il l'a voulu, sans que nous puissions nous rendre compte de sa volonté (*irāda*) à cet égard, ni de la sagesse (*ḥikma*) qui lui a fait particulièrement choisir telles formes et telle époque, de même nous ne saurions nous rendre compte de sa volonté, ni de ce qu'a demandé sa sagesse, quand il a déterminé tout ce qui fait l'objet des questions précédentes [1].

Narboni, dans son commentaire sur II, 25, s'aventure et *parvient* à trouver une réponse naturaliste à chacune des questions invoquées par Maïmonide, entendant ainsi réfuter l'argument du chapitre, tout en semant le doute sur la sincérité de Maïmonide. Il conclut, glosant Maïmonide : « *Il est impossible de résoudre* [*ces questions, si l'on adopte l'hypothèse de l'éternité*]. Mais nous les avons résolues ! » [2]. Or, en apportant une réponse purement naturaliste à l'ensemble des questions posées par Maïmonide, l'interprète radical ne fait rien d'autre que confirmer que, quant à lui, le *choix* est fait de ne rien supposer d'autre que le donné naturel. L'esprit scientifique ne fait alors qu'affirmer l'universalité de ses prétentions, qui cependant ne se fondent précisément jamais que sur un *choix* ou plutôt un refus, « païen » dans les catégories de Levinas [3]. Maïmonide, en vertu de son « Principe », ne dirait rien d'autre : le monde s'offre au spectateur humain qui l'habite comme le résultat nécessaire de sa cause. La question est : doit-on se contenter de ce seul regard ? Ou peut-on faire une place à un autre, qui repose sur le présupposé qu'outre la quête de connaissance, je suis engagé dans l'entreprise herméneutique de recherche du sens et qu'au fondement de cette nécessité gît une volonté et un projet.

Or tout se passe comme si cette décision subjective de voir une volonté à l'œuvre dans le monde s'accompagnait de la projection de manifestations objectives de cette volonté dans certains phénomènes contingents du monde, expliquant que Maïmonide, malgré son Principe en vienne à rechercher dans le monde constitué des « traces » de la création.

Miracles

Au rang de ces « traces », on peut également compter les signes par excellence de la création que constituent les miracles. Cette possibilité des miracles, que Maïmonide, ou le texte du *Guide* du moins, tient tant à conserver, introduit

1. *Guide*, II, 25, p. 198-199 ; ar. p. 230, 13-17.

2. Moïse de Narbonne, *Com. Guide*, II, 25, ms. BNF héb. 699, 88b-89a. En italique, figure le texte commenté de Maïmonide. Kreisel remarque, dans le même sens, que l'ensemble des questions de Maïmonide qui concernent l'adéquation entre l'éternité du monde et la possibilité de la prophétie ne constituent pas des objections majeures contre l'éternalisme, qui peut y répondre à travers une compréhension naturaliste de la prophétie, à laquelle Maïmonide aurait, selon lui, probablement secrètement adhéré (H. Kreisel, « Maimonides on the Eternity of the World », art. cit., p. 161-166 et *id.*, *Prophecy : The History of an Idea in Medieval Jewish Philosophy*, Dordrech, Kluwer Academic Publishers, 2001, chap. III, en part. p. 305-312).

3. Voir *supra*, n. 4, p. 86.

une incohérence majeure au sein de l'accord qu'il s'efforce de construire, entre création *de novo* et monde « éternel ».

Le Principe ouvre la possibilité d'un monde répondant à un projet et une volonté, mais fonctionnant selon les règles immuables d'une nature déterminée par des lois. On comprend dès lors que l'existence du monde puisse être dite suspendue à la « volonté » ou à la « sagesse » divine, qui pourrait, en droit, décréter une destruction totale du monde, même si elle ne le fait pas [1]. En effet, dans cette perspective, il est tout à fait envisageable que le Dieu crée pour un intervalle de temps limité un monde qui se présente sous les atours de l'éternité. L'essentiel est que, tout au long de cet intervalle, le monde se présente précisément comme éternel, c'est-à-dire pourvu de lois naturelles immuables et qui n'admettent pas d'exception. Dès lors que s'introduit la possibilité d'une suspension des lois de la nature par l'intervention *ponctuelle* d'un acte de la volonté divine, c'est l'idée même de loi de la nature qui se trouve compromise et la « nature de l'être » menacée, comme l'énonçait à la fin du livre I, la critique du *kalām*. Or il semble bien, en effet, que Maïmonide élabore ou du moins légitime, dans le *Guide*, une telle doctrine, que l'on peut qualifier de classique ou traditionnelle des miracles.

On y relève toutefois une certaine tension, dans le traitement du miracle. Trois tendances semblent pouvoir être identifiées à cet égard : 1) la présentation d'une doctrine du miracle comme exception réelle aux lois de la nature, 2) la limitation de l'application *effective* de cette possibilité, 3) la naturalisation du miracle.

La première tendance ressort des passages qui soutiennent la possibilité d'une « volonté nouvelle » de la part de Dieu, à l'encontre même de l'objection selon laquelle cette possibilité introduirait un changement en Dieu et menacerait la « nature de l'être ». Le texte le plus marquant de cette tendance se trouve en II, 29 [2]. Dans le *Commentaire sur la Mishna* [3], Maïmonide soutenait, en s'inspirant d'un *midrash* (*Gn Rabba*, 1, 5), que le miracle est une exception inscrite dans la nature même, dès la création. Cette doctrine permet d'éviter deux écueils. Le miracle ne constitue pas une intervention directe de Dieu dans le monde, déterminée par des événements contingents. Si la Mer Rouge s'est

1. *Guide*, II, 27, p. 204-205; ar. p. 232, 24-28 : « Selon notre thèse religieuse, qui attribue l'existence des choses et leur perte à la volonté de Dieu, et non à la *nécessité*, rien ne nous oblige d'admettre que Dieu, après avoir produit une chose qui n'avait pas existé, doive nécessairement détruire cette chose. Au contraire, cela dépendra, ou bien de sa volonté qui sera libre de la détruire ou de la conserver, ou bien de ce qu'exigera sa sagesse ». Voir aussi le texte de II, 29, cité *infra*, p. 109.

2. *Guide*, II, 29, p. 222-226. Pour une discussion de l'ensemble des textes concernés, voir H. Kasher, « Biblical Miracles and the Universality of Natural Laws. Maimonides' Three Methods of Harmonization », *The Journal of Jewish Thought and Philosophy*, 8, 1998, p. 25-52 ; Y. T. Langermann, « Maimonides and Miracles. The Growth of a (Dis)-Belief », *Jewish History*, 18, 2004, p. 147-172 et C. Manekin, « Divine Will in Maimonides' Later Writings », art. cit.

3. Introduction au *Com. de Pirqei Avot*, « Huit chapitres », *Traité d'éthique*, VIII, p. 111-114 et *Com. sur la Mishna Avot*, V, 6, trad. fr. É. Smilévitch, *Commentaires du Traité des Pères* (*Pirqé Avot*), Lagrasse, Verdier, 2008, p. 228-229.

ouverte au moment de la sortie d'Égypte, ce n'est pas par l'action providentielle de Dieu, mais parce que cette possibilité d'une ouverture de la mer est inscrite dans la nature de l'eau dès l'origine, en tant que phénomène naturel extraordinaire. La volonté de Dieu n'est donc pas menacée par le changement. D'autre part, le miracle ne met pas en péril l'idée de nature puisque, précisément, il est un phénomène inscrit en elle. C'est le sens que Maïmonide donne alors à la formule talmudique, le « monde suit son cours habituel » [1]. Or, dans le *Guide*, Maïmonide prend clairement ses distances vis-à-vis de cette doctrine issue du *midrash*, en la qualifiant de « très étrange » (*gharība jiddan*). Il assume, à présent, que les miracles constituent bien des modifications ponctuelles de la nature, bien que ces exceptions *réelles* soient seulement temporaires et ne deviennent pas une « autre nature » (*ṭabīᶜa ukhrā*) [2]. Ici la formule talmudique, le « monde suit son cours habituel » ne signifie plus que la nature n'admet aucune exception. Elle signifie au contraire que, malgré ces exceptions éphémères, le monde a un cours habituel, que le miracle n'introduit pas une modification de la nature en tant que telle.

La seconde tendance apparaît dans la restriction du miracle à une pure *possibilité* qui ne s'effectue pas réellement. C'est ce qui ressort, en particulier, de la place minimale qui est faite au miracle dans le traitement de la prophétie, au sein même de la thèse attribuée à la Tora et que Maïmonide dit faire sienne. La dimension miraculeuse de la prophétie se trouve limitée à la possibilité négative d'un refus divin de la prophétie à un homme qui aurait pourtant toutes les dispositions nécessaires pour y accéder [3]. Maïmonide, alors même qu'il affirme disposer de nombreux exemples d'un tel refus, propose pour seule illustration celle de Barukh ben Néria (en Jr 45) à qui Dieu refuse la prophétie parce qu'elle était pour lui « trop de grandeur » autrement dit hors de sa portée. Or, si tel est le cas, comme le remarquent les interprètes radicaux, l'exemple n'en est pas un, puisque Barukh était simplement indigne de recevoir la prophétie [4]. Maïmonide semble en effet suggérer par là que ce « miracle négatif » ne s'est jamais véritablement concrétisé.

1. Talmud de Babylone, *ᶜAvoda Zara*, 54b.

2. *Guide*, II, 29, p. 224; ar. p. 242, 10-15. La position de Maïmonide est exposée dans ce passage de manière ambiguë, si bien que certains interprètes ne remarquent pas l'évolution de sa pensée par rapport au *Com. de la Mishna* (*cf.* par exemple, le *Com.* du Maharal de Prague sur *mAvot* V, 6, trad. dans *Commentaires du Traité des Pères*, *op. cit.*, p. 230-234), H. Kasher, « Biblical Miracles and the Universality of Natural Laws », art. cit., p. 33-40, reprise par C. Manekin, « Divine Will in Maimonides' Later Writings », art. cit., p. 201, a établi, selon nous, la lecture correcte du passage. Le terme *gharīb* (« étrange ») est ici utilisé de manière péjorative, ce qui n'est pas toujours le cas (A. Nuriel, « The Use of the Term *Gharīb* in the *Guide of the Perplexed* » [hébreu], *Ṣefunot*, 5, 1991, p. 137-143, repris dans *Concealed and Revealed*, *op. cit.*, p. 158-164).

3. *Guide*, II, 32, p. 262.

4. *Ibid.*, p. 264-265. Voir les commentaires *ad. loc.*, de Narboni (ms Paris BN héb 699, 102a), de Profiat Duran (Efodi, *More Nevukhim*, éd. Barazani, 67b) et de Shem Tov ben Yosef ben Shem Tov (commentateur espagnol actif à la fin du XVe s., *More Nevukhim*, éd. Barazani, 68a).

La troisième tendance ressort de divers passages où Maïmonide livre une interprétation naturaliste de miracles bibliques singuliers. C'est le cas typiquement de l'arrêt du Soleil à Gabaon (Jos 10, 12-14) [1] – événement dont l'accomplissement réel aurait menacé de destruction la totalité de l'ordre naturel, compris comme dépendant des mouvements des sphères célestes. C'est aussi le cas de la réduction de divers récits bibliques, comme l'épisode de l'ânesse de Balaam (Nb 22, 30) [2] à une vision prophétique [3].

Cette tension se laisse facilement résoudre dans le sens d'un ésotérisme naturaliste : Maïmonide dissimule une négation des miracles en feignant de les admettre en principe, mais en les allégorisant dès qu'il s'agit d'interpréter un miracle spécifique. À ce qu'il nous semble pourtant, cette tension est essentielle au rôle du miracle dans le *Guide*. La scène que Maïmonide déploie à la fin du livre I, en opposant le théologien au philosophe, n'admet pas en principe de troisième voie. Il y a, d'un côté, la causalité naturelle des philosophes et, de l'autre le miracle permanent de l'occasionalisme *ashcarite*, en tant que chaque état du monde, ordinaire comme extraordinaire, y est compris comme une nouvelle création [4]. Le miracle, comme exception à l'ordre naturel, constitue une attestation, dans le monde, d'une causalité d'un autre ordre que la causalité naturelle. Mais, dès lors que l'on admet le miracle *réel*, même comme événement exceptionnel, c'est précisément l'idée de nature en tant que telle qui se trouve menacée. Tout se passe donc comme si, à travers ces tensions, Maïmonide entendait en effet préserver ces deux irréconciliables : l'idée de loi de la nature et l'idée de miracle, entendue comme possibilité d'une irruption de la volonté dans la nécessité.

L'enjeu essentiel de la question du miracle, dans toute son ambiguïté, apparaît dans un chapitre qui a été mis en avant pour défendre l'idée d'un Maïmonide tenant de la création *ab aeterno* (II, 28) [5], à travers une exégèse du verset Eccl 3, 14 [6]. « Je sais que tout ce que Dieu fait sera pour toujours (*le-colam*) ; il n'y a rien à y ajouter, rien à en retrancher. Et Dieu a agi afin qu'on le craigne ». Maïmonide repère une contradiction dans ce verset entre ses deux parties (ses deux phrases dans la traduction), qui reflète la contradiction essentielle de sa propre position sur la création et l'éternité. Le monde est créé (« a été fait »), est parfait (« il n'y a rien a ajouter ou retrancher ») et restera de ce fait à perpétuité (*le-colam*). Il est en ce sens « éternel ». Mais *malgré le fait qu'il soit*

1. Voir *Guide,* II, 35, où Maïmonide suggère que « l'arrêt du Soleil » n'est que la désignation métaphorique de l'état d'euphorie des troupes victorieuses.

2. Voir *Guide*, II, 41, p. 315.

3. Ce point lui a d'ailleurs été violemment reproché par la suite. Voir par exemple, la lettre de Juda Alfakhar à David Kimhi écrite en 1232, *Iggerot Qena'ot,* dans *Qoveṣ Tešuvot ha-Rambam*, Leipzig, 1859, p. 1a.

4. Une telle conception est assumée explicitement par Nahmanide, à travers sa doctrine du « miracle caché » (voir en particulier son *Com.* sur Ex 13, 16).

5. Voir notamment W. Z. Harvey, « A Third Approach to Maimonides' Cosmogony-Prophetology Puzzle », art. cit., n. 36, p. 296 et R. Gatti, *Be-re'šit, op. cit.*, n. 19, p. 90.

6. *Guide*, II, 28, p. 209-210.

parfait et qu'il n'y ait rien à y ajouter, il supporte des changements ponctuels. En inspirant ce que le verset énonce comme « la crainte de Dieu », les miracles ont pour objet de rendre compte de ceci que le monde dépend d'un principe qui lui est radicalement extérieur.

Les miracles sont en effet contradictoires avec l'idée d'un monde parfait : ils menacent cette perfection en introduisant des exceptions à l'ordre naturel. Mais ils sont nécessaires malgré tout, en vertu de leur fonction heuristique : ils donnent à voir ce que cette perfection même risquerait de faire oublier, à savoir que la nature, maître en son domaine, découle néanmoins d'une causalité d'un autre ordre [1]. Le problème de la construction que constitue le monde maïmonidien, parfaitement conforme à la science aristotélicienne bien que créé, est précisément celui de l'attestation, dans le monde, de sa propre création. Le miracle, ou l'intervention au sein du monde à titre d'exception d'un signe d'une causalité radicalement hétérogène à celle de la nature, est l'indice dans le monde de l'insuffisance à soi du monde que signifie la création.

Le miracle lui-même est, dès lors, dans la perspective du *Guide*, intrinsèquement paradoxal : il inscrit *dans* la nature quelque chose qui n'y appartient pas, mais sans menacer à la manière de la cosmologie *kalāmique* la nature même. En tant que tel, il est donc nécessairement douteux, comme Maïmonide et déjà Saadia [2] avant lui l'avancent, puisque rien ne permet de le différencier d'une illusion ou même d'un phénomène *naturel* pour l'heure inexpliqué. Phénomène dans la nature, qui rompt avec l'ordre naturel, il peut être ramené à un phénomène exceptionnel *de* la nature. Pour Maïmonide, en vertu de ce qu'il s'efforce de mettre en place dans le *Guide*, il était essentiel que le miracle fût tenu pour une exception *réelle* à l'ordre naturel, dans la mesure où il s'agit bien d'introduire dans le monde une preuve de la création. Mais il était tout aussi essentiel que le miracle ne ruine pas la nature dans son ensemble et, par conséquent, dès lors que le miracle s'introduit dans la nature, il est *a posteriori* explicable par la causalité naturelle. De là, les interprétations naturalistes de divers miracles singuliers. De là également qu'en définitive, il importe, plus que sa réalisation effective, que le miracle soit conçu comme la *possibilité* d'une dérogation aux lois de la nature.

Comme à propos de II, 25, s'engage au sujet du miracle, une dialectique du subjectif et de l'objectif. Le miracle n'est jamais un événement contemporain. La catégorie de miracle inclut les événements prodigieux du récit biblique et de

1. Un autre passage insiste sur cette fonction heuristique : « le miracle – écrit-il, parlant de la création du monde – témoigne de la vérité de ce que nous soutenons » (*Guide*, II, 25, p. 198 ; ar. p. 230, 5).

2. Saadia (*LCD*, III, p. 136-137) et Maïmonide (MT, *Yesodei ha-Tora* [*Fondements de la Tora*], VIII) insistent tous deux sur le fait que l'accomplissement d'un miracle ne constitue pas en tant que tel une preuve de la prophétie. Cette méfiance vis-à-vis du miracle tire son origine de la Bible elle-même (Dt 13, 2-4).

possibles événements futurs [1]. Dans ce lointain passé mythifié et dans cet avenir projectif, il s'agit d'affirmer la possibilité que de réels miracles se soient produits ou soient susceptibles de se produire. Le présent en revanche n'est que causalité naturelle. Cette admission ambivalente du miracle engage un certain regard sur le monde, qui sait voir, à travers l'ordre naturel et sa perfection, la causalité métaphysique dont il découle. Le miracle fonctionne, du point de vue subjectif, comme signe dans le monde d'une insuffisance à soi du monde. Du point de vue objectif, en revanche, il n'est rien qu'un événement du monde, explicable par ses lois. De ce point de vue, Maïmonide, naturalisant les miracles à l'envi, n'a pas grand chose à envier à ses successeurs averroïstes ou même à Spinoza. Toutefois, seule importe pour lui dans le miracle sa puissance sémiotique, son effet purement subjectif de saillie au sein de la régularité naturelle qui indique, dans l'objectivité du monde et sans menacer sa perfection, que celui-ci n'est pas une totalité close portant en lui-même sa propre raison d'être.

CONCLUSION :
ONTOLOGIE PROJECTIVE

Il est tout à fait possible – d'aucuns diront probable – au regard du nombre des incohérences du *Guide* que l'on peut tourner en indices ésotériques, que Maïmonide ait été un tenant d'une autre thèse que celle qu'il affiche « officiellement ». Pourtant, quant à cette autre thèse, nous n'avons et n'aurons jamais aucune certitude. La seule chose dont nous disposons avec certitude est le *texte* du *Guide* et celui-ci, par ses tensions, donne à penser de la création du monde quelque chose, indépendamment même des intentions de l'auteur.

Ce texte présente les enjeux fondamentaux de la question, qui, posée dans le cadre médiéval d'une confrontation de la « thèse traditionnelle » avec la science aristotélicienne, engage la problématique de la science et du sens du monde. Prenant clairement le parti de la science contre le *kalām*, Maïmonide revendique le titre de philosophe. La révolution religieuse qu'il s'est constamment engagé à réaliser dans le cadre du judaïsme consiste précisément à ériger la vie théorétique comme idéal de la vie humaine. L'homme s'actualise en s'engageant dans la connaissance de cet objet qui est seul offert à sa connaissance : le monde qui l'entoure, lui donnant même accès à une connaissance indirecte de Dieu à travers ses attributs d'action. C'est pourquoi l'occasionnalisme *kalāmique* est pour lui inadmissible. Mais tout aussi inadmissible est l'idée d'une existence brute du monde, qu'il s'agirait uniquement de décrire. Décider que le monde est créé revient à décider d'envisager son existence comme pourvue de sens.

1. Voir *Guide*, II, 29, p. 226, où, à propos des miracles, Maïmonide écrit que « nous les connaissons déjà en partie, mais qu'ils nous sont, en partie, encore inconnus et appartiennent à l'avenir ».

Dans un chapitre de la troisième partie du *Guide*, Maïmonide affirme pourtant que ce « sens », la finalité ultime de l'existence du monde, est un objet auquel l'homme ne saurait accéder, y compris selon l'hypothèse de la création. Dans la perspective d'un monde créé, cette question trouvera comme seule réponse l'insondable sagesse divine ou son impénétrable volonté [1]. Que ce sens, toutefois, leur soit ultimement inaccessible ne dispense pas les hommes d'être engagés constamment, non seulement dans la quête de la connaissance, mais aussi dans celle perpétuellement inachevée du sens [2]. Ce que nomme l'événement de la révélation dans les religions prophétiques est cette situation de l'homme, pris dans le cercle herméneutique de la quête du sens. Le don du texte porteur du sens, mais sous une forme obscure, prophétique, est renvoyé à un passé lointain, mythique, dans la fidélité duquel le présent s'inscrit. Ici se noue le rapport entre création et révélation. La création est la garantie que, dans le monde, la révélation est possible. La révélation, en tant que méta-miracle, est l'attestation de ceci que le monde est créé. L'une comme l'autre signifie qu'il y va, dans le monde, d'un sens.

Mais ce sens ou plutôt ceci qu'il y va du sens n'apparaît pas dans l'objectivité du monde. De l'évidence sensible ne ressort rien d'autre que l'emprise universelle des lois de la nature. Ce que permet le Principe de Maïmonide est de voir le monde comme créé, *bien qu'*il apparaisse comme « éternel ». L'analogie que Narboni proposait entre la position maïmonidienne et la position juridique de Sumkhus prend ici tout son sens. À deux égards, en effet, la position développée dans le *Guide* sur la création relève d'une projection des coordonnées subjectives de la connaissance humaine sur l'objectivité du monde.

Tout d'abord, la situation effective de doute à laquelle Maïmonide conduit son lecteur, au gré de sa critique radicale des preuves de la création et de sa critique non moins radicale, quoique moins brutale, des preuves de l'éternité, se trouve projetée sur le monde. Le monde ainsi est tenu pour tout à la fois créé et éternel (*a parte post*). Le doute radical sur cette question provient du fait que précisément le monde se présente comme éternel, mais que néanmoins cette apparente éternité ne permet pas d'exclure la possibilité de la création. Or si la création engage la thèse que le monde est issu d'une volonté et si, en outre, rien n'exclut qu'un acte divin de création s'exerce éternellement, la sagesse divine prend en compte les limitations de la connaissance humaine et fait en sorte que l'idée de création soit accessible aux hommes. En produisant le monde *de novo* plutôt que de toute éternité, la sagesse divine adapte ou « accommode » l'idée de création aux conditions de la connaissance humaine. Produire le monde après qu'il n'était pas revient à le faire exister d'une manière semblable aux autres productions volontaires au sein du monde, de manière à ce que la volonté à

1. Il s'agit de III, 13 (voir en part. p. 91). Ce chapitre présente, au demeurant, un certain nombre d'incohérences et de difficultés qui peuvent alimenter elles aussi diverses thèses contradictoires. Voir D. Schwartz, *Contradiction and Concealment*, *op. cit.*, chap. III.

2. Ceci trouvera un éclairage supplémentaire à travers la comparaison de Maïmonide et de Gersonide dans le prochain chapitre.

l'œuvre dans le monde s'atteste pour l'homme. À un autre niveau, parce qu'en vertu du Principe, les conditions de la connaissance humaine sont indexées sur la nature « éternelle » de l'aristotélisme, Maïmonide se voit comme obligé de faire intervenir *dans* le monde des marques de la création. Comme nous l'avons vu, il s'agit des traces d'une intention qu'il repère dans certains phénomènes du monde et de sa doctrine ambiguë du miracle, comme intervention ponctuelle de la volonté au sein de la nécessité ou, du moins, sa possibilité.

Résumant sa position, Maïmonide écrit :

> Maintenant la chose t'est claire, et l'opinion (que je professe) est nettement exposée. C'est que nous sommes d'accord avec Aristote pour la moitié de son opinion : nous croyons que cet univers existera toujours et perpétuellement avec cette nature (*abadī sarmadī ᶜalā hādhihi al-ṭabīᶜa*) que Dieu a voulu (y mettre) et que rien n'en sera changé de quelque manière que ce soit, si ce n'est dans quelque particularité et par miracle, quoique Dieu ait le pouvoir de le changer totalement (*taghyīrihi kullihi*) ou de le réduire au néant, ou de faire cesser telle disposition qu'il lui plairait de ses dispositions physiques; cependant, il a eu un commencement (*iftitāḥ*), et il n'y avait d'abord absolument rien d'existant, si ce n'est Dieu. Sa sagesse a exigé qu'il produisît la création, au moment où il l'a produite, que ce qu'il aurait produit ne fût pas réduit au néant, et que sa nature ne fût changée en rien, si ce n'est dans quelques particularités qu'il plairait à Dieu (de changer), lesquelles nous connaissons déjà en partie, mais qui, en partie, nous sont encore inconnues et appartiennent à l'avenir. Telle est notre opinion et tel est le principe fondamental de notre loi [1].

Si le monde dispose d'une nature immuable, alors les miracles semblent tout bonnement impossibles. Si, d'autre part, Dieu a le pouvoir de changer la nature ou de la détruire, de quel savoir, Maïmonide peut-il se prévaloir pour affirmer que ce pouvoir ne sera jamais mis en œuvre ? Singulier savoir, en effet, dans le cadre d'une théologie négative où nulle connaissance n'est possible de l'essence, de la sagesse et de la volonté divines. Au lieu de voir dans ce texte des contradictions manifestes qui dénotent une insincérité de l'auteur, nous proposons de lire dans ces tensions mêmes une doctrine originale de la création. Le monde-projet de la volonté divine se présente sous les atours de l'éternité. Mais, en son objectivité, se trouvent projetées les conditions subjectives de la connaissance humaine, de manière à ce que la volonté divine puisse s'y attester. Ceci jusqu'à l'autolimitation d'un Dieu retenant son pouvoir tout aussi bien de changer radicalement la « nature de l'être », sous peine de soustraire le monde à toute possibilité de connaissance, comme de le créer *ab aeterno*, sous peine de rendre l'idée même de création inaccessible à l'homme.

1. *Guide*, II, 29, p. 226; ar. p. 243, 5-16.

CHAPITRE V

GERSONIDE : LA CRÉATION AU TÉLESCOPE

L'histoire de la philosophie juive post-maïmonidienne, aux XIIIe et XIVe siècles, se caractérise par l'expression de plus en plus explicite d'opinions hétérodoxes [1]. Les trois auteurs qui font l'objet du présent chapitre et du suivant, tous post-maïmonidiens, développent ainsi ouvertement à propos de la création du monde des arguments réfutant la thèse de la création absolue.

La traduction hébraïque du *Guide* s'était accompagnée, malgré les résistances qu'elle a suscitées, d'une diffusion de plus en plus large des thèses philosophico-scientifiques et de leur admission de plus en plus ouverte, en particulier en Provence, en Italie et au Nord de l'Espagne. Cette situation semble à même d'expliquer ce qui s'apparente à un abandon de l'écriture ésotérique au profit d'un exposé clair et univoque de ce que jadis il aurait convenu de taire.

L'explication politico-religieuse de l'écriture ésotérique trouve là apparemment une confirmation historique. Elle envisage une telle écriture comme un simple instrument de circonstance visant notamment à préserver la vie du philosophe. Dans des circonstances plus favorables, l'instrument peut être rangé au placard et le philosophe exposer ses idées au grand jour. Notre hypothèse d'un ésotérisme essentiel est au contraire mise à rude épreuve face à une telle évolution historique. Il nous revient à présent de montrer comment elle résiste à cette épreuve, tant nos hétérodoxes assumés ne manquent pas en réalité de recourir eux aussi à une écriture complexe à propos de la création.

1. Voir notamment R. Gatti, *Ermeneutica e filosofia: introduzione al pensiero ebraico medioevale* (*secoli XII-XIV*), Genova, Il melangolo, 2003, chap. III, p. 113-185 ; A. Ravitzky, « Maimonides. Esotericism and Educational Philosophy », dans K. Seeskin (éd.), *Cambridge Companion to Maimonides*, Cambridge, Cambridge University Press, 2005, p. 300-323 ; H. Kreisel, « Esotericism to Exotericism. From Maimonides to Gersonides », dans *id.* (éd.), *Study and Knowledge in Jewish Thought*, Beer-Sheva, Ben Gurion University Press, 2006, p. 165-184.

Gersonide (Lévi ben Gershom, dit « Ralbag », 1288-1344, actif en Provence) semble, en effet, un intrus dans notre histoire problématique de la création du monde envisagée à travers le prisme des stratégies d'écriture complexes. C'est au contraire une écriture claire et univoque qu'il revendique et théorise dès l'introduction de son maître ouvrage, *Milḥamot ha-Šem* [1], contre l'ésotérisme maïmonidien. Il a pourtant ici toute sa place.

Tout d'abord la thèse de type « platonicien » qu'il adopte de manière parfaitement explicite, selon laquelle le monde a été formé à partir d'un corps primordial, témoigne de la diversité des positions représentées dans le *corpus* philosophique juif médiéval. Par cette thèse, Gersonide entend concilier l'idée de la création avec une vision scientifique du monde. Mais plus profondément, ce qui reste inaperçu derrière la singularité et la hardiesse de la thèse de Gersonide est le motif qui gouverne tout le discours gersonidien sur la création et qui engage la signification d'ensemble de son entreprise philosophique, scientifique et exégétique. Gersonide entend avant tout montrer contre Maïmonide que la création du monde peut être démontrée et il refuse par là même que la cosmogonie échappe aux capacités de connaissance humaine. La cosmogonie est ici encore – comme chez Abraham Ibn Ezra – une tentative pour toucher par le discours à un savoir de l'origine même d'un discours sensé, renvoyant à un référent réel [2]. L'idéal anti-ésotériste d'un discours univoque et transparent (qui ne se constitue pas en écran entre le sujet de connaissance et le monde) trouve sa fondation naturelle dans la tentative de saisir la création du monde elle-même dans un tel discours.

« Platonisme »

On ne s'intéressera pas ici à l'argumentation de Gersonide en faveur de sa thèse originale à propos de la création, mais à « l'art d'écrire » qui y est à l'œuvre. Rappelons tout de même les deux traits saillants de cette doctrine. Celle-ci est essentiellement énoncée sous la forme d'une polémique contre Maïmonide sur deux éléments majeurs du problème : son statut épistémologique et sa solution.

1. *Guerres du Seigneur* [désormais *Guerres*]. Par commodité, nous utilisons pour la pagination l'édition de Leipzig, 1866. G. Freudenthal (« Rabbi Abraham Nager and Ludwig Philippson : The Revisor and Sponsor of the Leipzig Edition of Gersonides's *Milhamot ha-Shem* (1866) : Hebrew Scholarship Between Wissenschaft des Judentums and Orientalist », dans *Gersonides' Afterlife*, Boston, Brill, à paraître, communication personnelle de l'auteur), a montré les défauts de cette édition, qui reproduit en la « corrigeant » l'*editio princeps* (Riva di Trento, 1560). Elle demeure néanmoins plus maniable, associée avec les remarques précieuses en matière d'édition du texte que l'on trouve dans les traductions anglaise de S. Feldman (*The Wars of the Lord*, 3 vol., Philadelphia, The Jewish Publication Society of America, 1984-1999, complète à l'exception des 136 chapitres du livre Va, qui constitue un traité astronomique indépendant) et italienne de R. Gatti (*Le Guerre del Signore*, Bari, Edizioni di pagina, 2011, complète sauf Va).

2. Cf. *supra*, chap. II.

Contre Maïmonide, Gersonide affirme que la création est démontrable et s'efforce d'en fournir une démonstration. En vertu de la confiance de Gersonide dans les capacités cognitives des hommes, l'incapacité de ses prédécesseurs à produire une démonstration ne signifie en rien une indémontrabilité intrinsèque de la thèse. De même, le jugement maïmonidien, ravalant la question au rang du discours dialectique (et non démonstratif) n'est fondé sur rien d'autre qu'un constat : comme nous l'avons rappelé, ni l'une, ni l'autre thèse n'a, pour Maïmonide, été démontrée, ni par les *mutakallimūn* dont les preuves de la création sont sophistiques [1], ni par Aristote qui ne prétendait pas avoir *démontré* la création [2]. Cependant, ces simples états de fait ne sont pas déterminants tant que l'impossibilité d'une démonstration n'aura pas elle-même été démontrée.

> Que le Maître Guide [= Maïmonide] ait décrété (*gazar*) qu'il est impossible de résoudre [démonstrativement] ce problème ne constitue pas une objection contre nous, puisqu'il n'a pas été expliqué en quoi il était de quelque façon absurde qu'une des deux branches de l'alternative en présence dans cette enquête [DL : l'adventicité ou l'éternité] soit démontrée (*še-nitḥayyev mimeno eḥad mi-ḥelqei ha-soter*) [3].

Gersonide s'engage donc dans une démonstration de la création, qui est d'abord une démonstration de l'adventicité du monde ou une réfutation de la thèse aristotélicienne de l'éternité *a parte ante* du monde. À la fin du chapitre 3 du livre VIa, où Gersonide expose les arguments élaborés par les tenants des diverses thèses sur la question de l'éternité ou de l'adventicité du monde (à savoir : la thèse d'une succession infinie de créations et de destructions de mondes, la thèse d'une création unique, déclinée en création *ex nihilo* et *ex aliquo*, et la thèse de l'éternité aristotélicienne), il avance que ce sont ceux d'Aristote qui ont le plus de vraisemblance et que c'est à eux qu'il convient de se confronter en priorité. La méthode gersonidienne consiste, dans un premier temps, 1) à identifier les êtres du monde qui, par leur nature et leurs propriétés, ont conduit les philosophes à les supposer éternels et à en inférer l'éternité du monde [VIa, 5] ; 2) à définir les propriétés qui différencient les êtres qui sont adventices (ou littéralement, engendrés, *howeh*) [4] de ceux qui ne le sont pas (*bilti howe*) [VIa, 6] ; 3) à examiner les êtres identifiés en (1) pour déterminer s'ils portent les propriétés définies en (2) [VIa, 7-13]. Les êtres ayant conduit Aristote à trancher en faveur de l'éternité sont les êtres d'existence continue (*medubbaq*) : principalement les sphères, le temps et le mouvement. Les critères distinguant

1. *Guide*, II, 16, p. 128.

2. *Guide*, II, 15, p. 126.

3. *Guerres*, « Introduction », p. 5. Voir toutefois Gatti (trad. cit., n. 24, p. 69) et Feldman (trad. cit., t. 1, p. 96 et p. 228) qui adoptent une autre leçon. Auparavant (p. 4), Gersonide renverse en éloge le reproche que l'on pourrait lui faire d'avoir tenté de démontrer ce que Maïmonide jugeait indémontrable, dès lors qu'il a réussi dans cette entreprise.

4. Dans cette partie des *Guerres*, Gersonide évoque constamment la création à travers la terminologie consacrée dans le lexique philosophique hébraïque à rendre la « génération » aristotélicienne (*hawaya*). Ce choix caractérise bien une pensée de la création du monde par analogie avec les procès de génération naturelle supposant toujours une cause matérielle.

l'engendré de l'inengendré sont le fait que l'être examiné existe en vue d'une certaine finalité, la présence en lui de propriétés inessentielles, le fait que l'être examiné ou certaines de ses propriétés existent en vue d'un autre être. Étant donné – comme le montre Gersonide – que les sphères, le temps et le mouvement ont ces propriétés spécifiques de « l'être engendré », aucun être du monde n'est éternel et par conséquent le monde est lui-même « engendré » [1].

Le *ḥidduš*, entendu comme création *de novo*, se trouve donc, contre la thèse maïmonidienne de son indémontrabilité, scientifiquement prouvé. En outre, contre Maïmonide également – qu'il tient tout au long de son exposé pour un tenant d'une création *de novo* (*ḥidduš*) et *ex nihilo* (*yeš me-ayn*) –, Gersonide propose quant à lui une doctrine, de type « platonicien », d'une création *de novo* mais *ex aliquo* (*yeš me-yeš*), à partir d'un corps primordial dépourvu de toute forme (*ne*ᶜ*edar kol ṣura*, où « forme » est à entendre au sens classique aristotélicien de forme spécifique), et de toute nature (*ne*ᶜ*edar kol ṭeva*ᶜ), et ne conservant jamais la même figure (*bilti šomer temunato*, où « figure » désigne la forme géométrique au sens euclidien) [2]. Il montre dans la deuxième partie du Livre VI des *Guerres* que cette doctrine est bien celle de la Tora, en proposant une exégèse de Gn 1 [3].

Anti-ésotérisme

On a longtemps vu en Gersonide l'un des philosophes juifs médiévaux les plus « radicaux », n'hésitant pas à soutenir des thèses hétérodoxes dans nombre de domaines [4]. Mais, même si l'on admet avec C. Manekin qu'elles restent en définitive plus conservatrices que les positions de certains de ses contemporains

1. Pour un examen de ces arguments, voir S. W. Feldman, « Gersonides' Proofs for the Creation of the Universe », *Proceedings of the American Academy for Jewish Research*, 35, 1967, p. 113-137, C. Touati, *La Pensée philosophique et théologique de Gersonide* [désormais *Pensée*], Paris, Éditions de Minuit, 1973, p. 161-193 ; J. J. Staub, *The Creation of the World According to Gersonides*, Chico, Scholars Press, 1982, p. 26-44 ; H. A. Davidson, *Proofs*, p. 209-212 ; T. M. Rudavsky, *Time Matters, op. cit.*, p. 38-46 (qui se concentre sur les preuves tirées des concepts de temps et d'instant) ; R. Gatti, *Be-re'šit, op. cit.*, p. 108-147 et p. 152-154.

2. *Guerres*, VIa, 17-18, VIb 7 et *Commentaire sur Gn* [désormais *Com. Gn*], éd. B. Braner et E. Freiman, Maaliyot, Jérusalem, 1993, p. 34, p. 45 (sur le mot *mayim*, en Gn 1, 6) et p. 50 (explication de Gn 1, 6-8). Sur cette doctrine, voir S. W. Feldman, « Platonic Themes in Gersonides' Cosmology », dans *Salo Wittmayer Baron : Jubilee Volume on the Occasion of His Eightieth Birthday*, Jérusalem, American Academy for Jewish Research, 1974, p. 383-405 ; J. J. Staub, *The Creation of the World According to Gersonides, op. cit.*, p. 45-60, p. 185-206 et *passim* et G. Freudenthal, « Cosmogonie et physique chez Gersonide », *Revue des Études Juives*, 145, 3-4, 1986, p. 295-314 (et part. p. 297, sur le sens proprement géométrique du mot *temuna*, figure, à distinguer de *ṣura*).

3. *Guerres*, VIb, 1-8.

4. Suivant une historiographie qui remonte aux critiques médiévaux de l'auteur. Voir notamment M. Kellner, « Gersonides and His Cultured Despisers Arama and Abravanel », *Journal of the Medieval and Renaissance Studies*, 6, 1976, p. 269-296.

du milieu philosophique provençal du XIVe siècle[1], l'hardiesse de sa démarche ressort de l'absence totale de précautions qui caractérise sa manière d'énoncer ces thèses[2]. Les *Guerres* sont quant à leur style l'aboutissement de deux siècles de diffusion des sciences en Provence, rendant possible de livrer de plus en plus ouvertement ce qui jusqu'alors devait rester des « secrets philosophiques »[3]. Reconnaissant que ses propos risquent de choquer nombre de fidèles – à qui il préconise de se contenter de croire sans comprendre –[4], Gersonide ne se sent pourtant pas contraint d'avancer masqué. Il théorise au contraire dans l'introduction des *Guerres* une critique radicale de l'ésotérisme, qu'il condamne comme un mode d'écriture profondément antiphilosophique.

Ésotérisme superflu

Gersonide conteste aussi bien la raison d'être de l'ésotérisme politico-religieux que celle de l'ésotérisme essentiel. Si l'on rapporte l'usage de l'ésotérisme en philosophie à des considérations épistémologiques, comme le suppose le second modèle, l'anti-ésotérisme de Gersonide dénote une rupture avec le scepticisme philosophique que l'on peut déceler *a minima* dans certains énoncés de Maïmonide. Il n'est, pour Gersonide, aucun sujet, si métaphysique ou « profond » soit-il, qui échappe en droit à la connaissance humaine, à l'exception de l'essence de Dieu lui-même[5]. Il ne souscrit en rien, par exemple, à la thèse d'une inaccessibilité du domaine supralunaire, longuement développée par Maïmonide[6]. Bien au contraire, son activité de théologien-philosophe est inséparable de ses activités scientifiques en matière d'astronomie, qui lui ont d'ailleurs valu une renommée importante au-delà des cercles juifs[7]. S'il est des domaines dans lesquels les hommes n'ont pas acquis une connaissance claire et assurée, ce n'est pas dû aux limitations foncières de leurs capacités cognitives, mais au fait que le temps nécessaire à la découverte de la vérité, c'est-à-dire à l'accumulation des connaissances, ne s'est pas encore écoulé. Ce principe d'un

1. C. H. Manekin, « Conservative Tendencies in Gersonides' Religious Philosophy », dans D. Frank et O. Leaman (éd.), *The Cambridge Companion to Medieval Jewish Philosophy*, Cambridge, Cambridge University Press, 2003, p. 304-342. Sur cet article dans la lignée duquel nous nous inscrivons, voir *infra*, p. 126.

2. Voir C. Touati, *Pensée*, p. 94.

3. Voir H. Kreisel, « Esotericism to Exotericism. From Maimonides to Gersonides », art. cit.

4. *Guerres*, « Introduction », p. 3-4.

5. *Ibid.*, p. 2 : « nous n'avons qu'une connaissance minime de l'essence de la Cause Première », *cf.* Vc, 12 (sur les attributs divins) ; VIa, 1, p. 294.

6. *Guide*, II, 22, p. 179 : « [À] partir de la sphère de la lune et au-dessus, tout ce qu'Aristote en dit ressemble, à peu de choses près, à de simples conjectures ». En II, 24, Maïmonide parle d'une « perplexité réelle » (*al-ḥayra bil-ḥaqīqa*) (p. 193, ar. p. 228, 5), s'agissant de questions d'astronomie.

7. Gersonide a notamment inventé un instrument astronomique connu sous le nom de « bâton de Jacob » ou « arbalestrille » (*megalle ʿamuqot* ou *maqal*), dont il fait la description en *Guerres*, Va, 4-11. Son dernier ouvrage, un traité d'astronomie, achevé après sa mort par son frère Samuel aidé d'un traducteur latin, le *Prognosticon de conjunctione Saturni et Jovis et Martis*, a peut-être été composé à la demande du Pape Clément VI.

progrès continu de la connaissance [1] conduit Gersonide à refuser de se soumettre à de prétendues autorités indépassables, y compris Aristote ou Maïmonide, dans quelque domaine que ce soit. L'anti-ésotérisme correspond, à ce compte, à la confiance en la capacité du langage à rendre compte de toute la réalité.

Si, en adoptant l'autre modèle, on limite l'ésotérisme à une stratégie politique, visant à soustraire un auteur aux éventuelles attaques dont il pourrait faire l'objet du fait de l'hétérodoxie de certaines de ses positions, un tel ésotérisme n'a pas plus sa place dans l'univers de pensée de Gersonide. Car, quand bien même s'écarteraient-elles des opinions reçues, il ne conçoit pas ses positions comme s'opposant en quelque façon à la Tora.

> La raison (*ᶜiyyun*) ne contredit pas la Tora, selon la vérité, puisque la Tora n'est pas un ordre juridique (*nimos*) qui nous contraint à croire ce qui est faux. Au contraire, elle nous oriente (*mayšeret*) autant que possible vers la saisie de la vérité, comme nous l'avons expliqué au début de notre commentaire sur le *Pentateuque* [2]. Ainsi, nous avons adopté, à propos de ces problèmes, l'usage de mener tout d'abord une enquête rationnelle exhaustive (*šelema*). Puis, dans un deuxième temps, il nous est apparu clairement que ce à quoi nous avait mené l'enquête rationnelle était dans chaque cas la doctrine de la Tora [3].

D'Averroès, qui constitue avec Maïmonide une de ses deux sources d'influences majeures [4], il retient l'idée que philosophie et religion sont en parfait accord et que par conséquent il est absurce de se défier de la raison. De fait, les *Guerres* consistent pour leur plus grande part en une série d'études sur des questions philosophiques et scientifiques (Livre I : immortalité de l'âme, Livre II : nature de la prophétie, Livre III : connaissance divine, Livre IV : providence, Livre V : astronomie et Livre VI : création) qui sont menées indépendamment de toute thèse préconçue issue d'une quelconque dogmatique religieuse. Dans chaque cas, l'enquête philosophique est conclue par un chapitre additionnel visant à montrer que la Tora s'accorde avec la thèse préalablement

1. « La découverte de la vérité n'est qu'une question de temps », *Guerres*, Introduction, p. 4. Cet énoncé repose sur la prémisse selon laquelle l'homme a par nature le désir de savoir. Les doutes subsistant dans certaines sciences constituent d'ailleurs un argument en faveur de la création. Car, si le monde était éternel, toutes les sciences devraient être « achevées » (telles les mathématiques) en vertu de ce désir naturel de savoir (sur ceci, voir VIa, 15, p. 356). À suivre Gersonide, on peut affirmer que le fait même que la question de la création soit restée jusqu'à lui sans réponse démonstrative est une preuve de la création du monde !

2. « La troisième partie [de ce dont traite la Tora] est constituée de ce que la Tora nous permet d'acquérir, relevant de la science des existants, à quoi il serait impossible d'accéder par la spéculation rationnelle (*derekh ha-ᶜiyyun*) – si ce n'est avec d'immenses difficultés (*im lo be-qoši gadol*) – sans l'aide apportée par les récits prophétiques qui orientent vers la compréhension intellectuelle. » (*Com. Gn*, éd. cit., p. 2) ; cf. *Com. Gn*, éd. cit., p. 30-31 (cité, *infra*, n. 1, p. 121) et *passim*.

3. *Guerres*, « Introduction », p. 6-7.

4. Voir R. Gatti, « Between Maimonideanism and Averroism : Gersonides' Place Within the Maimonidean Paradigm », dans J. Robinson (éd.), *The Cultures of Maimonideanism : New Approaches to the History of Jewish Thought*, Leiden, Brill, 2009, p. 133-148. La rédaction des *Guerres* a été ainsi menée de front avec celle de multiples supercommentaires d'Averroès. Pour une chronologie des œuvres de Gersonide, voir l'introduction de S. W. Feldman dans trad. cit., t. 1, p. 3-30.

démontrée. Mais dans les développements argumentatifs eux-mêmes, l'autorité scripturaire n'est jamais mobilisée et les versets quasi-absents [1].

Si l'idée d'un accord de la Tora et de la philosophie, qui découle de l'axiome de l'unité de la vérité est effective, alors il n'y a tout simplement pas lieu d'adopter une écriture ésotérique : la philosophie *ne peut pas* contredire la Tora. Le philosophe, à supposer qu'il ne se soit pas trompé dans son enquête spéculative, est, selon cet axiome, en quelque sorte « orthodoxe » par nature. En vertu de ce que C. Touati appelle « une harmonie préétablie » [2] entre philosophie et révélation, le résultat d'une enquête philosophique ne peut être rien d'autre que la thèse de la Tora, puisque celle-ci est véridique. Réciproquement, en certains domaines où l'enquête démonstrative se trouve en difficulté, la Tora peut receler des indices susceptibles d'orienter l'enquête. Ainsi, Gersonide ne voit pas dans la Tora, comme certains de ses contemporains dits « averroïstes », un artefact politique réservé aux masses ignorantes et qui, par conséquent, ne concernerait pas véritablement le philosophe. Bien au contraire, elle constitue, un « guide », une indication de la voie droite (*hayšara*) [3], dans certains domaines particulièrement difficiles de l'enquête rationnelle. Nous verrons que c'est singulièrement le cas en ce qui concerne la question de la création du monde. C'est de cette thèse d'un accord absolu de la Tora et de la philosophie que Gersonide tire son insouciance dans l'exposition de ses thèses.

Le motif de l'*hayšara*, notons-le d'emblée, introduit toutefois une difficulté dans l'interprétation de Gersonide. Il présente tout d'abord la Tora comme une pâte malléable dont le sens obvie ne livre *a priori* aucun contenu et dont on ne pourra déterminer le sens qu'une fois l'enquête démonstrative effectuée. Cependant, la Tora ne peut servir de « guide » à l'enquête spéculative qu'à condition de considérer que son sens obvie livre une vérité brute, que l'enquête philosophique viendrait déployer ou expliciter. Dans un cas, il considère que le sens véritable de la Tora n'est jamais donné d'emblée, mais n'est livré qu'avec le résultat de l'enquête spéculative ; dans l'autre, il prend au contraire le sens

1. Sur la méthode de Gersonide dans les *Guerres*, voir S. Klein-Braslavy, « La méthode diaporématique de Gersonide dans les *Guerres du Seigneur* », dans C. Sirat, S. Klein-Braslavy, O. Weijers (éd.), *Les méthodes de travail de Gersonide et le maniement du savoir chez les scolastiques*, Paris, Vrin, 2003, p. 103-134, et plus généralement tout le chap. II de cet ouvrage. Seules deux questions supplémentaires traitées dans les *Guerres* sont expressément désignées comme théologiques ou de nature religieuse (*še'elot toriyot*). Elles portent sur les miracles et les critères de distinction des vrais et des faux prophètes et sont annexées au Livre VI sur la création.

2. C. Touati, *Pensée*, p. 92.

3. Sur le thème de l'*hayšara*, voir *Ibid.*, p. 94-97 et les références données dans les *Guerres* et les commentaires bibliques (*ibid.*, p. 94, n. 68). Selon les termes de Touati : « Gersonide n'éprouve pas pour la religion révélée cette espèce de condescendance un peu hautaine d'un Ibn Rushd ou d'un Moïse Narboni, qui recommandent au philosophe de ne pas la mépriser puisqu'elle fut leur première éducatrice. » (*Ibid.*, p. 96, qui cite notamment le *TT*, XVII, 4, d'Averroès, éd. Bouyges, p. 536, et un passage du *Commentaire de Ḥayy ibn Yaqdhān* de Narboni qui le paraphrase, Ms BNF héb. 916, 13b). Voir cependant M.-R. Hayoun, *La Philosophie et la théologie de Moïse de Narbonne, 1300-1362*, Tübingen, Mohr Siebeck, 1989, p. 59-60, qui note que Narboni reprend à son compte, notamment de Gersonide, la notion d'*hayšara*.

premier de la Tora sinon comme point de départ, du moins comme boussole de l'enquête philosophique. Se dessine ici un cercle herméneutique dont il nous d'interroger les implications.

Reste que, puisque Tora et philosophie ne sauraient se contredire, nul ésotérisme ne s'impose en droit. Par conséquent, le philosophe juif, engagé dans la recherche de la vérité, ne fait rien d'autre que mener les « *guerres du Seigneur* » [1] puisque ce qu'il découvrira ne peut être rien d'autre que la doctrine véritable de la Tora. Pour quel motif, ce soldat de la gloire divine devrait-il de quelque façon se dissimuler des armées d'Israël, du commun des fidèles de la Tora ?

L'introduction des Guerres *et l'introduction du* Guide

On peut ainsi très largement lire l'introduction des *Guerres* comme une critique frontale de la méthode et de la démarche maïmonidiennes dans le *Guide*[2]. Tout d'abord, Gersonide y explique la nécessité de la rédaction de son propre traité par le fait que ses prédécesseurs et singulièrement Maïmonide ne sont pas parvenus à résoudre *démonstrativement* un certain nombre de questions spéculatives, comme par exemple celle de savoir si le monde est éternel ou adventice. Ensuite, il critique vivement sur le plan de l'exposition le style ésotérique pratiqué par certains de ses prédécesseurs ainsi que par certains de ses contemporains. Certes, Gersonide spécifie explicitement que Maïmonide n'est pas une cible de ses critiques. Mais un indice au moins ne peut manquer de laisser penser que c'est pourtant bien le cas. L'introduction du *Guide* s'achève, comme nous l'avons vu, par une justification de l'écriture sophistiquée de l'ouvrage, à travers l'énoncé des sept causes pour lesquelles on trouve des énoncés contradictoires (*asbāb al-tanāqidh aw al-tadhādd*) dans un texte, y compris dans le *Guide* lui-même[3]. L'introduction des *Guerres* s'achève quant à elle par l'énoncé des sept raisons pour lesquelles un discours doit être bien ordonné (*sibbot ha-siddur*) du point de vue du contenu (nécessité logique) et du point de vue du lecteur (nécessité pédagogique). Alors même qu'il comptera *in fine* huit causes du bon agencement du discours, Gersonide en annonce tout d'abord sept de manière à ce que les *sibbot* de sa propre introduction fassent immédiatement écho aux sept *asbāb* de celle de Maïmonide.

On peut certes établir une correspondance entre la septième des causes gersonidiennes du bon ordonnancement d'un texte et la cinquième cause de contradiction de Maïmonide : les préjugés ancrés du lecteur obligent parfois un auteur à adopter des prémisses sur lesquelles il reviendra par la suite. Dov Schwartz a ainsi montré comment un certain « ésotérisme pédagogique » se rencontrait dans les *Guerres*, non pas à travers une écriture opaque, mais à travers l'ordre d'exposition du discours sur certains sujets[4]. Toutefois,

1. L'expression est reprise de Nb 21, 14.

2. Voir R. Gatti, *Ermeneutica e filosofia*, *op. cit.*, p. 208-227. Feldman reconnaît également Maïmonide comme la cible inavouée de Gersonide (trad. cit., t. 1, p. 60).

3. *Guide*, « Introduction », p. 27-29.

4. D. Schwartz, *Contradiction and Concealment in Medieval Jewish Thought*, *op. cit.*, chap. V.

l'orientation nettement anti-ésotérique de Gersonide se perçoit dans l'énoncé de la troisième cause des *Guerres*, qui constitue clairement une réponse à la fameuse septième cause de contradiction de l'introduction du *Guide*.

> Il est évident qu'un auteur n'écrit pas pour lui-même mais pour influer sur d'autres. C'est pourquoi il convient qu'il s'efforce d'exposer ses propos selon un ordre qui permette au lecteur d'accéder au but visé par son traité. [...] Quant aux auteurs qui n'adoptent pas cette conduite, ajoutant dissimulation et mystère à leurs propos par l'ordonnancement choisi ou le caractère abscons de leur mode d'expression, au point de rendre difficiles les choses faciles, ils réduisent à néant le but que poursuit tout auteur en écrivant. Car, non contents de n'être en rien utiles au lecteur, ils ajoutent de la perplexité à sa perplexité. *À moins que l'auteur ne veuille mettre en œuvre un procédé de dissimulation face à la masse des lecteurs, de manière à ce que seuls les individus d'exception* (yeḥidim) *puissent comprendre ses propos, qui sont nuisibles à la masse, lorsqu'elle les comprend.*
> Cependant, parfois ce procédé n'est qu'un *stratagème* (taḥbula) de l'auteur. Percevant un vice dans ses propos ou leur indigence, il leur aménage un mode d'expression abscons et séduisant (*lešonot ᶜamuqot we-ṣaḥim*) et leur adjoint des éléments à même d'impressionner fortement le lecteur, de manière à ce que le vice et l'indigence gisant au sein des propos en question lui soient dissimulés [1].

Dans ces divergences quant à la méthode d'exposition de l'auteur sont en jeu les divergences de vue fondamentales entre Gersonide et Maïmonide. Gersonide ne méconnaît pas les dangers d'exposer certaines thèses à la foule. Il reconnaît l'existence de préjugés qui rendent rétifs à l'admission de la vérité même rationnellement démontrée. Il précise également que son traité ne s'adresse qu'à un lecteur qui aurait été formé à la philosophie (fidèle en cela à Maïmonide) [2]. Ce dernier en tire, selon l'interprétation qu'en propose ici Gersonide (exprimée dans le passage en italique de la précédente citation, qui fait assurément référence à Maïmonide) que certaines thèses doivent être exposées de façon à ce que seul le lecteur formé à la philosophie soit apte à les comprendre. Si Gersonide semble exonérer Maïmonide de toute critique en comprenant l'ésotérisme du *Guide* comme un ésotérisme « politico-religieux », le terme *taḥbula* (stratagème) choisi à la fin du passage semble un renvoi ironique à ce que dit Maïmonide (dans la traduction tibbonide) de la septième cause du *Guide*, à savoir que l'auteur « doit employer des stratagèmes (ar. *yataḥayyal*, héb. *yaᶜaśe taḥbula*) pour que le vulgaire n'aperçoive pas la contradiction » [3]. C'est donc l'ésotérisme en tant que tel – maïmonidien compris – qui se trouve condamné.

1. *Guerres*, « Introduction », p. 8 (nous soulignons). Sur l'établissement du texte de ce passage, voir Gatti, trad. cit., n. 37, p. 77.

2. « Nos propos s'adressent à ceux qui sont perplexes (*nevukhim*) face à ces profondes questions et dont l'esprit ne saurait être apaisé en appréhendant les mystères de l'être à travers ce qui en est dit seulement, mais en les concevant en leur âme » (*Guerres*, p. 4). Cf. *Guide*, Épître dédicatoire, p. 4-5 ; « Introduction », p. 6-8, 16, 24.

3. *Guide*, « Introduction », p. 29 (où Munk traduit *yataḥayyal*, par « [l'auteur] cherche toute sorte d'expédients »), voir *supra*, chap. III, n. 1, p. 62.

Gersonide, quant à lui, tire une conclusion inverse : il faut, dans les cas où un écart manifeste existe entre la thèse vraie et la thèse généralement admise, éduquer le lecteur de manière à ce qu'il puisse ultimement admettre la première et abandonner la deuxième. Par opposition avec les « stratagèmes » néfastes de la troisième cause du bon ordonnancement d'un texte, Gersonide mentionnera, l'existence de « stratagèmes bénéfiques » (*taḥbulot ṭovot*) [1], ceux qui sont assimilables à des médicaments, consistant pour un auteur à employer des moyens détournés pour faire subrepticement tomber des préjugés. Gersonide, à la différence de Maïmonide, ne craint donc pas en tant que tel l'exposé clair et univoque de doctrines hétérodoxes, mais il reconnaît en même temps qu'un tel exposé doit être précédé par un travail en amont qui les rende acceptables, même auprès de lecteurs acquis à la nécessité des études philosophiques. Car ces lecteurs restent affectés par les préjugés dans lesquels ils ont été élevés, véhiculés par la *doxa* religieuse.

Gersonide lecteur de Maïmonide : une défense par défaut de la création ex nihilo

Précisément à propos de la création du monde, une *doxa* bien ancrée empêche l'exercice serein de la pensée, au point que même Maïmonide en est venu à admettre la thèse de création *ex nihilo*. Parmi les sources des différentes doctrines soutenues précédemment à propos de la création ou de l'éternité du monde, Gersonide compte ainsi le fait que « la Tora a fait pression » (*laḥṣa otam ha-Tora*) sur nombre de sages d'Israël, les conduisant à adopter la doctrine de la création *ex nihilo* (*hawaya mi-lo davar*) [2].

Ce motif de la « pression de la Tora » est clairement contradictoire avec les propos de Gersonide dans l'introduction des *Guerres*, selon lesquels celle-ci ne « contraint pas à croire ce qui est faux ». Ce syntagme a donc principalement une fonction critique. Mais, si cette critique est adressée à Maïmonide en ce qui concerne la connaissance divine comme la création [3], l'idée de pression de la Tora repose paradoxalement sur une distinction élaborée par ce dernier entre le préjugé de ce qu'enseigne la Tora, son interprétation littéraliste fautive, et son véritable sens. Une éducation marquée par une révérence envers le sens littéral de l'Écriture est ainsi comptée, dans le *Guide* [4], parmi les motifs rendant difficile au vulgaire la compréhension de la vérité en certains domaines, comme l'incorporalité de Dieu. En ce qui concerne la création, l'éducation religieuse

1. *Guerres*, « Introduction », 7 e cause, p. 9.

2. *Guerres*, VIb, 2, p. 294.

3. R. Gatti, « Between Maimonideanism and Averroism : Gersonides' Place Within the Maimonidean Paradigm », art. cit., p. 147. Le rapprochement esquissé par Gatti entre l'usage de ce terme de *laḥaṣ* dans les *Guerres* et son écho biblique (Ex 3, 9) est éclairant : cette « pression » de la Tora est en quelque façon similaire à la pression subie par le peuple d'Israël en Égypte, où l'Égypte serait à interpréter comme une charge idéologique ou idolâtrique rendant impossible l'accès à la vérité que représente la Tora.

4. *Guide*, I, 31, p. 108.

traditionnelle constitue une source de préjugés telle que même Maïmonide a contracté le mal qu'il avait découvert. Ceci alors même que, selon Gersonide, le sens littéral des versets sur la création incline vers la thèse d'une création *ex aliquo* et lui ont servi de « guide » dans la résolution de cette enquête difficile [1].

En quoi, dès lors, Maïmonide a-t-il pu être soumis à la « pression de la Tora », à propos de la création ? Gersonide répète à deux reprises que l'unique raison pour laquelle son prédécesseur a opté pour la thèse de la création *ex nihilo* est le sentiment qu'elle permettait de sortir des difficultés de la thèse platonicienne. Autrement dit, pour Gersonide, Maïmonide pensait que la thèse platonicienne était la thèse la plus « naturelle » ou « spontanée » dès lors que l'on adhère à la création, mais que les difficultés relevées contre elle par les aristotéliciens étaient telles que la seule façon de soutenir la création contre Aristote était de renoncer à poser un substrat à la création. Le présupposé selon lequel il *faut* soutenir la création *de novo* du monde contre Aristote semble, toutefois quant à lui, partagé par Gersonide [2], nous y reviendrons. Mais il appert ici que la seule justification possible de la création *ex nihilo* – justification entièrement négative – est pour Gersonide qu'elle a pu apparaître à tort comme la *seule* manière de soutenir la création *de novo* contre Aristote.

> [L]'unique raison pour laquelle Maïmonide a adopté cette doctrine [= la création *ex nihilo*] est qu'elle permet de sortir des difficultés qui se posent nécessairement à quiconque soutient que le monde a été créé de la façon qu'a supposée Platon, comme il ressort des objections du Philosophe contre lui [3]. Mais ce n'est pas parce qu'elle découle de la doctrine de la Tora (*daᶜat ha-Tora*). Le Maître Guide a ainsi affirmé que, si la thèse platonicienne était démontrée, il conviendrait d'y adhérer, puisqu'elle n'est pas contraire aux principes fondamentaux de la Tora (mais est en accord avec eux). Mais si la doctrine de la Tora était que le monde a été créé *ex nihilo* (*yeš me-ayn*), ces propos [du Maître] ne seraient pas véridiques [4].

1. « Il ne nous a pas été nécessaire d'exercer une pression sur nous-mêmes (*li-leḥoṣ ᶜaṣmenu*) pour [parvenir à] interpréter les passages de la Tora sur ce sujet de manière à ce qu'ils s'accordent avec la spéculation rationnelle. Ce sont, au contraire, les passages de la Tora à ce propos qui nous ont permis de quelque façon d'accéder à la vérité sur cette question par la spéculation rationnelle ». (*Guerres*, VIb, 1, p. 419). La création du monde « fait partie des problèmes les plus obscurs, de sorte qu'il est presque impossible à un philosophe de le résoudre par la spéculation rationnelle, s'il ne prend pour guide les indications données par la Tora » (*Com. Gn*, 1, 1, éd. cit., p. 31).

2. Mis à part deux passages où il critique l'idée d'émanation éternelle (*Guerres*, VIa, 6, p. 308-309 et VIa, 7, p. 314), Gersonide n'envisage pas que la création du monde puisse être compatible avec l'éternité, alors même que c'est une thèse répandue parmi ses contemporains « averroïstes ». Les passages en question feront l'objet de vives critiques de la part de Ḥasday Crescas (*Or ha-Šem*, IIIa, 1, 3, éd. S. Fisher, Jérusalem, Sifrei Ramot, 1990, p. 912-913 ; IIIa, 1, 4, p. 301-302, trad. É. Smilévitch, *Lumière de l'Éternel*, Paris/Strasbourg, Hermann/Ruben Édition, 2013, p. 955-959), dans le cadre de l'élaboration de son propre argumentaire, accordant émanation et création *ex nihilo*. Voir *infra*, chap. VI.

3. *Cf.* Aristote, *Physique*, IV, 2.

4. *Guerres*, VIa, 17, p. 366. Voir aussi *ibid.*, 3, p. 297.

À en croire cette dernière phrase, Maïmonide serait allé jusqu'à soutenir la création *ex nihilo* contre ce qu'il sait être le sens littéral de la Tora. Car de deux choses l'une : soit la Tora s'accorde avec Platon et elle tient la création *ex aliquo*, soit elle tient la création *ex nihilo* et est en désaccord avec lui, ce qui fait que l'énoncé de Maïmonide devient faux. Or là n'est pas du tout ce que veut dire Maïmonide en énonçant cette idée en *Guide*, II, 25.

Gersonide fait, en effet, allusion à une remarque de ce chapitre, dans laquelle certains lecteurs ont vu l'indice d'une secrète adhésion de Maïmonide à la thèse platonicienne. Dans ce passage, Maïmonide souligne le fait que Platon tient une forme de création *volontaire* et n'est donc pas en désaccord de principe avec la religion, qui repose sur le miracle que constitue la révélation, tandis qu'Aristote, chez qui le monde éternel découle *nécessairement* de sa cause, renverse les bases même de la religion. Puisqu'elle s'accorde avec le principe de la création, il ne serait pas impossible d'interpréter les versets bibliques conformément à la doctrine platonicienne [1]. Mais comme celle-ci n'est pas démontrée, il n'y a pas de raison de « faire sortir les versets de leur sens littéral », qui pour Maïmonide, selon ses dires du moins [2], enseigne la création *ex nihilo*. Gersonide, quant à lui, présente Maïmonide comme quelqu'un qui, *s'il avait pu*, aurait soutenu la création *ex aliquo*, qui constitue le sens littéral des versets. Mais, sous la contrainte des attaques d'Aristote contre Platon, il n'aurait eu d'autre choix que de souscrire à la création *ex nihilo* et de feindre de l'identifier au sens obvie des versets.

Gersonide, en adoptant cette grille de lecture, aborde certains des arguments de Maïmonide en faveur de la création en les détournant de leur sens initial. C'est singulièrement le cas du « Principe de Maïmonide », dont il a été longuement question [3]. Le Principe visait dans le *Guide* [4] à contrer toutes les objections aristotéliciennes à la création (énoncées en II, 14) *a parte mundi* (nécessité d'un mouvement antérieur à tout mouvement, nécessité d'une matière à toute génération, absence de contrariété dans la sphère céleste, nécessité d'un substrat à toute possibilité) [5]. La dernière de ces objections, dont il a déjà été question plus haut à propos de Moïse de Narbonne [6], consiste à poser que la possibilité du monde, dans l'hypothèse de la création, l'a nécessairement précédé, et à s'interroger : quel était alors le substrat de cette possibilité ? La réponse qu'y oppose le Principe consiste à dire que, s'agissant de la genèse du monde, il est à tout le moins possible que les énoncés « toute genèse est précédée de sa possibilité » et « toute possibilité doit être portée par un substrat » ne soient pas vrais et que par conséquent la création *ex nihilo* est

1. *Guide*, II, 25, p. 197-198.

2. Sur l'obscurité du *tafsīr* maïmonidien de Gn 1, 1 en *Guide*, II, 30 (p. 232), sur laquelle se fondent certaines lectures ésotériques du *Guide*, cf. *supra*, chap. IV, p. 88 *sq*.

3. *Supra*, chap. IV, p. 83 *sq*.

4. *Guide*, II, 17, p. 130.

5. *Guide*, II, 14, p. 114-118. À opposer aux objections *a parte Dei*, partant de l'immutabilité divine (*ibid.*, p. 118-120).

6. Cf. *supra*, p. 86.

possible [1]. Or Gersonide restitue l'objection aristotélicienne [2] d'une tout autre manière :

> Il ne découle pas de cette hypothèse [la création *ex nihilo*] qu'il ait existé avant la génération du monde une possibilité, au sein de l'être à partir duquel il a été engendré *pendant un temps infini*, ce qui est faux d'après ce qui ressort des propos du Philosophe. Car il n'existait pas de réceptacle pour cette possibilité, puisque, selon cette hypothèse, on ne pose pas une matière existant avant la génération du monde. Cette difficulté, en revanche, se pose nécessairement à Platon [3].

Pour Maïmonide, l'objection aristotélicienne porte précisément sur le caractère *ex nihilo* de la création (sans substrat, pas de support de la possibilité) et elle ne se pose donc précisément pas à Platon, puisque la *khôra* du *Timée* constitue le substrat de la cosmogénèse. Gersonide en fait, à l'inverse, une objection contre Platon, qui en outre ne porte qu'à condition de poser un temps infini (et ne saurait donc être une objection légitime à la création absolue !). Il est impossible qu'une potentialité demeure un temps infini sans être actualisée [4]. Or l'hypothèse d'une création *ex aliquo* suppose l'existence de la possibilité du monde pendant un temps infini dans un substrat matériel. La création *ex aliquo* est donc impossible [5]. Gersonide reconstruit ainsi tout l'argumentaire de Maïmonide de manière à faire entendre à son lecteur que ce dernier n'a soutenu l'hypothèse de la création *ex nihilo* qu'à défaut de pouvoir soutenir la thèse « naturelle » de la création *ex aliquo*.

Gersonide emploie ainsi des « stratagèmes bénéfiques » dans sa restitution des arguments maïmonidiens. Relisant Maïmonide, il légitime progressivement et subrepticement, la thèse d'une création *ex aliquo*. S'il admet que Maïmonide a bien soutenu la création *ex nihilo*, il n'en fait pas un de ses adhérents « sincères », non pas au sens où il faudrait chercher une autre thèse dans le *Guide*, mais au sens où il n'aurait admis cette thèse que par contrainte, sous la

1. *Guide*, II, 17, p. 135.

2. En réalité, il s'agit d'une extrapolation à partir d'un passage de *Physique*, VIII, 251a qu'Al-Fārābī interprétait comme signifiant que la possibilité doit précéder *temporellement* l'acte, interprétation rejetée par Averroès ; voir la note de S. Munk sur *Guide*, II, n. 1, p. 27.

3. *Guerres*, VI, 1, 3, p. 297 (nous soulignons).

4. Sur ce principe, connu sous le nom de « principe de plénitude », voir Aristote, *Du ciel*, I, 12, 181b21, *Métaphysique*, IX, 4, 1047b 4-5 et l'étude classique d'A. Lovejoy, *The Great Chain of Being : a Study of the History of an Idea*, New York, Harper & Brothers, 1960. Maïmonide y fait une allusion dans sa démonstration « métaphysique » de l'existence de Dieu, en *Guide*, II, 1, p. 39-40 : « ce qui est possible pour l'espèce ne peut pas ne pas arriver nécessairement » – énoncé, qui n'est vrai qu'à condition de supposer un temps éternel. Depuis S. Ibn Tibbon (voir C. Fraenkel, *From Maimonides to Samuel Ibn Tibbon*, *op. cit.*, p. 167), ceci a été vu comme un argument en faveur d'un Maïmonide éternaliste. Voir, pour un commentateur moderne, W. L. Craig, *The Cosmological Argument from Plato to Leibniz*, London, MacMillan, 1980, p. 144.

5. En réalité, Gersonide prépare ici le terrain pour sa propre version de la création *ex aliquo*, qui, à la différence de celle de Platon, ne tombe pas sous cette critique aristotélicienne (voir *Guerres*, VIa, 18, réponse à la 4 e objection, p. 374). À la différence de la *khôra* platonicienne, le corps primordial de Gersonide n'existe pas dans le temps, qui ne s'inaugure qu'avec la création. Il n'y a donc pas de contradiction dans le fait que la possibilité du monde ait été portée avant la création par un substrat.

« pression de la Tora » : à défaut de pouvoir soutenir la version la plus naturelle de la création, la création *ex aliquo*. « Naturalité », donc, serait ici à entendre en un double sens : la création *ex aliquo* découle de la lecture première des versets bibliques et elle s'accorde le mieux avec l'expérience commune des générations *naturelles* qui s'opèrent toujours à partir d'une matière préalable – expérience qui constitue, pour Gersonide, l'horizon indépassable de toute pensée de la génération comme telle.

Gersonide sous la « pression de la Tora »

Ce qui est en jeu dans le débat sur la création du monde est précisément la possibilité de la Tora. La vision aristotélicienne du monde est telle que la révélation y est impossible et si Maïmonide s'engage à sauver la création c'est, selon la lecture de Gersonide, parce qu'il veut sauver la révélation [1]. Ne parvenant pas à sortir des objections aristotéliciennes contre la cosmogonie platonicienne, il en est venu à adopter l'idée de création *ex nihilo*. La Tora a fait pression sur lui en ce sens qu'il a été conduit pour préserver sa possibilité même à soutenir une thèse dont Gersonide s'emploie longuement à montrer le caractère irrationnel [2].

Si toutefois Maïmonide a subi la pression de la « Tora » ou de sa *possibilité* au point de tenir une position absurde sur la création du monde et si Gersonide le combat de manière véhémente sur ce point, il n'en a pas moins succombé lui-même à cette même pression. Se distinguant, sur ce point également, des lecteurs ésotériques du *Guide* [3], Gersonide prend très au sérieux la remarque de Maïmonide au même livre II, 25, selon laquelle seule la thèse de la création *volontaire* rend possible les miracles et, partant, la Tora, dont la révélation est elle-même miraculeuse, puisqu'il la reprend intégralement à son compte. Emboitant le pas au Maïmonide de II, 25, Gersonide suggère à plusieurs reprises que « la croyance aux miracles est le motif rendant indispensable l'adhésion à la création du monde » [4]. Autrement dit, la nécessité de disposer d'une preuve de la création provient du fait qu'elle seule s'accorde avec la possibilité des miracles et, particulièrement, de la révélation [5].

Au regard de la génétique des *Guerres*, ceci engage en réalité le sens de tout son projet intellectuel.

1. Sur le lien entre révélation et création, cf. *supra*, chap. premier.

2. Voir *Guerres*, VIa, 17 (« Difficultés de la création *ex nihilo* »), p. 364-367.

3. Voir nos remarques sur le *Commentaire* de Moïse de Narbonne sur *Guide*, II, 25, *supra*, chap. IV, p. 102.

4. *Guerres*, VIa, 17, p. 364.

5. Voir *Guerres*, VIb, 1, p. 419 : « S'il n'était pas nécessaire que nous croyions (*im lo haya meḥuyyav še-naʾamin*) aux miracles, il serait facile d'expliquer les passages de la Tora sur la création du monde de manière à ce qu'ils s'accordent avec la doctrine du Philosophe. » Voir également *Com. Gn* 1, 1, p. 31. Sur ce thème, voir M. Kellner, « Gersonides on the Problem of Volitional Creation », *Hebrew Union College Annual*, 51, 1980, p. 111-128 et *id.* « Gersonides on Miracles, the Messiah and Resurrection », *Da'at*, 4, 1980, p. 5-34.

La clôture du cercle herméneutique gersonidien

Génétique des Guerres *: une entreprise apologétique*

S'agissant des *Guerres*, les considérations de génétique textuelle sont d'une importance majeure. La pensée gersonidienne, d'une part, a évolué au fil des douze années qu'a duré la rédaction de l'ouvrage (1317-1329). Nous disposons d'autre part d'un grand nombre de témoins de l'élaboration progressive de sa pensée, à travers les nombreux textes datés écrits en parallèle des *Guerres* : super-commentaires des *Commentaires Courts* (= « *Paraphrases* » ou « *Épitomés* ») et des *Commentaires Moyens* d'Averroès sur nombre de traités d'Aristote, d'une part, et commentaires bibliques, d'autre part. Les recherches menées à ce jour sur les textes manuscrits permettent d'avancer quelques hypothèses quant au projet des *Guerres* et à sa progression. On sait ainsi que le traité a connu plusieurs rédactions et que le projet initial de l'ouvrage, commencé en 1317 (alors que l'auteur avait 29 ans), ne traitait que de la question de la création et de l'éternité. Comme Gersonide le mentionne explicitement à la fin de la première partie du livre VI, ce n'est que parce que la résolution de ce problème supposait d'aborder d'autres questions spéculatives, qu'il a été conduit à écrire les autres livres du traité et à le présenter sous sa forme actuelle, achevée en 1329 [1]. L'introduction des *Guerres*, dans sa version finale, porte également les scories de cette première version, tant la question de la création y apparaît comme centrale [2].

Mais les textes manuscrits nous apprennent également que le projet d'une astronomie nouvelle (élaboré dans la première partie du livre V des *Guerres*, version finale) a très vite accompagné le projet du traité sur la création. Ils témoignent par ailleurs du fait que la position de Gersonide sur la création a connu des évolutions. Steven Harvey a ainsi mis en lumière un texte du *Super-commentaire sur le Commentaire Moyen d'Averroès sur la Physique* où l'on trouve côte-à-côte, dans un premier paragraphe, une défense non seulement de la création *ex nihilo* [3], mais de la génération absolue de la matière première, puis, dans un second paragraphe, un argument supposant une création *ex aliquo*, conformément à la thèse bien connue de Gersonide [4]. Harvey suggère que ces deux textes reflètent deux états de la pensée de Gersonide sur la question. La difficulté principale est l'existence même d'un argument en faveur de la création absolue de la matière première sans équivalent dans aucun autre texte connu de Gersonide. Ce dernier aurait donc changé d'opinion entre la rédaction

1. *Guerres*, VIa, 29, p. 417.

2. Voir en particulier, *Guerres*, « Introduction », p. 2 et p. 4-6.

3. Une forme de « création *ex nihilo* » est admise au moins formellement par Gersonide, dans les *Guerres* : « [La création] est *ex aliquo* en tant qu'elle s'opère *à partir d'un corps*. Mais elle est *ex nihilo* en tant qu'elle s'opère à partir d'un corps *dépourvu de toute forme* (*še-tihye mi-gešem neʿedar kol ṣura*) » (*Guerres*, VIa, 17, p. 367, souligné par nous). Car les formes déposées dans ce corps ne sont pas créées à partir d'un substrat préalable (voir *Guerres*, VIa, 3, p. 297 et VIa, 17, p. 364).

4. S. Harvey, « Did Gersonides Believe in the Absolute Generation of Prime Matter ? » [hébreu], *Jerusalem Studies in Jewish Thought*, 7, 1988, p. 307-318.

de ce texte (qui selon le colophon date de 1321) et la clôture des *Guerres* (1329), ce qui laisserait entendre que la thèse originelle aurait été la création *ex nihilo*. Autrement dit, Gersonide a pu réviser son *Supercommentaire sur la Physique* au gré de l'évolution de sa pensée. Le premier paragraphe (thèse d'une génération absolue de la matière première) pourrait bien être la trace d'une première thèse de Gersonide sur la question de la création – thèse abandonnée par la suite au profit de la création *ex aliquo*.

Quoi qu'il en soit, Gersonide s'est donc engagé en 1317, dans la rédaction d'un traité où, bravant la censure méthodologique maïmonidienne, il visait à démontrer la création absolue contre l'éternité aristotélicienne. Au-delà des « tendances conservatrices » que l'on peut observer dans les *Guerres* au regard de la radicalité des thèses des averroïstes juifs provençaux contemporains [1], les informations dont nous disposons à partir des études génétiques sur les *Guerres* nous indiquent que ce traité en son origine peut être considéré comme une entreprise polémique et *in fine*, n'en déplaise à son auteur (et à sa réputation d'hétérodoxe), apologétique. Gersonide entend démontrer la création parce que la Tora l'y incite, y mène en tant que *hayšara*.

Du reste, Gersonide n'est pas totalement muet sur ce qui motive sa tentative de démontrer la création. Comme nous venons de le voir, Gersonide – s'inscrivant en cela dans une tradition que l'on peut faire remonter jusqu'à Saadia Gaon – admet la « corrélation théologique entre création et miracles » [2], autrement dit l'idée selon laquelle seule une création volontaire du monde rend admissible l'existence des miracles. Seule une telle création permet de penser, dans la perspective gersonidienne, que l'ordre naturel puisse en certaines circonstances être suspendu au profit d'un autre ordre, providentiel, dans lequel s'inscrit l'événement de la révélation [3].

Démontrer la création pour fonder l'entreprise scientifique

Voilà donc exprimé dans sa pureté le « cercle herméneutique » gersonidien. Gersonide part d'une présupposition de la vérité de la Tora et d'une conception de la vérité selon laquelle celle-ci doit être accessible à la raison. Il construit dès lors un système philosophique, d'une extraordinaire cohérence, qui accorde Tora et philosophie, préservant autant que faire se peut, la vérité de la Tora et l'indépendance de la rationalité philosophique. En découle le paradoxe d'une entreprise scientifique, refusant tout présupposé théorique et donnant – d'une manière absolument singulière pour l'époque – une importance fondamentale à

1. C. H. Manekin, « Conservative Tendencies in Gersonides », art. cit.

2. M. Kellner, « Gersonides on Miracles, the Messiah and Resurrection », art. cit., p. 33.

3. Sur la doctrine gersonidienne des miracles, voir *Guerres*, VIb, 9-12. Voir aussi, C. Touati, *Pensée*, p. 469-477 ; M. Kellner, « Gersonides on Miracles, the Messiah and Resurrection », art. cit. et S. Klein-Braslavy, « Gersonides' Use of Aristotle's *Meteorology* in his Accounts of some Biblical Miracles », *Aleph : Historical Studies in Science and Judaism*, 10/2, 2010, p. 241-313 (qui contient une bibliographie complémentaire, n. 3, p. 243).

l'observation dans la construction de la théorie scientifique, qui en même temps se fonde sur la nécessité de rendre concevable la révélation de la Tora.

En ce sens, la distinction posée par L. Strauss entre le statut de la « fondation de philosophie à partir de la Loi » (*gesetzliche Begründung der Philosophie*) et de la « fondation de la Loi à partir de la philosophie » (*philosophische Begründung des Gesetzes*) ne s'applique pas à Gersonide. Strauss soutient que la philosophie médiévale se distingue aussi bien de la philosophie antique que de la philosophie moderne, en ce qu'elle considère que « sa préoccupation première et la plus pressante » est de se légitimer devant une instance autoritative extérieure et préalable à l'exercice de la raison. Mais une fois la philosophie fondée à partir de la Loi, la Loi ou la révélation devient un thème *parmi d'autres* que la philosophie prend pour objet d'étude[1]. Avec Gersonide, toutefois, la problématique de la fondation de la Loi par la philosophie engage très précisément la fondation de la philosophie elle-même et par là même, la fondation *par soi* de la philosophie, ce qui fait en quelque sorte de Gersonide un philosophe moderne parmi les médiévaux.

Comme l'a montré Gad Freudenthal[2], ce qui assure la cohérence du système gersonidien dans toutes ses dimensions (philosophiques, scientifiques et exégétiques) est sa sotériologie originale associant salut individuel et connaissance. La sotériologie de Gersonide se singularise parmi les conceptions médiévales de la permanence de l'âme après la mort, par le fait qu'il considère que l'appréhension de *toute* forme intelligible (matérielle comme immatérielle) confère à l'individu, *via* son « intellect acquis » un accès à une immortalité dans laquelle il conserve une forme d'existence *individuelle*. Dans le premier livre des *Guerres*, Gersonide discute les arguments de certains aristotéliciens sur l'intellect acquis (en particulier Alexandre d'Aphrodise, Thémistius et Averroès) qui les conduisent à nier l'immortalité de l'âme individuelle, au profit tout au plus, pour certains d'entre eux, d'une immortalité trans-individuelle[3]. Le but de l'existence d'un homme est pour Gersonide, au contraire, l'accroissement de sa part propre et singulière d'immortalité individuelle, via l'accroissement de ses connaissances intelligibles acquises.

L'astronomie « réaliste » de Gersonide découle naturellement de cette sotériologie : à la différence de la quasi-totalité des médiévaux, il considère possible de rendre compte de ce que *sont* les corps célestes et refuse de se résoudre à construire une astronomie « instrumentale », visant seulement à offrir un modèle mathématique qui « sauve les phénomènes », sans pourtant prétendre saisir la nature des êtres supralunaires. Pour notre auteur, il est possible de

1. L. Strauss, « La philosophie et la Loi », *op. cit.*, p. 55-56.

2. G. Freudenthal, « Sauver son âme ou sauver les phénomènes : Sotériologie, épistémologie et astronomie chez Gersonide », dans *id.* (éd.), *Studies in Gersonides : A Fourteenth-Century Jewish Philosopher-Scientist*, Leiden, Brill, 1992, p. 317-352.

3. Voir en particulier *Guerres*, I, 1-4 et G. Freudenthal, « Sauver son âme ou sauver les phénomènes… », art. cit., p. 319-320. Se référer plus généralement aux textes du livre I traduits par C. Sirat dans R. Imbach et M.-H. Méléard (éd.), *Philosophes médiévaux. Anthologie de textes philosophiques*, Paris, Union générale d'éditions, 1986, p. 318-334.

connaître ce qu'il en est des corps célestes et il faut donc s'y efforcer : cela participe de l'accès de l'individu à l'immortalité, cela contribue à « sauver son âme ». De même, il convient de connaître (et donc d'expliquer) la Tora « en vérité », car la connaissance vraie de la Tora participe des connaissances intelligibles et accroît, par conséquent, la part de survivance individuelle.

Reste que ce présupposé de la vérité ou de la véracité de la Tora constitue bien un présupposé et, à en croire Gersonide, c'est également singulièrement sur cette question de la permanence *individuelle* de l'âme après la mort que la Tora a joué un rôle de *hayšara*[1]. Toute la vision du monde de Gersonide, dans cette perspective, serait en définitive tirée de la Tora supposée vraie. C'est elle qui enseigne le sens de la vie humaine, elle seule qui confère à l'existence *individuelle* un sens et, puisque ce sens consiste dans l'acquisition des intelligibles, c'est elle, dès lors, qui se trouve au fondement de l'entreprise scientifique elle-même !

Il faut donc que sa possibilité soit avérée par des procédures scientifiques pour la cohérence du système lui-même. La vision scientifique du monde gersonidienne trouve son fondement en la Tora et elle s'efforce en même temps de se fonder elle-même en *démontrant* la possibilité de la Tora. Elle se trouve ainsi engagée dans un cercle herméneutique : la Tora est vraie et ne saurait être contradictoire avec la raison qui doit pouvoir s'exercer indépendamment de toute pression exercée par elle ; l'entreprise de spéculation rationnelle elle-même n'a de sens que *si* la Tora est possible. Il n'est donc pas étonnant que deux points majeurs à propos desquels la Tora sert de *hayšara* soient les doctrines fondamentales (en ce sens qu'elles lui donnent sa signification et son fondement) du système : la doctrine de l'immortalité individuelle, tirée de la Tora, *et* la création, condition de possibilité même de la Tora.

La doctrine du corps primordial semble ainsi être l'élément qui permet de « boucler le système » ou de clore le cercle herméneutique sur lui-même. Nous avons vu que la pensée de Gersonide avait probablement évolué d'une thèse classique de la création *ex nihilo* vers celle d'une création *ex aliquo*. Cette évolution résulte d'une hypothèse formulée dans le cadre de l'astronomie et rétrojetée sur la cosmogonie. Gersonide pose en effet dans les années 1326-1328[2], l'hypothèse d'un corps interstellaire qui ne conserve aucune figure, de manière à résoudre un certain nombre de problèmes que pose son astronomie « réaliste ». Gersonide s'inscrit dans le débat ouvert par la « révolte andalouse » contre Ptolémée. Dans l'optique de sa sotériologie, Gersonide ne pouvait se satisfaire du type de solutions « instrumentalistes » proposées par Al-Biṭrūjī au début du

1. Voir *Com. Gn* 25, 8 (éd. cit., p. 329-330) : ce verset « vise à nous faire savoir que l'intellect acquis subsiste après la mort. Il est constitué des intelligibles que l'homme a appréhendés au cours de sa vie. Alors, l'homme appréhende ensemble tout ce qu'il a appréhendé au cours de sa vie car la matière ne fait plus obstacle à l'appréhension de ces intelligibles. [...] *Cet [enseignement] est d'une utilité majeure, car tous les philosophes se sont trompés à son sujet* » (souligné par nous, le passage suggère qu'en l'absence de l'enseignement du verset, on ne saurait parvenir à la doctrine juste à propos de la question de l'immortalité). Voir également, *Guerres*, I, 13, p. 91 et VIb, 8, p. 439.

2. R. Glasner, « The Early Stages in the Evolution of Gersonides' *The Wars of the Lord* », *The Jewish Quarterly Review*, 87/1-2, 1996, p. 39.

XIIIe siècle, suivant les conseils d'Averroès[1]. Il lui fallait au contraire en offrir une solution « réaliste », c'est-à-dire qui permette de conserver les fondements de la physique aristotélicienne dans le cadre d'une astronomie systématique[2]. Ceci supposait pour lui de résoudre deux problèmes principaux : celui de l'existence d'un centre fixe et celui de la non-interférence des mouvements de chaque sphère. C'est l'hypothèse d'un corps interstellaire, invisible et fluide (ne conservant pas sa forme), qui paraît s'être imposée à lui pour résoudre ces deux difficultés (ce corps n'oppose aucune résistance au mouvement de chacune des deux sphères avoisinantes et il constitue le centre fixe autour duquel tourne la sphère supérieure). C'est semble-t-il en partant de cette hypothèse qu'il en est venu à en trouver l'origine dans un corps primordial ayant précédé la création du monde. Ce corps interstellaire, dépourvu de toute nature et incapable de conserver sa forme, est le reste brut du corps d'avant le monde.

Les deux projets de Gersonide qui semblent pourtant profondément contradictoires s'entremêlent donc : 1° entreprise *apologétique* consistant à prouver la création pour s'assurer de la possibilité de la Tora et, avec elle, du sens de l'existence humaine ; 2° projet strictement *scientifique* de construction d'une cosmologie cohérente qui assure la possibilité d'une connaissance étendue, sinon totale, des existants non-divins. Étrangement, le projet scientifique présuppose le projet apologétique en tant que condition de possibilité. Il repose sans se l'avouer sur la présupposition de la Tora qui lui donne son sens.

On comprend dès lors ce qu'a pu avoir d'insupportable aux yeux de Gersonide la thèse maïmonidienne d'une indémontrabilité de la création du monde. Il lui fallait démontrer la création pour que la vision scientifique du monde se trouvât par elle-même fondée. Mais on peut comprendre également l'enjeu de la divergence doctrinale de Maïmonide et de Gersonide sur la création.

1. Dans un passage du *Grand Commentaire sur la Métaphysique*, trad. angl. A. I. Sabra, « The Andalusian Revolt Against Ptolemaic Astronomy. Averroes and al-Biṭrūjī », dans E. Mendelsohn (éd.), *Transformation and Tradition in the Sciences : Essays in Honour of I. Bernard Cohen*, Cambridge, Cambridge University Press, 1984, p. 141.

2. Tout ceci est exposé dans G. Freudenthal, « Sauver son âme ou sauver les phénomènes », art. cit., en part. p. 336-334. Voir aussi *id.*, « Cosmogonie et physique chez Gersonide », art. cit. Langermann conteste cependant la légitimité des qualificatifs « réaliste » et « instrumental » appliqués à l'astronomie des médiévaux (voir Y. T. Langermann, « Maimonides and Astronomy : Some Further Reflections », dans *The Jews and the Sciences in the Middle Ages*, Brookfield, Ashgate, 1999, p. 1-26).

Cosmogonie et cosmologie : l'impensable césure

La critique du Principe de Maïmonide

La différence majeure entre les deux auteurs se joue autour de la portée du « Principe de Maïmonide ». Ce Principe qui introduit une césure radicale entre, si l'on peut dire, *l'avant* et *l'après* de la création, entre création et monde ou encore entre cosmogonie et cosmologie, est inacceptable aux yeux de Gersonide sous cette forme.

Ce dernier le conserve néanmoins, pour autant qu'il est une arme d'une redoutable efficacité contre les objections « aristotéliciennes » *a parte mundi* contre la création *de novo*. Dans sa version gersonidienne, il énonce simplement l'impossibilité d'inférer d'une propriété de la génération partielle (toute génération s'opérant dans une partie du monde) quoi que ce soit concernant la génération totale (la génération du monde dans son ensemble) [1]. Par là, il constitue une objection dirimante à toute déduction rationnelle de l'éternité du monde, telle que l'argument par la nécessité pour tout mouvement (à l'instar du « mouvement », que constitue le passage de la potentialité à l'acte, dans le processus de génération) d'être précédé par un autre mouvement. Le raisonnement aristotélicien en déduisait que, pour éviter une régression *ad infinitum*, il fallait poser un premier mouvement et par conséquent un premier mobile éternel (= le corps céleste) [2]. Ceci – nous dit Gersonide – n'est vrai que d'un mouvement qui constitue un changement « naturel », *dans* le système du monde, pourvu de ses règles et de ses lois propres. Mais cela ne saurait être appliqué à la génération du monde dans sa totalité, changement « volontaire », avant que n'existent le mouvement « naturel » et les règles qui le régissent [3].

Cependant, on ne saurait faire valoir le Principe pour affirmer, comme le fait Maïmonide, qu'il est possible que *rien* de ce qui est vrai dans l'état actuel du monde ne soit vrai du monde lors de ou avant sa génération. Car ce qui vrai de toute génération *qua* génération doit valoir aussi bien pour la génération partielle que pour la génération totale [4]. Or, pour Gersonide, c'est une propriété analytique de toute génération qu'elle s'opère à partir d'un substrat [5]. Une génération à partir de rien est une contradiction dans les termes, un concept qui défie

1. *Guerres* VIa, 4, p. 304-306 et VIa, 17, p. 366. Sur la critique que Gersonide fait de Maïmonide sur ce point, voir la longue note de Feldman *ad loc.*, trad. cit., n. 20, p. 328.

2. *Guerres*, VIa, 3, p. 298-300, les arguments 3 à 5 en faveur de l'éternité du monde, partant du mouvement. *Cf.* Aristote, *Physique*, VIII, 1 et 7-10.

3. *Guerres*, VIa, 24, p. 394-398.

4. *Guerres*, VIa, 4, p. 306.

5. « [I]l est *par soi évident* (*mevoʾar be-ʿaṣmo*) *que nul être n'est engendré à partir de rien* (*mi-lo davar*) et que nul être ne se corrompt jusqu'à n'être plus rien (*el lo davar*), mais que la matière subsiste toujours. » (*Guerres*, VIa, 3, p. 295, voir aussi une formule similaire, VIa, 17, p. 364).

la logique, au même titre que l'existence simultanée de deux contraires ou que le fait que Dieu crée un autre Dieu [1].

Ex nihilo : *entre impossibilité naturelle et impossibilité logique*

On peut s'étonner d'une telle classification d'une génération *ex nihilo* comme impossibilité *logique.* Car il semble bien qu'en définitive cette impossibilité découle d'un raisonnement analogique, partant de l'expérience sensible : toute génération dont nous faisons l'expérience n'est qu'une reconfiguration d'éléments préexistants, par conséquent le concept de génération lui-même comprend la préexistence d'un substrat matériel. L'impossibilité de la création *ex nihilo* ne serait alors pas logique, mais naturelle. Mais c'est là toute l'ambiguïté de la formule *ex nihilo nihil fit*, qui constitue l'axiomatique de toutes les critiques de la création *ex nihilo.* Elle peut s'entendre comme signifiant « rien n'est *jamais* fait de rien », « on n'a jamais rien vu être fait de rien », autrement dit elle se présente comme une inférence partant de l'expérience. Mais on peut aussi comprendre « du néant, (seul) le néant est fait », « du rien, ne *peut* advenir que du rien », ce qui renvoie alors à une stérilité intrinsèque du néant. La formule serait alors une définition analytique du néant : le néant est ceci dont ne peut provenir rien qui soit, ce qui renvoie en dernière instance à la dichotomie ontologique parménidienne. La création *ex nihilo* apparaît alors en effet au plus haut point contradictoire : il ne s'agit plus d'une contradiction des lois de la physique, mais d'un défi à la logique de l'être lui-même [2].

Il semble bien que Gersonide, même s'il ne le dit pas en ces termes, ait perçu l'extraordinaire portée du Principe de Maïmonide, qui risque d'emporter tout sur son passage, y compris les règles élémentaires de la logique. Dans un important chapitre de la troisième partie du *Guide*, Maïmonide pose une limite à l'étendue de la puissance divine : Dieu ne saurait produire l'impossible. Mais il note en même temps qu'il n'existe pas d'accord universel sur ce qui relève du possible et de l'impossible, ni même de critère sûr permettant de les distinguer [3]. Ainsi, alors que « nous » considérons possible de « produire une chose corporelle sans se servir pour cela d'aucune matière préexistante », les « philosophes » le jugent impossible [4]. Le débat engage donc le curseur du possible et de l'impossible. Tenir pour possible la création *ex nihilo,* que les philosophes tiennent pour

1. Ces exemples sont ceux que Maïmonide prend pour illustrer la position des « philosophes » de la deuxième opinion sur la création (la thèse « platonicienne ») en *Guide*, II, 13, p. 107-108. Ils considèrent que prêter à Dieu la capacité de créer *ex nihilo* revient à lui prêter le pouvoir de faire exister l'impossible. Gersonide se place ainsi, dans la typologie de Maïmonide, du côté des philosophes platoniciens et non « de tous ceux qui admettent la loi de Moïse ».

2. Aristote fait remonter cet axiome de la physique aux présocratiques (*Physique*, I, 191a31). C'est précisément pour sortir de l'impasse ontologico-logique des Éléates qu'Aristote introduit dans ce contexte le concept de puissance (voir *Métaphysique*, III, 4, 999b5-8).

3. *Guide*, III, 15. Sur ce problème, voir A. L. Ivry, « Maimonides on Possibility », art. cit., p. 67-84 et Y. T. Langermann, « Maimonides and Miracles. The Growth of a (Dis)-Belief », art. cit., p. 160-161.

4. *Guide*, III, 15, p. 106-107.

impossible, revient alors à jouer sur les contours de la loi de non-contradiction [1]. C'est du moins reconnaître l'*affinité* avec une contradiction logique que de situer, comme le fait Maïmonide [2], la création *ex nihilo* à côté de l'hypothèse de l'existence d'un accident qui ne serait porté par aucun substrat, affirmée par certains *mutakallimūn*, ou d'un carré dont la diagonale serait égale à l'un de ses côtés, impossible pour le mathématicien, mais supposée possible par « maint homme qui ignore les mathématiques ». On notera que, dans le cas de la diagonale égale au côté ou de l'accident sans substrat, l'impossibilité provient d'une contradiction avec une propriété qui appartient à la définition même de chaque concept. La diagonale est par définition, en tant qu'hypoténuse d'un triangle formé par les côtés du carré, plus longue que ces derniers. Un accident, défini classiquement comme « appartenant à un être » [3], suppose *analytiquement* un substrat. Du reste, dans sa déduction de l'existence de Dieu à partir de l'adventicité du monde, Maïmonide lui-même faisait intervenir l'axiome selon lequel rien ne peut venir de rien à titre de prémisse implicite [4].

C'est dire à quel point la création *ex nihilo* met en péril les règles de base du raisonnement. Elle ferait, grâce au « Principe de Maïmonide », exception chez ce dernier aux lois générales de la connaissance. C'est précisément la radicalité des conséquences du Principe que Gersonide a cherché à fuir, en en limitant l'extension et par l'introduction de sa doctrine d'une création *ex aliquo* [5].

1. Dans sa défense de la validité philosophique de la création *ex nihilo*, Isaac Abravanel s'efforcera de répondre précisément à ce problème en arguant que la création *ex nihilo*, n'étant pas proprement contradictoire, est possible à un agent de puissance infinie. « Si l'existence d'un être est auto-contradictoire (*soter et nafšo*) [...], cet être est d'existence impossible (*nimnaᶜ*). Dans tous les autres cas, il est d'existence possible (*efšar*). » (*Mifᶜalot Elohim*, éd. cit., p. 85) ; « L'existence d'un être corporel ne procédant pas d'une matière préalable (*lo mi-ḥomer qodem*) n'est pas intrinsèquement contradictoire. [La création du monde n'est] pas une chose dont le concept (*ṣiyyur*) est contradictoire puisqu'il n'y a pas d'opposition entre le sujet et le prédicat qui rendrait son existence impossible. En effet, le mot "monde" qui constitue ici le sujet n'entre pas en contradiction avec l'attribut "être advenu (*meḥuddaš*) après le néant" qui en est le prédicat. » (*Ibid.*). Sur la doctrine de la création chez I. Abravanel, voir S. W. Feldman, « R. Isaac Abravanel's Defense of Creation *Ex Nihilo* », *World Congress of Jewish Studies*, 11/C2, 1993, p. 33-40 ; *id.*, *Philosophy in a Time of Crisis. Don Isaac Abravanel, Defender of the Faith*, London-New York, Routledge, 2003, p. 50-51 et B. Ogren, *The Beginning of the World in Renaissance Jewish Thought*, *op. cit.*, chap. III et VII.

2. *Loc. cit.*, *supra*, n. 4 p. 131.

3. Voir la définition aristotélicienne du *symbebekos* en *Métaphysique*, IV, 30, 1025a14 et, à propos de la doctrine *muᶜtazilite* d'un accident de « destruction » sans substrat, H. A. Wolfson, *The Philosophy of the Kalam*, *op. cit.*, p. 537-542 ; *Guide*, I, 73, p. 391 ; Averroès, *TT*, II, éd. Bouyges, p. 135 ; trad. cit., p. 79.

4. Car seul cet axiome permet d'exclure l'hypothèse de l'avènement d'un monde sans aucune cause. Voir T. Visi, *The Existence of God : Maimonides' Intricate Argument*, *op. cit.*, chap. I, surtout p. 32-47.

5. A. L. Ivry, « Maimonides on Possibility », art. cit., p. 79, interprète également le « Principe de Maïmonide » comme impliquant une relativisation de la logique dans son ensemble. Dans un article ultérieur, pour ne pas prêter une telle thèse à Maïmonide, il rapprochera sa doctrine ésotérique sur la création de la doctrine de Gersonide ; *id.*, « Maimonides on Creation », art. cit. et A. L. Ivry, « Staub's *Gersonides* », *The Jewish Quarterly Review*, 79/4, 1989, p. 383-385.

Continuum épistémologique

Conformément à l'objectif que nous avons déterminé d'une clôture de son propre cercle herméneutique, Gersonide conteste, d'une part, que la création du monde échappe totalement à toute connaissance possible et, d'autre part, que celle-ci ne nous renseigne pas sur ce qu'il en est du monde *après* la création. Le passage le plus éloquent quant à cette divergence vis-à-vis de Maïmonide est le suivant :

> [C]e principe (*haqdama*) [le Principe de Maïmonide], adopté comme principe général (*be-ofen kolel*), nous rendrait impossible toute spéculation rationnelle sur la génération de l'existant, tout en ne fermant pas [la possibilité] d'une spéculation rationnelle sur [ce qui existe] après sa génération [1]. Dès lors, soutenir que le monde a été créé ne servirait à rien pour établir la véracité des miracles (*le-qayyem emunat ha-moftim*), miracles qui pourtant sont précisément le motif rendant indispensable l'adhésion à la création du monde (*ašer ba*ᶜ*avuram haya hekhreah̩ le-ha*ʾ*amin še-ha-*ᶜ*olam meh̩uddaš*), comme l'a énoncé le Maître Guide. En effet, les miracles se sont produits après la l'engendrement du monde. Or, si n'était possible après l'engendrement du monde que ce qui découle nécessairement de la nature de l'être, comme il ressort de ce principe, il n'y aurait aucun moyen de croire aux miracles [2].

Comme nous l'avons vu au chapitre précédent, ce que permet le « Principe de Maïmonide » au sein du *Guide* est de conserver en droit – *pace* le *kalām* – l'ensemble de la cosmologie et de la physique aristotéliciennes, au sein d'un monde créé. Mais, avec une telle césure radicale entre le monde institué et son origine, Gersonide objecte que l'on n'a précisément rien gagné en introduisant l'hypothèse de la création, puisqu'après la création « le monde suit son cours habituel », suit intangiblement les lois de la physique et ne laisse donc pas de place aux miracles. Nous avons vu que la doctrine des miracles est dans le *Guide*, beaucoup plus complexe et ambiguë que Gersonide ne le laisse ici entendre. Mais il faut prêter attention aux termes de cette objection. Ce que Gersonide reproche à Maïmonide est d'avoir « *rend*[*u*] *impossible toute spéculation rationnelle sur la génération du monde* », tout en prétendant, avec l'hypothèse de la création donner un éclairage sur les miracles qui adviennent *après* la création. Le reproche est épistémologique. Le lien création-miracles n'a de portée effective que si la *connaissance* de celle-là permet de parvenir à une *connaissance* de ceux-ci.

Admettant l'un et l'autre une création « volontaire », autrement dit que l'existence du monde répond à un projet, ce que nous avons traduit plus haut par l'idée que l'existence même du monde est pourvue d'un sens, les deux auteurs se distinguent sur la compréhension de la teneur de ce sens. Chez Maïmonide comme chez Gersonide, il s'agit dans le traitement de la question de la création de maintenir une possibilité d'une science de la nature dans un monde créé. La création signifie avant tout que le monde est le fruit d'un

1. Voir Gatti, trad. cit., p. 889, n. 15 et 16 à propos de l'établissement du texte de ce passage.
2. *Guerres*, VIa, 17, p. 367.

« dessein » ou d'une volonté. Autrement dit que le monde, explicable par la science aristotélicienne, n'est pas un pur état de fait qu'il faudrait se contenter d'expliquer ou de décrire sans en interroger la raison, le pourquoi ou le sens. Les miracles, à commencer par la révélation, sont l'attestation dans le monde *qu'il a* un sens. L'enjeu de la discussion de Gersonide avec Maïmonide porte sur la teneur de ce sens.

Pour Gersonide, le « Principe de Maïmonide » envisagé de manière absolue rend impossible d'énoncer quoi que ce soit de l'origine du monde et la création *ex nihilo* qui en dépend met en péril la logique élémentaire. Elle est proprement insensée. Le « Principe de Maïmonide » signifie d'abord que la cosmogonie n'informe en rien la cosmologie. Mais il implique surtout que le fondement du monde sensé est insensé à l'aune des capacités humaines, que l'être s'origine pour l'entendement humain dans le non-sens. En démontrant la création *de novo* et en limitant l'extension du « Principe de Maïmonide », Gersonide entreprend au contraire de ressaisir l'origine du monde comme un objet de connaissance possible. Au fondement du monde, gît un objet « sensé », au sens minimal d'un objet qui peut être le référent d'une proposition sensée, à défaut d'être pleinement saisissable (puisque le corps primordial ne se laisse jamais saisir ou figer en une forme), descriptible à défaut d'être pleinement connaissable dans un discours de type scientifique [1]. L'optique gersonidienne, telle celle du télescope Hubble, s'efforce de donner à voir ou à savoir quelque chose de l'origine, qui viendrait ainsi renseigner l'état actuel du monde et nous informer sur son sens.

Cet écart entre les deux auteurs quant à l'obscurité ou la transparence du « sens du monde » se répercute également sur leurs thèses respectives sur la finalité du monde. Pour Maïmonide, s'il est évident que le monde a une finalité générale, celle-ci reste fondamentalement inaccessible à l'homme [2]. En tout état de cause, cette finalité ultime ne saurait être l'homme lui-même, à qui il revient au contraire de s'efforcer de reconnaître qu'il n'occupe qu'une place et une fonction minimes dans l'Univers [3]. Que l'homme soit la finalité de la création ne fait en revanche aucun doute dans la cosmologie gersonidienne [4]. Les intellects séparés ne sont pas des entités enfermées en elles-mêmes par leur acte d'auto-intellection et d'intellection de leur cause. Ils sont au contraire totalement finalisés par l'action qu'ils exercent chacun sur une partie du monde sublunaire, assurant par leurs actions coordonnées la production de son ordre. C'est d'ailleurs un des principaux arguments de Gersonide en faveur de la création de

1. Sur la description du corps primordial comme discours-limite, voir G. Freudenthal, « Cosmogonie et physique chez Gersonide », art. cit., p. 301-302, qui compare (en partant d'un passage de *Guerres*, VIa, 18, p. 371) le statut du corps primordial gersonidien dans le langage de l'aristotélisme à celui de π dans le langage des nombres rationnels.

2. *Guide*, III, 13.

3. Voir *Guide*, III, 12-13 ; MT, *Yesodei ha-Tora* (*Fondements de la Tora*), II, 2 (trad., p. 35-36) ; M. Halbertal, *Maimonides : Life and Thought*, *op. cit.*, p. 197-222 et p. 333-335.

4. Sur l'homme en tant que finalité du monde sublunaire, voir *Guerres*, VIb, 8, p. 437 ; C. Touati, *Pensée*, p. 361-363.

la sphère céleste : elle a pour fin autre chose qu'elle-même, ce qui constitue l'une des propriétés des êtres engendrés [1]. Tout, par ailleurs, dans le monde sublunaire, jusqu'aux végétaux et aux animaux, existe en vue de l'homme, qui est pour reprendre l'expression de C. Touati un « idéal » [2], un être susceptible de parfaire sa forme spécifique et de s'abstraire par là de sa mortalité toute sublunaire [3]. Il est, en quelque sorte, le sens du monde et la connaissance du monde est le sens de son existence, comme le lui enseigne la Tora. En refusant la césure maïmonidienne du monde et de son origine, Gersonide s'ouvre, dès lors, la possibilité d'accéder à la connaissance, dans un discours sensé, de l'origine même du sens.

CONCLUSION : RÉVÉLATION ET AUTO-FONDATION DE LA RAISON

Même s'il en conserve nominalement les termes [4], l'effort engagé pour faire tomber la thèse de la création *ex nihilo* découle de l'épistémologie et de la sotériologie de Gersonide, d'une vision scientifique du monde trouvant paradoxalement son fondement dans la révélation. Seule la révélation aura su indiquer (à titre d'*hayšara*) aux hommes la possibilité d'une survivance de leur intellect acquis, qui seule confère du sens à l'existence humaine individuelle. Gersonide aborde cette question en y engageant le sens même de son entreprise philosophique et non pas seulement comme un domaine particulier des sciences naturelles. Son traitement du problème de l'origine du monde est avant tout une tentative de saisir par la connaissance le fondement même de toute connaissance possible, en bouclant par là même le « cercle herméneutique gersonidien ». La Tora confère à l'existence humaine son sens, en légitimant l'entreprise scientifique [5]. Celle-ci ne saurait être possible que si le monde est créé. Connaître la création du monde revient donc à fonder scientifiquement l'entreprise scientifique elle-même.

1. *Guerres*, VIa, 7, p. 310-312 ; *cf.* VIa, 6, p. 308.
2. C. Touati, *Pensée, loc. cit.*, p. 362.
3. « [L]'homme est de manière absolue l'être le plus éminent parmi tous les êtres du monde sublunaire, au point de s'apparenter, par son intellect, aux êtres divins » (*Guerres*, II, 2, p. 95 et *passim*). Pour la version de l'hébreu, voir Gatti, trad. cit., p. 287.
4. Voir *supra*, n. 3, p. 125.
5. On comprend à présent en quel sens la création du monde permet à l'homme de parvenir à sa félicité intellectuelle ou littéralement « scientifique » (*haṣlaḥa maddaᶜit*) et « politique » (*medinit*) selon l'expression de l'introduction des *Guerres* (p. 2). Elle le conduit à sa félicité « scientifique », pas uniquement parce qu'elle constitue un objet de connaissance parmi d'autres et que la « félicité humaine est parfaite lorsque l'homme connaît des réalités existantes autant qu'il est possible » (p. 6), mais parce qu'elle assure la validité de la révélation. Celle-ci en retour garantit la félicité « politique », en confiant à l'homme une législation parfaite et tournée précisément vers l'accès à cette félicité « scientifique » (en organisant la société de manière à favoriser l'intellection et en livrant des enseignements spéculatifs).

On ne saurait dès lors interpréter l'anti-ésotérisme de Gersonide comme une ignorance naïve ou hardie, ni comme la tentation d'en finir avec la limite qu'impose le problème de la création de toute chose à la connaissance et au langage des hommes. Il s'agit au contraire de repousser cette limite au plus loin, en tenant un discours aussi scientifique (entendre clair et univoque) que possible sur l'origine radicale de toute chose, en « affrontant » – pour reprendre l'expression de Wittgenstein, mais avec la confiance d'y réussir – « les bornes du langage » [1]. Car *in fine*, la différence entre Gersonide et Maïmonide n'a que l'épaisseur d'un cheveu. Le corps primordial de Gersonide est le degré minimal de l'être. Il est sans forme, sans nature et fluide ou insaisissable. Il n'est pas nettement supérieur quant à son statut épistémologique à la « création après le néant pur et absolu » de Maïmonide. Mais il est le garant de la possibilité pour la raison de saisir ou décrire son propre fondement. Ainsi, alors que toute l'interprétation de l'Œuvre du Commencement par Maïmonide s'efforce de la ramener à une description cosmologique (l'identifiant à la physique d'Aristote), l'exégèse gersonidienne du récit de la création se veut une véritable description cosmogonique, rendant compte de la manière dont la création s'est effectivement produite.

Ce qui se joue ainsi dans la doctrine cosmogonique de Gersonide est assimilable à ce qui qualifie généralement l'entreprise philosophique moderne – ou du moins l'un de ses courants depuis Descartes – à savoir le projet de son autofondation. Tout le paradoxe réside dans le fait que cette autofondation de la raison consiste ici à démontrer la création ou la possibilité de la révélation. Dans ce paradoxe, se trouve comme explicitée la tension constitutive de toute tentative de ce genre. Car, s'il s'agit dans une parfaite transparence de réduire tout le pensable aux catégories du même, tous les philosophes engagés dans l'entreprise d'une constitution de la philosophie « comme science rigoureuse » ou d'une saisie rationnelle de ses propres fondements n'ont cessé de se heurter à une altérité irréductible. Au cœur du *cogito* cartésien, dernier énoncé résistant au doute hyperbolique, fondement ultime de l'édifice des sciences, dans la parfaite transparence à soi de son « je pense, je suis » gît, ou surgit, « l'idée de l'infini en moi », qui ne saurait précisément trouver son fondement dans les ressources du sujet [2]. Face au sujet transcendantal husserlien, au cours de son *épochè* phénoménologique, se dresse cet *illic* qui ne se laisse ramener au *hic*, cet autre qui appelle à sortir du solipsisme de l'*ego* [3].

1. L. Wittgenstein, *Leçons et conversations*, *op. cit.*, p. 154.

2. *Méditations métaphysiques*, III, AT, VII, 45 *sq.* Voir E. Levinas, *De Dieu qui vient à l'idée*, Paris, Vrin, 1986, p. 108-115, sur la « rupture de l'immanence » que constitue chez Descartes l'idée de l'infini en moi.

3. Voir la cinquième « Méditation cartésienne » (Paris, Vrin, 1953), dont la critique peut être considérée notamment comme le point de d'origine de toute la philosophie de Levinas ; voir notamment E. Levinas, *Totalité et infini*, Paris, Librairie générale française, 1990, p. 63 et *id.*, *Transcendance et intelligibilité*, Genève, Labor et fides, 1984, p. 40.

Point aveugle dans la lunette cosmogonique de Gersonide, on ne saurait trop s'étonner, avec Menachem Kellner [1], des incohérences qui existent entre le naturalisme extrême de sa doctrine des miracles et l'affirmation de l'immutabilité de la Tora ou son explication extrêmement traditionnelle de certains miracles de première importance comme la venue du Messie et la résurrection des morts. Loin de témoigner du fait que ces affirmations ne sont que des gages donnés au vulgaire, ces incohérences sont le symptôme de la limite à laquelle se heurte un certain style scientiste adopté en philosophie.

1. M. Kellner, « Gersonides on Miracles, the Messiah and Resurrection », art. cit. et *id.*, « Gersonides on the Problem of Volitional Creation », art. cit.

CHAPITRE VI

ALBALAG ET CRESCAS : LES HABITS NEUFS DE L'ÉTERNITÉ DU MONDE

Après le « platonisme » gersonidien, notre parcours historico-thématique s'achève avec la thèse qui se présente de prime abord comme la plus problématique au regard de la position supposée de la tradition biblique et rabbinique : l'éternité *a parte ante* du monde. Comme nous l'avons vu, celle-ci est identifiée par certains interprètes comme la doctrine ésotérique de Maïmonide comme d'Abraham Ibn Ezra. Elle se présente toutefois comme la position exotérique ou officielle de certains philosophes juifs médiévaux. C'est le cas notamment d'une figure de premier plan, dont la pensée peut paradoxalement être caractérisée comme conservatrice : Ḥasday Crescas (c. 1340-1410/11), talmudiste et philosophe actif à la croisée des XIVe et XVe siècles en Catalogne. Étonnamment, Crescas se rapproche sur ce point précis des penseurs « averroïstes » qu'il abhorre et adopte en outre, à l'occasion de son traitement de la création, un art d'écrire similaire à celui de l'un d'entre eux, Isaac Albalag (actif au XIIIe siècle), qui passe pour l'un des penseurs les plus radicaux du XIIIe siècle philosophique dans le monde juif[1].

Le rapprochement de ces deux penseurs n'a en effet aucun caractère d'évidence. Ils écrivent tous deux en Catalogne, mais à un siècle d'intervalle. Leurs réputations les opposent. Leurs doctrines philosophiques générales sont irréconciliables : Albalag représente le modèle de l'aristotélicien orthodoxe nourri des commentaires d'Averroès que Crescas entend précisément combattre. Sur la question de la durée du monde, en revanche, leurs positions semblent pouvoir être rapprochées. Tous deux partagent en effet une prémisse commune, à savoir qu'un monde *éternellement* créé est plus légitimement attribuable à Dieu qu'un monde créé *de novo*. Tous deux en revanche, malgré cette prémisse et une argumentation philosophique abondante en sa faveur, s'efforcent, selon des

1. Il figure ainsi parmi les penseurs réputés hétérodoxes en matière de création du monde, tels l'apostat Avner de Burgos, Moïse de Narbonne, Joseph Ibn Kaspi et Shem Tov Falaquera, condamnés par Isaac Abravanel (*Mif^c^alot Elohim*, II, 4, éd. cit., p. 32, *cf.* son commentaire sur Jos 10, 1, section 11, 2e investigation).

stratégies très différentes, de légitimer malgré tout cette seconde position identifiée à la doctrine officielle du judaïsme. Le rapprochement n'est pas non plus tout à fait fortuit, puisque – nous le verrons – Albalag a pu exercer une influence à contre-emploi dans la tradition de rationalistes critiques à laquelle Crescas appartient, bien que ce dernier ne se réfère jamais directement à lui.

À travers ces deux auteurs, nous avancerons encore une fois qu'en plus de dissimuler une doctrine, l'usage d'une écriture ésotérique dit quelque chose du problème traité et engage une pratique singulière de la philosophie. S'il peut émettre des probabilités sur ce qui n'est pas dit, l'interprète peut assurément tirer des enseignements de ce qui l'est.

Albalag et la « double vérité »

D'Albalag nous savons peu de choses, sinon qu'il vécut en Catalogne dans la deuxième moitié du XIIIe siècle, et nous ne disposons que d'un seul texte, le *Tiqqun ha-De^{c}ot* (ou le *Redressement des doctrines*)[1], annotation à sa traduction hébraïque des *Māqāṣid al-Falāsifa* (*Intentions des philosophes*) d'Al-Ghazālī. À l'occasion de sa discussion du problème de la création du monde, Albalag tient des propos qui lui ont valu d'être identifié comme le seul auteur du XIIIe siècle à avoir soutenu la doctrine dite de la « double vérité »[2].

Il déroule une argumentation qui établit démonstrativement l'éternité du monde, avant d'affirmer que la vérité à laquelle on accède par la voie de la spéculation (*^{c}al derekh ha-^{c}iyyun*) peut contredire la vérité livrée par le prophète, de manière miraculeuse (*^{c}al derekh ha-nes*) et que, dans ce cas, il convient d'adhérer aux deux vérités à la fois, selon deux modes distincts : la croyance (*emuna*) et le savoir (*da^{c}at*)[3].

L'adventicité : une création « au rabais »

S'inscrivant dans la lignée d'Averroès, Albalag défend la thèse d'une création perpétuelle (*ḥidduš niṣḥi*)[4], le monde étant tout à la fois créé et éternel *a parte ante* comme *a parte post*. Cette thèse découle d'une qualification de l'action divine, qui se distingue tout à la fois de l'action naturelle et de l'action volontaire. Reprenant à Averroès la conception de la volonté exposée dans le *Tahāfut al-Tahāfut* – celle-là même que reprendra plus tard Moïse de Narbonne et que

1. Toutes les citations proviennent de l'édition de Georges Vajda : I. Albalag, *Sefer Tiqqun ha-De^{c}ot* [désormais *TD*], Jérusalem, Israel Academy of Sciences and Humanities, 1973 [numéro de page, suivi du numéro de ligne] ; la traduction renvoie aux extraits traduits dans G. Vajda, *Isaac Albalag : averroïste juif, traducteur et annotateur d'Al-Ghazâlî*, Paris, Vrin, 1960.

2. A. de Libera, Introduction au *Discours décisif* d'Averroès, éd. cit., p. 80.

3. Voir *TD*, § 30, p. 43, cité *infra*, p. 144.

4. *TD*, « Introduction », p. 3, 3 ; § 30, p. 50, 20 ; 51, 7 ; trad. p. 17, p. 164 et p. 165.

nous avons exposée plus haut [1] –, Albalag explique que Dieu n'est pas un agent naturel, qui entre deux possibilités actualise *nécessairement* toujours la même. Il n'est pas non plus un agent volontaire, qui choisit librement entre deux possibilités, satisfaisant ainsi à un manque. Dieu en réalité agit à l'instar de l'agent volontaire en *choisissant* entre deux possibles, mais à l'instar de l'agent naturel il agit de manière constante en choisissant *toujours* le meilleur des deux possibles [2]. Et, puisqu'il s'agit de nier que Dieu soit affecté d'une quelconque façon par son action, on ne saurait tenir que son action ait un commencement quelconque [3]. Tenir Dieu pour agent et son œuvre pour temporellement bornée reviendrait à supposer que son action est empêchée par un obstacle. Si Dieu est agent, imaginer une limitation à son action revient à lui attribuer une déficience. Dès lors, si le monde est le résultat de l'action divine, alors il doit être éternel. De deux créations, l'une de durée limitée et l'autre éternelle, c'est la seconde seule qu'il convient d'attribuer à Dieu, la première n'étant qu'une création « au rabais » (*ḥidduš garua*ᶜ, selon la traduction ingénieuse de Georges Vajda) [4].

> Il n'est pas douteux pour les philosophes que la production (*ḥidduš*) qui a commencé depuis un temps déterminé est de qualité inférieure (*garua*ᶜ), tandis que celle qui n'a ni commencement ni fin est parfaite. C'est pourquoi la *nouveauté* (*ḥidduš*), telle que la comprend le vulgaire, est pour eux incroyance au point de vue de la Tora, imperfection à l'égard du Créateur et impossibilité quant à la nature. Et je dis, pour me résumer, selon l'argumentation des philosophes, que de tout produit dont le producteur est lui-même produit, la production est produite (*kol meḥuddaš še-meḥaddešo meḥuddaš ḥiddušo meḥuddaš*) et implique un commencement, mais si son producteur n'est pas produit et n'a pas besoin pour produire d'une chose produite, sa production est éternelle (*ḥiddušo niṣḥi*) [5].

Albalag tient donc une solution au problème de la contradiction apparente de la philosophie et de la Tora sur la question : le monde est à la fois « créé » (en cela qu'il est le produit d'une cause) et éternel. Il offre d'ailleurs une exégèse du récit biblique de la création et de quelques *aggadot* rabbiniques afférentes, avant de conclure : « telle est la conception sur laquelle la Tora et la philosophie s'accordent à propos de la création perpétuelle (*ḥidduš niṣḥi*) » [6]. Dans une note

1. Averroès, *TT*, XI, § 24-26, éd. Bouyges, p. 438-439. À propos de Moïse de Narbonne, voir *supra*, chap. IV, p. 95-96. Pour un rapprochement entre les traitements de la création par Albalag et Narboni, voir M.-R. Hayoun, *La Philosophie et la théologie de Moïse de Narbonne*, *op. cit.*, p. 158-161.

2. Voir notamment *TD*, § 23 ; trad., p. 108-111.

3. C'est l'argument dit « augustinien » : pourquoi le Dieu créerait-il le monde à un moment plutôt qu'à un autre (voir *Cité de Dieu*, XI, 4) ? On le retrouve également parmi les objections à la création en *Guide*, II, 14 (p. 119, 6ᵉ méthode), où attribuer à Dieu une création revient à l'affecter d'un changement. Une étude détaillée de cet argument se trouve dans R. Sorabji, *Time, Creation, and the Continuum*, *op. cit.*, chap. XV et XVI.

4. *TD*, § 30, p. 51, 3 et 7 ; trad. p. 165. Sur tout ceci, voir S. W. Feldman, « An Averroist Solution to a Maimonidean Perplexity », dans A. Hyman (dir.), *Maimonidean Studies*, vol. 4, New York, Yeshiva University, 2000, p. 15-30.

5. *TD*, § 30, p. 51 : 2-7 ; trad., p. 165 ; *cf.* p. 30, 13-31-3 ; trad., p. 134-135.

6. *TD*, § 30, p. 50 : 19-20 ; trad. mod., p. 164.

ultérieure, Albalag nomme la création perpétuelle, « création véritable » (*ḥidduš amitti*), ontologisant et détemporalisant la notion de *ḥidduš*[1].

Pourtant, au lieu de se satisfaire de cette découverte de l'accord de la Tora et des philosophes à propos d'une création perpétuelle et en contradiction avec sa caractérisation d'une telle création comme étant la seule « véritable », il invoque précisément dans ce contexte la possibilité toujours présente que la vérité « prophétique » contredise la vérité philosophique.

> En vérité (*ha-emet eṣli*), même la création que les philosophes considèrent comme création « au rabais » (*ha-ḥidduš ha-garua*ᶜ), il m'est impossible de la réfuter en tant que croyance (*mi-ṣad ha-emuna*), mais il m'est possible de la réfuter en tant que doctrine spéculative (*mi-ṣad ha-*ᶜ*iyyun*)[2].

Le vrai coupable du faux crime des averroïstes latins

Un rapprochement entre cet élément de la philosophie d'Albalag et la crise contemporaine à Paris, dans les années 1270, autour de la supposée doctrine de la « double vérité » s'impose ici[3]. Il convient d'en rappeler les principaux acteurs et les grands acquis de son historiographie. La crise sanctionne un siècle de confrontation de la doctrine chrétienne et de la philosophie aristotélicienne. Elle met aux prises ceux que l'on appelle selon des termes aujourd'hui controversés, les « averroïstes latins » ou les « aristotéliciens radicaux », parmi les maîtres de la Faculté des arts de Paris, à commencer par Boèce de Dacie (mort en 1284) et Siger de Brabant (1240-1280), et les autorités ecclésiastiques. Elle se solde le 7 mars 1277 par la condamnation par Étienne Tempier de 219 thèses jugées hérétiques, proscrivant leur enseignement à l'Université[4]. C'est le prologue de cette condamnation qui stigmatise la « double vérité » comme un symptôme de la tendance hérétique des « artistes » : « Ils disent que telles choses sont vraies selon la philosophie, mais non selon la foi catholique, comme s'il y avait deux vérités contraires (*quasi sint due contrarie ueritates*) »[5]. Parmi les thèses condamnées, on compte notamment l'article suivant : « Le physicien doit nier absolument la nouveauté du monde, parce qu'il s'appuie sur des causes et des raisons naturelles. Quant au croyant, il peut nier l'éternité du monde, parce qu'il s'appuie sur des causes surnaturelles »[6].

1. *TD*, § 39, p. 62, 17. La source d'Albalag dans cette détemporalisation, tout comme celle de Narboni, est le *TT* d'Averroès, éd. Bouyges, p. 123-124 ; voir *supra*, n. 1, p. 93.

2. *TD*, § 30, p. 51, 7-9, trad. mod., p. 165.

3. Voir G. Vajda, *Isaac Albalag*, *op. cit.*, p. 252-266.

4. Édition et traduction du *syllabus* de 1277 : D. Piché, C. Lafleur, *La condamnation parisienne de 1277*, Paris, Vrin, 1999, p. 74-75.

5. *Ibid.*

6. Article 90, dans l'édition Denifle et Chatelain (= 191, dans l'édition de Mandonnet) ; *ibid.*, p. 106-107. Sur les aristotéliciens radicaux et l'éternité du monde, voir notamment, R. Gatti, *Be-re'šit*, *op. cit.*, p. 71-78.

Un consensus existe de longue date parmi les médiévistes pour soutenir que personne, parmi les latins n'a jamais soutenu une telle doctrine [1]. De fait, lorsque l'on se réfère aux enseignements effectifs des artistes « averroïstes » dans les années qui précèdent la condamnation sur deux des questions les plus controversées, le monopsychisme (thèse de l'existence d'un intellect unique, incompatible avec l'idée d'une immortalité individuelle) et l'éternité du monde, on ne découvre jamais l'affirmation de deux vérités d'égale valeur et qui se contrediraient, mais ce que l'on a appelé un « pluralisme épistémologique » [2].

Pour Boèce de Dacie, typiquement, l'éternité du monde est vraie pour le physicien *relativement* aux conditions du savoir, limité, que lui offre sa science soumise aux règles de la causalité naturelle, tandis que la création *de novo* est vraie *absolument* selon le savoir surnaturel que confère l'Écriture [3]. Siger de Brabant, tout en reconnaissant qu'il pût y avoir contradiction entre philosophie et révélation à propos de la multiplicité des intellects, ne cesse pourtant d'affirmer que la vérité se situe du seul côté de la foi [4]. Une seule donc et non pas deux vérités concomitantes chez les artistes « averroïstes » de la fin du XIIIe siècle.

Le thème de la « double vérité » ne serait alors rien d'autre qu'une manière de révéler la « duplicité » [5] des averroïstes tant une telle doctrine contradictoire ne saurait être sérieusement tenue par quiconque. Gilson parle ainsi de « réduction à l'absurde » [6]; Alain de Libéra évoque quant à lui un « piège logique » [7] ou encore d'un « syllogisme répressif », dans lequel la condamnation d'Étienne Tempier constituerait la sanction logique de la critique thomasienne des averroïstes dans le *De Unitate Intellectus* [8]. Gilson exclut ainsi qu'un esprit intelligent ait pu tenir une telle théorie :

1. Pour ne retenir que quelques études importantes, É. Gilson, « La doctrine de la double vérité », dans *Études de philosophie médiévale*, Strasbourg, Commission des publications de la Faculté des Lettres, 1921, p. 51-76, F. van Steenberghen, « Une légende tenace : la théorie de la double vérité. », *Bulletin de la Classe des Lettres et des Sciences Morales et Politiques (Belgique)*, 1970, p. 179-196 ; A. de Libera, *Penser au Moyen Âge*, Paris, Seuil, 1991, p. 122-139; *id.*, *Raison et foi : archéologie d'une crise d'Albert le Grand à Jean-Paul II*, Paris, Seuil, 2003, p. 191-220. Pour une nouvelle discussion de ce consensus et une bibliographie complète : L. Bianchi, *Pour une histoire de la « double vérité »*, Paris, Vrin, 2008.

2. L. Bianchi et E. Randi, *Vérités dissonantes : Aristote à la fin du Moyen Âge*, Fribourg/Paris, Éd. universitaires de Fribourg/Cerf, 1993, p. 53-54.

3. Voir Boèce de Dacie, *De l'éternité du monde* (trad. N. Dupré La Tour), dans C. Michon, *Thomas d'Aquin et la controverse sur « L'Éternité du monde »*, *op. cit.*, p. 202-203 et p. 212-213.

4. Dans les *Quaestiones in III De anima* et le *De anima intellectiva*, voir les remarques d'A. de Libera dans sa préface à Thomas d'Aquin, *L'unité de l'intellect contre les averroïstes*, *op. cit.*, p. 51-54.

5. A. de Libera, *Penser au Moyen Âge*, *op. cit.*, p. 130.

6. É. Gilson, « La doctrine de la double vérité », art. cit., p. 68.

7. Voir Thomas d'Aquin, *L'unité de l'intellect contre les averroïstes*, Paris, Flammarion, 1997, § 118-119, p. 194-197 et leur analyse par A. de Libéra, *ibid.*, p. 49-58 (l'expression apparaît p. 53).

8. A. de Libera, *Raison et foi*, *op. cit.*, p. 218.

> la monstrueuse absurdité d'une pareille thèse [la double vérité] ne prouve malheureusement pas qu'elle n'ait jamais été soutenue, elle invite seulement à se montrer un peu difficile sur la preuve de son existence. [...] Rien n'oblige à faire porter [à Boèce de Dacie] la responsabilité d'une attitude aussi médiocre. Si l'histoire découvre un jour le coupable, ce ne sera sans doute pas un homme de la même classe [1].

Or, avec Albalag, l'histoire semble tenir son médiocre coupable, puisqu'il soutient sans nuance l'existence simultanée de deux vérités contraires, à plusieurs reprises dans le § 30 de son traité :

> [T]u trouveras mon opinion [rationnelle] (*daᶜati*) contraire sur beaucoup de points à ma croyance (*emunati*), car je sais par la démonstration que telle chose est vraie *selon la nature* (*ᶜal derekh tevaᶜ*) et je crois (*maᵓamin*) par la parole des prophètes que le contraire est vrai *selon le miracle* (*ᶜal derekh nes*) [2].

Les commentateurs se divisent sur la compréhension de tels énoncés et notamment sur leur sincérité. J. Guttmann [3] a relevé des contradictions entre diverses affirmations d'Albalag sur la question (affirmant, notamment dans l'introduction du *TD*, que philosophie et prophétie s'accordent [4]; puis, dans la note 30, qu'elles peuvent se contredire). Guttmann rejette l'idée de double vérité comme totalement étrangère à la pensée radicalement philosophique d'Albalag. G. Vajda se montre quant à lui incapable de trancher l'alternative suivante : 1) Albalag pense sincèrement qu'il y a deux vérités, philosophique et prophétique, mais cette deuxième étant inaccessible en l'absence d'une tradition fiable, cela n'a aucune incidence; 2) Albalag n'admet que la vérité philosophique et feint d'admettre un autre type de vérité pour se protéger des préjugés du vulgaire [5]. C. Touati, s'opposant aux deux premiers, affirme au contraire qu'Albalag est un tenant sincère de la doctrine de la double vérité, même s'il s'interroge en dernière instance sur ce que peut signifier « croire » à quelque chose que l'on conçoit par ailleurs comme faux [6].

Dernièrement, une étude de S. Sadik [7] a rouvert ce dossier et conclu, comme Guttmann, à un usage strictement stratégique de la double vérité chez Albalag. Pour Sadik, Albalag ne peut être sincère lorsqu'il expose son allégeance à une

1. É. Gilson, « Boèce de Dacie et la double vérité », *AHDLMA*, 22, 1955, p. 94.

2. *TD*, § 30, p. 43, 22-23 ; trad. mod. p. 153-154. Plus loin, Albalag écrit : « c'est une qualité spécifique de la foi scripturaire (*mi-segullat ha-emuna ha-toranit*) que, démentie par la démonstration, elle peut rester vraie. » (*TD*, § 30, p. 44, 16-17 ; trad., p. 155).

3. J. Guttmann, « The Doctrine of Isaac Albalag » [hébreu], dans *Louis Ginzberg Jubilee Volume*, New York, American Academy for Jewish Research, 1946, p. 75-92.

4. « La croyance véhiculée par la Tora et par la philosophie est une. La seule différence, d'ailleurs inévitable, entre elles, est que la fin visée par la Tora est la félicité des simples (*haṣlaḥat ha-hamon*)... » (*TD*, « Introduction », p. 2 : 19-20 ; trad. mod. p. 17).

5. Voir G. Vajda, *Isaac Albalag*, *op. cit.*, p. 265.

6. C. Touati, « Vérité philosophique et vérité prophétique chez Isaac Albalag », *Revue des Études Juives*, 121/1-2, 1962, p. 35-47.

7. S. Sadik, « La doctrine de la double vérité dans la pensée philosophique de Rabbi Isaac Albalag », *Revue des Études Juives*, 174/1-2, 2015, p. 154-174.

double vérité au motif 1° qu'il dit dans son introduction que la philosophie et la Tora s'accordent, comme l'avait relevé Guttmann et 2° parce qu'une note du *TD* exclut la possibilité d'un bouleversement miraculeux de la nature [1]. Albalag aurait introduit les passages sur la double vérité en révisant les *TD* pour éviter les accusations d'hétérodoxie. Nous revenons plus loin sur le motif de la contradiction concernant les énoncés à propos de l'accord ou non de la Tora et de la philosophie. Quant à la réfutation par Albalag des miracles, il faut souligner qu'elle n'exclut pas que le même Albalag pût *croire* à quelque chose *selon le* ou *par voie de miracle* (*ᶜal derekh nes*). Une telle expression en effet ne désigne pas un changement effectif de la nature, mais une certaine modalité de la croyance ou de l'adhésion subjective qui est contraire à l'assentiment rationnel [2]. Telle est bien la puissance opératoire du concept de double vérité : Isaac Albalag peut fort bien réfuter la possibilité des miracles, tout en y croyant, *par voie de miracle !*

Toutefois, au regard des résultats de l'historiographie autour de la double vérité dans le monde latin, la question de la sincérité ou de l'hypocrisie d'Albalag semble tranchée d'avance. La généalogie de la double vérité fait de cette « doctrine » le symptôme même d'une hypocrisie religieuse. Nul ne peut sérieusement croire à l'existence de deux vérités contradictoires. Si l'on veut par ailleurs pousser l'analogie avec le monde latin, Albalag semble davantage proche de l'averroïste du XIVᵉ siècle Jean de Jandun, qui prétend adhérer aux mystères de la foi après avoir montré par une argumentation philosophique combien ils étaient absurdes, ce qui signe pour Gilson sa totale hypocrisie [3]. Albalag fait, en effet, intervenir l'idée de double vérité dans un contexte, celui d'une exégèse du récit de la création qui vise à l'accorder avec l'idée de création perpétuelle dans la note 30 du *TD*, où il ridiculise constamment la thèse vulgaire d'une création « au rabais ». Stratégiquement, la double vérité ainsi envisagée semble un expédient maladroit, incapable de tromper qui que ce soit. En cherchant à éviter la condamnation de ses contemporains, Albalag aurait, en définitive, adopté, consciemment ou non, la position caricaturale prêtée aux averroïstes latins par leurs adversaires en vue de les condamner.

Au demeurant, Albalag n'a pas manqué de s'attirer les foudres de ses lecteurs au fil des siècles [4]. Et si la stratégie doit avoir quelque efficace, il faut que l'idée d'une adhésion simultanée à deux thèses contraires puissent avoir une quelconque signification. C'est à déterminer la signification d'une telle doctrine plutôt qu'à préjuger de la sincérité d'Albalag, dont on ne saurait rien dire qui

1. *TD*, § 23, p. 24, 19-25, 1 ; trad., p. 110.

2. En quoi il serait peut-être plus juste de prêter à Albalag une théorie de la « double croyance » plutôt que de la double vérité. Voir, A. de Libera, Introduction à Averroès, *Discours décisif*, *loc. cit.* et H. A. Wolfson, « The Double Faith Theory in Clement, Saadia, Averroes and St. Thomas, and Its Origin in Aristotle and the Stoics », *The Jewish Quarterly Review*, 33/2, 1942, p. 213-264.

3. É. Gilson, « La doctrine de la double vérité », art. cit., p. 65 *sq.* Voir les textes rassemblés par Gilson, p. 70-75. Sur cet auteur, voir J.-B. Brenet, *Transferts du sujet : la noétique d'Averroès selon Jean de Jandun*, Paris, Vrin, 2003.

4. Voir *supra*, n. 1, p. 139.

puisse dépasser le registre de la probabilité, que l'interprète du *TD* est d'abord invité.

Exégèse et subjectivation

Tant que l'on n'a pas resitué la « doctrine de la double vérité » soutenue par Albalag dans le contexte d'une théorie générale de l'interprétation où elle intervient de fait, on peine à en saisir les enjeux. Qu'une telle doctrine intervienne dans le cadre d'un passage exégétique la distingue nettement de doctrines analogues dans le contexte latin. Albalag ne subit pas la pression institutionnelle d'un conflit des facultés universitaires, ni d'une dogmatique théologique rigoureuse comme c'est le cas à Paris dans le monde chrétien. En revanche, il est, en que juif, engagé dans l'exégèse du texte biblique et de la tradition rabbinique [1]. Albalag ne se contente pas, dans ce contexte, d'introduire la possibilité d'une contradiction *irréductible* de la thèse philosophique et du texte révélé [2], il allègue en outre l'impossibilité pour l'exégète d'identifier sa propre doctrine avec celle du prophète. Cela même dans les cas où il est parvenu à trouver une interprétation qui accorde une thèse philosophique avec des versets prophétiques, comme c'est le cas justement de l'idée de création perpétuelle.

> Même quand je constate qu'une doctrine démonstrative est supportée par un texte scripturaire, je ne suis pas certain que ce soit là à coup sûr le sens du texte et non un autre. Je ne veux donc pas te suggérer que ma croyance est identique aux explications que j'avance ici, ni t'enjoindre à y croire. Je veux simplement te faire connaître qu'il est possible de confirmer les doctrines spéculatives via un appui scripturaire (*efšar li-semokh ha-de*ᶜ*ot ha-*ᶜ*iyyuniyot la-katuv*), tandis que le texte en question supporte aussi bien la doctrine considérée, que son contraire et d'autres encore (*ha-katuv sovel otan kemo še-hu sovel hafkan o yoter*) [3].

Cette thèse d'une radicale inaccessibilité du sens d'un texte biblique repose sur une prophétologie « sceptique », peut-être héritée de Juda Halevi, selon laquelle le savoir prophétique est essentiellement hétérogène au savoir philosophique et suppose une faculté spécifique pour être appréhendé [4]. Si l'on peut comprendre le sens littéral du discours prophétique, il est toutefois impossible de savoir ce qu'un prophète a véritablement voulu dire, à moins de disposer d'une tradition sûre et ininterrompue remontant jusqu'à lui. Telle est la thèse soutenue par Albalag tout au long du *TD*. Or Albalag nie précisément que l'on

1. Voir G. Vajda, *Isaac Albalag, op. cit.*, p. 257-260.

2. Possibilité inenvisageable pour son maître Averroès, dont le *Discours décisif* repose sur l'unité de la vérité enseignée par la philosophie et le Coran. Voir A. de Libera, introduction au *Discours décisif*, éd. cit., p. 63. De même, *mutatis mutandis*, pour Maïmonide (l'exotérique tout du moins).

3. *TD*, § 30, p. 43, 24-44, 3 ; trad. mod. p. 154.

4. « De même que le savoir démonstratif requiert une faculté démonstrative (*koaḥ mofti*), de même le savoir divin requiert une faculté divine (*koaḥ elohi*). » (*TD*, § 30, p. 4). Pour la filiation avec Juda Halevi, voir C. Touati, « Vérité philosophique et vérité prophétique chez Isaac Albalag », art. cit., p. 42 et S. Klein-Braslavy, « Vérité prophétique et vérité philosophique chez Nissim de Gérone. Une interprétation du "Récit de la Création" et du "Récit du Char" », *Revue des Études Juives*, 134/3, 1975, p. 92.

dispose d'une telle tradition en son temps, ceci dans le cadre manifeste d'une critique de la prétention des kabbalistes contemporains [1]. Certes, Maïmonide également justifie son recours à Aristote pour expliquer les secrets de la Tora par l'interruption de la transmission traditionnelle [2]. Mais la différence entre Albalag et Maïmonide tient précisément au fait qu'Albalag prend acte de cette interruption de la tradition prophétique sans y substituer la philosophie. À défaut d'une telle lucidité et en s'efforçant de concilier philosophie et Tora, Maïmonide a, selon Albalag, perdu à la fois la liberté d'une enquête philosophique, menée indépendamment des Écritures, en s'interdisant l'adhésion à certaines thèses pourtant démonstratives, mais par trop incompatibles avec le texte biblique, *et* l'intelligence du texte prophétique, en le soumettant à ses propres vues [3].

Albalag adresse ainsi à l'exégèse maïmonidienne une critique dont la proximité avec celle que lui adressera plus tard Spinoza est frappante. Comme Spinoza, il refuse l'identification du prophète à un philosophe (même si contrairement à lui, il semble considérer le savoir prophétique supérieur à celui des philosophes) et, comme lui, il considère l'exégèse allégorique comme un abord du texte qui présuppose ce que le texte doit dire et s'efforce d'y retrouver une idée forgée indépendamment de lui [4]. Comme Spinoza, Albalag considère qu'à défaut d'une tradition livrant à coup sûr et de la bouche du prophète lui-même ce qu'il a voulu dire, il n'y a pas d'autre trace de la pensée prophétique que le sens littéral de son texte. Mais Albalag en tire des conclusions tout à fait distinctes de celle de Spinoza. Ce dernier en déduit 1) que, là où le prophète et la philosophie s'opposent sur une question spéculative, il faut supposer une erreur du prophète qui doit être rejetée au rang d'une opinion fausse [5] et 2) que la seule lecture légitime des Écritures est la lecture littéraliste (sauf cas où le texte lui-même invite à une lecture métaphorique) [6]. Albalag considère, au contraire, 1) que, dans un cas où les propos prophétiques et les thèses philosophiques s'opposent, il faut adhérer aux deux discours et 2) que l'allégorisation reste légitime, mais uniquement comme confirmation d'une thèse philosophique sans prétention à livrer le vouloir-dire prophétique.

La prophétologie d'Albalag aurait dû le conduire à renoncer à toute interprétation des versets bibliques. Or, tout au contraire, Albalag s'engage dans le même § 30 dans une longue interprétation du récit de la création du monde. Que

1. *TD*, « Introduction », p. 4, 19-24 ; trad. p. 20. Pour la critique des kabbalistes, voir index s.v. *mequbbalim*.

2. Voir *Guide*, I, 71, p. 332-339, sur la disparition du savoir traditionnel en matière de secrets de la Tora dans les conditions de l'exil. Il y a là comme deux mythes fondateurs opposés dans la philosophie maïmonidienne et dans la kabbale : celui d'une tradition interrompue qui autorise le philosophe *à* introduire la philosophie dans l'étude traditionnelle, celui d'une tradition continue qui *autorise* la doctrine kabbalistique, en lui donnant le poids d'un enseignement tannaïtique voire prophétique.

3. *TD*, § 30, p. 44, 3-10 ; trad., p. 154.

4. Spinoza, *TTP*, VII, p. 319.

5. Voir *TTP*, I et II, notamment II, § 19, p. 143.

6. Voir *TTP*, VI, § 5 p. 285 et XV, § 4, p. 489.

signifie interpréter un texte dont on sait le sens inaccessible ? Il ne s'agit pas de dévoiler le sens véritable ou ésotérique d'un texte. L'interprète ne préjuge pas de ce que le texte doit dire, ni n'utilise le texte pour rechercher la vérité sur telle question théorique. Il aborde le texte, *pace* Spinoza, après avoir acquis, par les procédures rationnelles de la philosophie, une certaine doctrine, à laquelle il cherche un soutien autoritatif. Le texte ne sert au philosophe – pour employer le terme technique de l'exégèse rabbinique classique qu'Albalag reprend à son compte – que « d'*asmakhta* », d'appui et de confirmation, et non pas de source. Albalag inscrit ce faisant l'usage des versets par les philosophes dans la tradition des Sages de l'époque talmudique auxquels il impute la même méthode dans les domaines spéculatifs, une démarche régressive partant d'une idée conçue indépendamment du texte pour en retrouver une allusion dans des versets [1].

Dans cette perspective, le texte prophétique et la *aggada* rabbinique deviennent le support d'une vérification de doctrines philosophiques ou l'occasion pour le philosophe de faire l'exercice de leur confirmation, voire de leur redécouverte, à travers l'effort exégétique. La pratique de l'exégèse devient l'occasion d'une réappropriation de la vérité par le sujet philosophant, à l'instar de ce qu'Albalag fait lui-même à propos de la création perpétuelle, redécouverte à la fois dans les textes du début de la Genèse et dans certains *midrashim*. Cette herméneutique pose les bases théoriques de la démarche exégétique des philosophes juifs après Maïmonide, en particulier en Provence aux XIIIe et XIVe, qui produisent, à côté de la traduction de textes philosophiques, de nombreux commentaires philosophique-allégorique de la Bible et du Talmud [2]. On s'étonne de trouver, dans ce *corpus*, un même passage biblique ou une même *aggada* rabbinique réinterprétée par divers philosophes [3] ou même des interprétations multiples d'un même texte chez un seul auteur. Les exégètes philosophes ne prétendent pas – à tout le moins leur pratique interprétative en atteste – livrer le sens ultime et définitif d'un texte par une interprétation allégorique. Le texte est le lieu de la confirmation, de la re-subjectivation, pourrait-on dire, d'une vérité acquise par ailleurs par le biais des procédures philosophiques.

1. *TD*, § 30, p. 37, 8-38, 7 ; trad. p. 144-145. Cette approche suppose une critique implicite de l'exégèse rabbinique classique, selon laquelle elle ne livre pas le « véritable sens » des versets. Albalag s'inscrit ce faisant dans la lignée de ce que Mordechai Cohen appelle « l'école andalouse du *peshat* », dont Abraham Ibn Ezra est un représentant notable (M. Z. Cohen, « A Talmudist's Halakhic Hermeneutics : A New Understanding of Maimonides' Principle of Peshat Primacy », *Jewish Studies, an Internet Journal*, 10, 2012, p. 274-284). Nous avons ailleurs essayé de montrer comment la référence d'Albalag au procédé de l'*asmakhta* radicalise une remarque de Maïmonide dans l'introduction de son *Livre des commandements* (deuxième principe), à propos de l'exégèse rabbinique en matière de *halakha* (D. Lemler, « The Sceptical Exegesis of Maimonides and His Followers », dans R. Haliva (dir.), *Scepticism and Anti-Scepticism in Medieval Jewish Philosophy and Thought*, Berlin-Boston, Walter de Gruyter, 2018, p. 107-129).

2. Voir M. Saperstein, *Decoding the Rabbis : A Thirteenth-Century Commentary on the Aggadah*, Cambridge (Mass.), Harvard University Press, 1980,

3. Typiquement, une série de commentaires philosophiques du livre de Job ont été produits dans la tradition maïmonidienne, R. Eisen, *The Book of Job in Medieval Jewish Philosophy*, Oxford, Oxford University Press, 2004.

La doctrine de la « double vérité » s'avère ainsi chez Albalag être le fondement théorique d'une *pratique* de la philosophie juive, en matière de philosophie et d'exégèse. Elle garantit, d'une part, la totale liberté du philosophe dans son champ. Elle lui permet de mener l'enquête spéculative indépendamment du souci de ménager la « vérité » du texte ou la sensibilité du vulgaire. Elle garantit, d'autre part, l'autonomie du texte prophétique, vis-à-vis des projections du philosophe, tout en autorisant ce dernier à y appliquer une exégèse qui est partie prenante de l'exercice de la philosophie, au sens fort d'une pratique qui engage un sujet dans un rapport à une vérité. L'exégèse philosophique est un « exercice spirituel », par lequel le sujet se dispose à accéder à la vérité et se transforme par cet accès même [1]. Le texte prophétique, parce que son sens et sa vérité sont supposés absolus et inaccessibles comme tels, s'offrent comme support d'une redécouverte chaque fois singulière de la vérité philosophique par un sujet particulier. De là, l'impression que donne Albalag d'un penseur « désabusé » [2] qui affirme croire à des vérités prophétiques absurdes ou du moins inaccessibles ou encore la « perplexité » que Vajda lui prête, les vérités prophétiques, si elles existent, restant fondamentalement « incompréhensibles » [3]. C'est que la vérité prophétique à laquelle il convient de croire doit être tenue pour fondamentalement insaisissable pour pouvoir s'offrir à la pratique renouvelée d'une exégèse où un sujet cherche à y retrouver une vérité philosophique établie indépendamment d'elle.

Double allégeance ? Le vulgaire dans le philosophe

Reste qu'en ce qui concerne la création, le texte prophétique n'est précisément pas incompréhensible. Albalag, en fournit longuement une exégèse allégorique, tout en affirmant, comme nous l'avons vu, qu'elle ne saurait annuler, « en tant que croyance », le sens littéral du texte, identifié avec la thèse d'une création *de novo* ou « au rabais ».

Le parti pris exégétique d'ensemble dans l'approche du récit de la création est, assez classiquement, d'envisager les six jours de la création comme une représentation imagée des relations causales entre les êtres du monde [4] – relations qui sont en réalité simultanées. Ceci correspond par exemple – premier verset excepté – à ce que nous avons trouvé dans la partie II, 30 du *Guide* [5]. Un terme toutefois semble opposer une subtile résistance à cette interprétation, à savoir le terme initial *be-re'šit*. Dans une sorte de préambule à son

1. Voir M. Foucault, *L'herméneutique du sujet*, Paris, Gallimard/Seuil, 2001, p. 17-18 et P. Hadot, *Exercices spirituels et philosophie antique*, Paris, Albin Michel, 2002. Voir aussi, sur ce motif, notre article « Plaidoyer pour l'exégèse allégorique », *Cahiers philosophiques*, 145, 2016, p. 55-71.

2. C. Touati, « Vérité philosophique et vérité prophétique chez Isaac Albalag », art. cit., *in fine*.

3. G. Vajda, *Isaac Albalag*, *op. cit.*, p. 265.

4. Voir notamment l'exégèse du terme « jour », *TD*, § 30, p. 41 *sq.* ; trad. p. 150 *sq.* (« le mot *jour* signifie l'existant [*ha-maṣuy*] », p. 41, 13).

5. Voir *supra*, chap. IV, p. 87 *sq.*

interprétation, Albalag lui reconnaît deux sens possibles : un sens temporel et un sens causal[1]. Il qualifie, sans surprise, le second de « plus juste et plus conforme à la vérité » et, plus loin, lorsqu'il s'agira de paraphraser Gn 1, 1, il écrira, s'inspirant du *Targum Yerushalmi*[2], « *par le principe – c'est-à-dire par la Sagesse, Dieu créa...* »[3]. Il dira même que penser que *be-reʾšit* signifie « au commencement » est une « erreur » (*ṭaᶜut*)[4]. Toutefois, quant à son premier sens, temporel donc, dont notre auteur admet néanmoins la possibilité, il consiste selon lui à traduire *be-reʾšit* non pas par « *au* commencement », mais par « *en un* commencement » ou encore « *avec un* commencement ». La particule *Beyt*, fait-il remarquer, n'est pas vocalisée *pataḥ* (ce qui lui donnerait la fonction d'un article défini), mais *šewa*, qui marque l'indétermination : autrement dit, le commencement temporel, affirmé par le texte biblique selon le premier sens de *be-reʾšit*, est un commencement indéterminé, *quelconque*[5]. Albalag précise :

> ce n'est pas dire que [la création] ait un moment déterminé ou un commencement naturel, mais qu'il est possible de [lui fixer], comme commencement, un moment quelconque *comme si* elle avait commencé à ce moment-là. [...] [S]ur ce qui n'a pas de fin, un point quelconque peut toujours être désigné comme commencement[6].

Autrement dit, l'interprétation temporelle de *be-reʾšit* consiste à fixer arbitrairement un commencement à un processus qui se déroule de toute éternité et de manière perpétuelle.

On retrouve ici l'entremêlement de l'objectif et du subjectif ou « l'ontologie projective », que nous nous proposions de voir chez Maïmonide[7]. Sur un monde objectivement éternel, l'esprit « vulgaire » projette un commencement quelconque. Une création « véritable » et « perpétuelle » se trouve ainsi représentée par un acte de l'esprit et plus précisément de l'imagination comme une création « au rabais ». La question est de comprendre le sens de cette opération et surtout ce qu'elle peut signifier rapportée au fait qu'Albalag considère impossible de contester « en tant que croyance » que le monde a été créé *de novo*.

En admettant, même en tant que simple possibilité, ce sens temporel de projection subjective d'un commencement sur le *continuum* du devenir naturel, Albalag concède en somme qu'aucune exégèse philosophique ne saurait se rendre quitte du fait que le texte biblique n'a eu d'autre recours que de représenter la création comme un processus temporel. Il semble alors que l'affirmation par Albalag de son adhésion conjointe à la doctrine philosophique et à la doctrine « prophétique » n'est pas aussi incohérente ou contradictoire qu'il n'y paraît. Pas plus l'idée de double vérité n'est-elle formellement contradictoire

1. Sur le terme *be-reʾšit* : *TD*, § 30, p. 31, 3-33, 3 ; trad., p. 135-138.
2. Qui rend *be-reʾšit* par *be-ḥukhma* en araméen.
3. *TD*, § 30, p. 33, 7 ; trad. p. 139.
4. *Ibid.*, p. 32, 8 ; trad. p. 137.
5. *Ibid.*, p. 31, 9 ; trad. p. 136.
6. *Ibid.*, p. 31, 5-8 ; trad. p. 135-136.
7. Voir *supra*, chap. IV, conclusion.

avec les propos de l'introduction, selon lesquels la Tora n'est, selon son sens littéral, que la meilleure représentation possible de la vérité philosophique à destination du vulgaire [1].

Une imitation de la vérité semble difficilement pouvoir lui être radicalement contraire. Ici, pourtant, en ce qui concerne la création du monde, la meilleure représentation possible de la vérité philosophique à destination du vulgaire est paradoxalement *contradictoire* avec la vérité philosophique. La doctrine philosophique établit une « création » entendue comme relation causale simultanée. La doctrine biblique littérale la présente comme une progression temporelle. Comme chez Saadia – à la différence de taille que création *ex nihilo* signifie ici plutôt actualisation permanente de l'être en puissance par l'information de la matière – [2], c'est l'impossibilité d'une représentation imaginaire de la création du monde dans sa totalité qui fait obstacle à son appréhension exacte par le vulgaire. Une telle représentation ne peut être obtenue qu'à travers l'analogie sensible de l'antériorité (*qedima*) causale par l'antériorité temporelle [3].

Au regard du rôle de « subjectivation » de la vérité que nous attribuions à l'exégèse dans le paragraphe précédent, l'affirmation par Albalag de sa double allégeance à la vérité philosophique et à la vérité prophétique signifie alors que *même* le philosophe ne saurait prétendre se passer de cette analogie sensible dans la représentation qu'il se forge de l'antériorité causale. Il *sait* le monde perpétuellement créé, produit par l'action causale de la Cause Première de manière continue, mais il *croit*, comme le vulgaire, que la création se déroule dans un intervalle temporel, au sens où c'est ainsi qu'il se la représente. Et par l'effort herméneutique d'une interprétation du récit biblique, il opère un va et vient

1. Voir la contradiction, relevée par J. Guttmann (« The Thought of Isaac Albalag », art. cit.) et reprise par S. Sadik (« La doctrine de la double vérité dans la pensée philosophique de Rabbi Isaac Albalag », art. cit.), mentionnée ci-dessus entre l'affirmation, dans l'introduction, de l'unité de la Tora et de la philosophie et la doctrine de la double vérité de la note 30. Albalag, quant à lui, ne semble pas voir de contradiction entre les deux passages, puisqu'il fait, dans la note 30, un renvoi à ses propos de l'introduction (voir le texte de la p. 45 cité ci-après, n. 3, nous soulignons).

2. Voir S. W. Feldman, « An Averroist Solution to a Maimonidean Perplexity », art. cit., p. 29-30.

3. « Comme le sens littéral (*pešaṭ*) de la Tora n'a été donné qu'à l'intention du vulgaire (*hamon*), *ainsi qu'il a été expliqué dans le prologue du présent ouvrage*, et comme le vulgaire ne saisit parmi les cinq [différents sens de l']antériorité (*qedimot*) que le temporel, la Tora a jugé bon de parler de l'antériorité naturelle en termes homonymes (*millot mešuttafot*) qui connotent à la fois le naturel et le temporel [...]. Le sens de l'Œuvre du Commencement n'est pas celui qui apparaît de la lettre du texte, mais un autre tellement plus profond qu'il est *impossible* (*i efšar*) de le communiquer au commun du peuple [...]. La vérité que l'Écriture a cachée au vulgaire, se bornant à la suggérer à l'élite, est que la création du monde, selon la doctrine des philosophes, n'a pas été temporelle. » (*TD*, § 30, p. 45 : 6-24 ; trad. mod., p. 156-157). L'opposition des deux types d'antériorité (temporelle et causale) tire sa source d'Aristote (*Métaphysique*, V, 11) et plus directement du *TT*, I, 2, éd. Bouyges p. 64-65. Sur les « cinq antériorités », voir Abraham Bar Ḥiyya, *Megillat ha-Megalle*, éd. A. Poznansky, Berlin, 1924, p. 9. Voir aussi, *TD*, « Introduction », p. 2, 20-3, 4 ; trad. mod. p. 17 : « La fin visée par la Tora... est l'instruction du vulgaire dans la vérité, selon ses capacités intellectuelles. [...] Ainsi, elle a figuré à son intention la genèse du monde par celle de ses parties et sa production éternelle (*ḥidduš niṣḥi*) comme la production temporelle (*ḥidduš zemani*) de celles-ci ».

entre l'idée et son indissociable et inadéquate représentation : l'allégeance au texte biblique, signifie assomption de la part du philosophe qu'il a, comme le vulgaire, une imagination, tandis que l'allégorisation de la trame temporelle du récit de la genèse est l'effort nécessairement toujours reconduit d'une redécouverte du concept à partir de l'imaginaire.

Plus qu'une stratégie d'écriture philosophique maladroite visant à se dédouaner de l'opprobre d'une doctrine hétérodoxe, la « doctrine de la double vérité » d'Albalag, qui n'intervient d'ailleurs que dans le contexte de l'exégèse du récit de la création, nous est apparue une autre manière de résoudre la difficulté épistémologique que pose l'idée de création du monde.

Le « revirement » de Crescas

D'Albalag à Crescas, nous faisons non seulement un saut d'un peu plus d'un siècle, mais aussi d'un extrême à l'autre. Dans un article où il dispose les philosophes juifs médiévaux sur un éventail « politique » selon leur position quant au poids qu'ils accordent à la raison face à la révélation, Herbert Davidson situe ainsi Albalag à « l'extrême gauche » et Crescas à « l'extrême droite » [1].

Faire de Crescas un penseur « conservateur », par distinction avec le « radical » Albalag, n'est toutefois pas tout à fait exact. Il est en effet conservateur, en ce sens qu'il s'oppose à ce qu'il considère être les excès des philosophes intellectualistes juifs. Ce « Grec » d'Aristote, considère-t-il, leur « a obscurci les yeux » [2], au point qu'ils tiennent explicitement ou implicitement un certain nombre de thèses incompatibles avec la Tora (que Dieu ignore les particuliers ou qu'il n'y a pas de survie individuelle). Crescas s'inscrit en cela dans la lignée de son maître, Nissim de Gérone (c. 1310-c. 1375), dit le « Ran », lui-même disciple indirect de Nahmanide (1194-1270), un grand adversaire de Maïmonide – tradition de penseurs entretenant avec la philosophie un rapport extrêmement complexe, empruntant ses problèmes et sa terminologie pour ruiner ses prétentions [3]. Cela ne l'empêche pas d'être un penseur d'une grande radicalité

1. H. A. Davidson, « Medieval Jewish Philosophy in the Sixteenth Century », dans B. D. Cooperman (dir.), *Jewish Thought in the Sixteenth Century*, Cambridge (Mass.)-London, Harvard University Press, 1983, p. 106-145, notamment p. 109.

2. *Or ha-Šem* [désormais *Or*], p. 8-9 ; trad., p. 236. Nous nous référons à l'édition de Shlomo Fisher, Jérusalem, Sifrei Ramot, 1990 et à la trad. fr. d'É. Smilévitch, *Lumière de l'Éternel*, Paris/Strasbourg, Hermann, Ruben éditions, 2013.

3. Sur cette « école », voir notamment J.-P. Rothschild, « Les philosophes juifs d'Espagne au XVe siècle, *l'Éthique à Nicomaque* et le projet philosophique de Joseph Ibn Shem Tob (étude préparatoire) », dans J. M. Rábanos, *Pensamiento Medieval Hispano*, Madrid, Consejo Superior de Investicaciones científicas, 1998, p. 1289-1316 et *id.*, « La contestation des fins de la politique selon Aristote chez quelques auteurs juifs du moyen âge tardif en Espagne », dans V. Syros (éd.), *Well Begun is Only Half-Done : Tracing Aristotle's Political Ideas in Medieval Arabic, Syriac, Byzantine, and Jewish Sources*, Tempe, ACMRS, 2011, p. 187-221.

attaquant l'aristotélisme à la base, par la critique de ses axiomes – notoirement l'impossibilité d'un infini en acte et l'inexistence du vide – dans le langage même de l'aristotélisme, et avançant certaines thèses s'écartant singulièrement de l'image d'Épinal de l'orthodoxie religieuse, à propos de la question du libre arbitre par exemple, sur laquelle il inspirera Spinoza [1].

Exposé dans son grand traité, *Or ha-Šem* (*Lumière de l'Éternel,* IIIa, 1), le traitement réservé à la question de la création participe de l'ambiguïté de cet auteur. Crescas y propose une reprise critique des arguments et thèses de ses grands prédécesseurs, Maïmonide (envisagé comme un tenant de la création absolue, *de novo* et *ex nihilo*) et Gersonide (dont nous avons étudié la doctrine particulière d'une création *de novo*, mais *ex aliquo*). La démarche générale de Crescas est clairement influencée par celle de Thomas d'Aquin sur la question [2]. Mais Crescas va toutefois plus loin que Thomas. Il ne se contente pas de réfuter la démontrabilité de la nouveauté, de montrer la compatibilité de l'idée de création *ex nihilo* et de l'éternité du monde, avant d'affirmer la nouveauté du monde au nom de la foi. Il va jusqu'à proposer une série d'arguments dirimants en vertu de son propre système *contre* la création *de novo*. Puis, se rétractant, il proclame la « vérité entière » (*ha-emet ha-gamur*) [3] de la thèse qu'il vient de réfuter. Ce discours contradictoire a amené ses interprètes à s'interroger sur la nature de sa « véritable doctrine ».

Adventicité : adhésion à une thèse réfutée ?

Création ontologisée

Fidèle à sa méthode dialectique, Crescas, en IIIa, 1, 1-4, expose les différentes thèses en présence, présente les différents arguments en leur faveur ainsi que leurs objections, voire réfutations. C'est dans le chapitre conclusif de cette section, qu'il en vient à l'exposé de ses propres arguments et donc à l'élaboration de sa propre conception de la création. En IIIa 1, 5, Crescas s'engage à montrer que même les partisans de l'éternité du monde adhèrent à l'idée de création *ex nihilo*, autrement dit que cette idée est indépendante de toute considération sur la *durée* du monde. Le nœud de l'argumentation de Crescas consiste en une détemporalisation et une ontologisation de l'idée de création *ex nihilo,* qui rappelle étonnamment des opérations similaires que nous avons rencontrées chez les averroïstes juifs et notamment, chez Albalag.

1. *Or*, II, 5.

2. Voir notamment les textes du *Commentaire des Sentences* (1252-1256) II, d. 1, q. 1, a. 5 et le *De aeternitate mundi* (1271 ?), trad. fr. C. Michon, *Thomas d'Aquin et la controverse sur « L'Éternité du monde »*, *op. cit.* Sur l'influence de Thomas et plus largement de la scolastique latine sur Crescas, voir S. Pinès, « Scholasticism after Thomas Aquinas and the Teachings of Hasdai Crescas and his Predecessors », dans *The Collected Works of Shlomo Pinès : Studies in the History of Jewish Thought*, Jérusalem, Magnes Press, 1997, p. 489-589.

3. *Or*, IIIa, 1, 5, p. 316 ; trad., p. 993.

> [N]ous posons la création du monde après le néant absolu (*ḥidduš ha-ᶜolam aḥar heᶜder muḥlaṭ*). Et cela, bien que nous nous servions de termes exprimant une temporalité comme « avant » et « après » [1].

L'expression technique « *après le néant* » (*aḥar heᶜder*), choisie pour énoncer l'idée « détemporalisée » de création *ex nihilo* est celle qu'avait élaborée Maïmonide (que Crescas envisage pourtant tout au long de la section comme le type même du défenseur d'une création *de novo*). Nous avons vu que cette expression hébraïque (traduction tibonnide de l'arabe *baᶜd ᶜadam*) n'échappait pas à une certaine ambigüité [2]. Il précise donc qu'elle ne doit pas être prise en un sens temporel, mais causal ou ontologique. De cette compréhension ontologique de la création, Crescas déduit que « les partisans de l'éternité du monde » :

> … ne peuvent, en aucune façon, se délivrer de la chose qu'ils voulurent éviter [que l'être fait suite au néant] [3]. Car on a déjà montré [en *Or*, I, 3, 2] qu'il n'y a rien dont l'être serait nécessaire en vertu de son essence hormis Dieu ; et que tout ce qui est distinct de lui – quelque supposition que l'on en fasse, je veux dire que cette chose soit adventice (*meḥuddaš*) ou éternelle (*qadum*) – n'a, en vertu de son essence, qu'une existence possible et est émané (*neʾeṣal*) de Dieu. En conséquence, il n'existe ni matière ni forme ni corporéité qui n'émane de lui (*neʾeṣal mimenu*) […]. L'expression « *ex nihilo* (*yeš me-ayn*) » n'a d'autre sens que celui-là [4].

La « création » *ex nihilo* est une conséquence *logique* de l'idée même d'un être nécessaire, puisqu'elle ne signifie rien d'autre que la différence qui le sépare de l'ensemble des êtres contingents. Quiconque soutient à la fois l'existence d'un être nécessaire et l'éternité du monde doit donc souscrire à la création *ex nihilo* d'un monde éternel. On reconnaîtra dans ce seul passage l'influence décisive d'Avicenne sur la conception crescassienne de Dieu et de la création [5]. Crescas a en effet longuement montré, dans le premier livre du *Or*, que la seule preuve valide de l'existence de Dieu était la preuve métaphysique, dérivant des distinctions modales avicenniennes (entre être possible par soi, nécessaire en vertu d'un autre être et en vertu de lui-même) [6], par exclusion des preuves physiques invoquées par Maïmonide (3ᵉ et 4ᵉ spéculations philosophiques de *Guide*, II, 1) [7].

1. *Or*, IIIa, 1, 5, p. 309, trad. mod. p. 976.
2. Voir *supra*, chap. III, p. 67.
3. Voir *Or*, trad., n. 2, p. 978.
4. *Or*, IIIa, 1, 5, p. 309-310 ; trad. mod., p. 978.
5. L'ontologie modale avicennienne est tout aussi décisive dans l'argumentaire thomasien, voir notamment *Commentaire des Sentences*, dans C. Michon, *Thomas d'Aquin et la controverse sur « L'Éternité du monde »…*, *op. cit.*, p. 87-88.
6. Sur cet argument, voir les textes de la *Métaphysique du Šifāʾ*, I, 6-7 (trad. fr. G. Anawati, *La Métaphysique du Shifāʾ, Livre I à V*, Paris, Vrin, 1978, p. 113-122) et VIII, 3 (trad. fr. G. Anawati, *La Métaphysique du Shifāʾ, Livre VI à X*, Paris, Vrin, 1985, p. 82-84), ainsi que des *Išārāt*, trad. fr. A.-M. Goichon, *Livre des directives et remarques, op. cit.*, p. 357-362.
7. Sur la critique de la preuve physique, développée en *Or*, I, 3, 6, voir W. Z. Harvey, *Physics and Metaphysics in Ḥasdai Crescas* [désormais *Physics*], Amsterdam, J. C. Gieben, 1998, chap. II et III ;

Ce parti pris avicennien explique le rapprochement, dans le passage cité, entre les deux doctrines habituellement opposées, l'idée de création *ex nihilo* et celle d'émanation nécessaire [1], qui trouve sa source dans la thèse d'Avicenne en matière de création. Au fil de IIIa, 1, 5, Crescas en vient graduellement à les identifier tout à fait. Il montre d'abord que l'idée d'émanation nécessaire implique en réalité la volonté. La volonté désigne en effet pour lui l'acquiescement à l'existence de l'objet d'une représentation, tandis que l'ordre du monde forme, dans la perspective émanationniste qu'il adopte, l'objet d'une représentation pour le principe intelligent dont il dérive [2]. Crescas affirme, ensuite, que l'émanationnisme partage avec la thèse de la création, l'idée que le monde est le produit d'un principe intelligent et bon dont la perfection consiste à communiquer le bien autant que possible [3]. En philosophie, c'est ainsi, à son adversaire Aristote, que Crescas fait remonter l'identification, dont il trouve le pendant dans la Tora, de l'Être au Bien [4]. Ce faisant, Crescas insinue en quelque sorte que *même* Aristote aurait adhéré à la création *ex nihilo*, s'il avait tiré toutes les conséquences de cette identification, qui implique l'émanation de l'être à partir d'un existant simple. Ainsi, alors que Maïmonide et Gersonide dramatisaient un conflit (apparent du moins) entre Tora et philosophie à propos de la création, Crescas les présente au contraire comme se rejoignant sur des points essentiels dans ce domaine.

Le rapprochement conceptuel de la création *ex nihilo* et de l'émanation s'opère, en outre, en parallèle d'un déplacement sémantique du terme *ḥidduš*, qui entre en résonance avec l'usage détemporalisé du mot *ḥidduš* par les averroïstes [5]. Lorsque ce mot est employé dans le titre de la section IIIa, 1 (*emunat ha-ḥidduš*), il est évident qu'il a un sens temporel. Il s'agit de traiter de la croyance, véhiculée par la Tora, en la « nouveauté » ou « l'adventicité » du monde. Les chapitres 1 à 4 exposent puis évaluent les arguments en faveur

id., « Hasdai Crescas contre Maïmonide sur la preuve physique de l'existence de Dieu », dans T. Lévy, R. Rashed (éd.), *Maïmonide, philosophe et savant : 1138-1204*, Louvain-La-Neuve, Peeters, 2004, p. 209-214 et *id.*, « La preuve métaphysique de l'existence de Dieu chez Hasday Crescas », dans G. Freudenthal, J.-P. Rothschild, G. Dahan (éd.), *Torah et science : perspectives historiques et théoriques*, Paris-Louvain, Peeters, 2001, p. 147-150.

1. H. A. Wolfson, « Emanation and *Ex Nihilo* in Crescas » [hébreu], dans *Studies in the History of Philosophy and Religion*, Cambridge (Mass.)-London, Harvard University Press, 1977, vol. II, p. 624-629 et sur la conception avicennienne de la création du monde, voir A.-M. Goichon, *La distinction de l'essence et de l'existence d'après Ibn Sīnā (Avicenne)*, Paris, Desclée de Brouwer, 1937, chap. II, p. 201-334.

2. *Or*, IIIa, 1, 5, p. 310-311, trad. p. 982.

3. *Ibid.*, p. 311, trad. p. 983. La création ne répond à aucun manque du créateur, mais s'opère en vertu de la « communication du bien et de la libéralité » (*mi-ṣad ha-haṭava we-ha-ḥanina*), expression empruntée à Gersonide, (*Guerres*, IV, 6, p. 172-173, et dans le cadre de la discussion sur la création : VIa, 4, p. 303 ; 18, p. 373 et p. 377 ; et des miracles : VIb, 9, p. 443 ; VIb, 12, p. 456).

4. *Or*, II, 6, 3 p. 264, trad. p. 867 et *passim*. Voir Aristote, *Métaphysique* (II, 3, 983a32). A. Lovejoy voit en Crescas, affirmant que le monde est le produit de la communication du bien et admettant la possibilité d'une pluralité de mondes, un jalon important de l'histoire du principe de plénitude avant Spinoza (voir A. O. Lovejoy, *The Great Chain of Being*, *op. cit.*, p. 112).

5. Voir *supra*, p. 141 et les renvois de la n. 1.

de deux thèses contradictoires : l'éternité *a parte ante* (*qadmut*) et le *ḥidduš*. Le terme et ses dérivés sont ainsi employés tout au long de la section comme la contraposée de l'éternité aristotélicienne (voir la précédente citation où « *meḥuddaš* » s'oppose à « *qadum* »). Mais au terme du développement argumentatif de la partie IIIa, 1, 5, l'idée d'une émanation éternelle, nécessaire *et* volontaire est enfin assimilée terminologiquement avec la création, si bien que, sur le plan doctrinal, l'écart entre philosophie et Tora semble minime sinon nul :

> Il est désormais établi que cette thèse, je veux dire la création (*ḥidduš*) absolue de l'univers après le néant, ne comporte aucune incertitude. On a en effet montré que même si l'on suppose que le monde dérive nécessairement de Dieu, cela implique logiquement une création perpétuelle (*ḥidduš temidi*) à partir de rien (*lo mi-davar*) [1].

Adventicité réfutée

En outre, alors qu'il a été montré que l'éternité n'était pas incompatible avec la « création » (*ḥidduš*), « l'adventicité » (*ḥidduš* donc également) du monde apparaît, au fil de l'argument comme exposée à trois sérieux problèmes conceptuels. Deux de ces problèmes interviennent dans le cadre de la critique de la doctrine de Gersonide [2], dont la démonstration de la création du monde repose en grande partie sur une preuve du commencement (ou de la finitude) du temps (l'un des êtres d'existence continue), comme nous l'avons vu [3].

1) Crescas formule une version originale de la question « augustinienne » du choix arbitraire de l'instant de la création. Gersonide répondait classiquement que la question ne se pose pas en termes de choix, puisque le temps, accident du mouvement, fait partie des créatures [4]. Dans la perspective de Crescas, la question se pose dans toute son acuité, étant donnée la refonte totale qu'il opère du concept du temps. Le temps est chez lui une pure *représentation*, qui mesure tout autant le repos que le mouvement [5]. Il ne dépend donc pas de l'existence d'un mobile et existait effectivement *avant* le monde, dans l'intellect divin, dans l'hypothèse d'un monde créé *de novo*. Pour quelle raison, dès lors, le Dieu serait-il resté inactif pendant un temps infini avant la création ? Pourquoi aurait-il choisi un instant déterminé plutôt qu'un autre pour créer, alors qu'il est également indifférent à tous les instants du temps ?

1. *Or*, IIIa, 1, 5, p. 315, trad. mod. p. 992. Noter l'emploi de la locution *lo mi-davar*, dont nous avons retracé l'itinéraire depuis Saadia, via le *Guide* de Maïmonide.

2. Gersonide, *Guerres*, VIa, 18, p. 371 et 377, 9 e objection à sa thèse sur la création et réponse, cité par Crescas en *Or*, IIIa, 3, p. 291 et 293 ; trad. p. 929 et p. 935, et refuté en *Or*, IIIa, 1, 4, p. 308 ; trad. p. 973-975.

3. Voir *Guerres*, VIa, 11 et 20-21. Pour ces arguments, voir R. Gatti, *Be-re'šit*, *op. cit.*, p. 117-125 et p. 128-136.

4. Voir *Guerres*, VIa, 18, réponse à la 4 e objection, p. 374.

5. Pour la doctrine du temps, voir *Or*, I, 2, 11 et W. Z. Harvey, « The Term *Hitdabbeḳut* in Crescas' Definition of Time », *The Jewish Quarterly Review*, 71/1, 1980, p. 44-47.

2) Une création *de novo* supposerait, en outre, un changement dans l'agent. Selon Crescas toute volonté est motivée, une décision purement arbitraire ou « libre » étant exclue. Par conséquent, supposer qu'une nouvelle volonté de créer apparaisse à un instant du temps revient à supposer que Dieu a été affecté par une nouvelle représentation qui a causé sa volonté créatrice. Cette compréhension d'une volonté toujours déterminée, associée à la contestation de la doctrine de l'homonymie des attributs divins, prive Crescas de la réponse à cette objection, qui consiste à poser une volonté divine absolument libre (par différence avec la volonté humaine), avant la création tout du moins [1].

3) Un troisième problème, soulevé quant à lui en dehors de toute motivation polémique, concerne la puissance divine.

> Nul doute que la seule différence entre ces deux énoncés [affirmer que le monde est éternel et qu'il est adventice] [2] réside dans la conception de la faculté d'agir (*yekholet*) de Dieu. Car supposer [cette dérivation] éternelle signifie que sa faculté d'agir est infinie dans la durée (*bilti ba^cal takhlit bi-zeman*), tandis que la supposer adventice signifie que sa faculté d'agir est finie dans la durée (*ba^cal takhlit bi-zeman*) [3].

L'une des grandes originalités philosophiques de Crescas concerne la découverte de l'incommensurabilité du fini et de l'infini, faisant tomber par là même nombres d'arguments aristotéliciens contre l'existence d'un infini en acte [4]. Dans le cas présent, affirmer que la seule différence entre un monde adventice et un monde éternel concerne la faculté d'agir divine cela revient à dire qu'un Dieu créant un monde de toute éternité est *infiniment* plus puissant qu'un Dieu créant un monde « adventice » de durée finie. Une création *de novo* semble pour Crescas tout comme pour Albalag n'être qu'une création « au rabais », d'une manière rendue incommensurablement plus grave par la doctrine de l'infini.

Il faut toutefois noter que Crescas entretient, tout au long de IIIa 1, 5, une ambiguïté quant au statut de son argumentation, qui pourrait sembler une stratégie de dissimulation de son rejet effectif de l'adventicité. Formellement, il s'agit d'une défense hypothétique de la thèse de l'éternité du monde, sous la modalité d'une émanation permanente. Il s'agit de montrer que *même* selon cette hypothèse, le monde peut être dit « créé *ex nihilo* ». Crescas multiplie au fil de son développement les annotations en ce sens [5]. Le raisonnement de Crescas

1. Sur la détermination de la volonté, voir notamment *Or*, II, 5, 4-6 (la section sur le « libre-arbitre », *beḥira*) et sur ce thème, W. Z. Harvey, *Physics*, chap. V et VI ainsi que les développements d'É. Smilévitch (trad. cit., « Préface », p. 27-54). Pour la critique de l'homonymie (*Or*, I, 3, 3), Crescas assumant la thèse des attributs essentiels, voir H. A. Wolfson, « Crescas on the Problem of Divine Attributes », *The Jewish Quarterly Review*, 7/1, 1916, p. 1-44., suite dans, *The Jewish Quarterly Review*, 7/2, 1916, p. 175-221.

2. Pour une autre manière de comprendre ce passage de lecture difficile, voir I. Eisenberg (éd.), *La doctrine de la création de R. Ḥasdai Crescas* [en hébreu], Jérusalem, Eshel, 1981, p. 41.

3. *Or*, IIIa, 1, 5, p. 310 ; trad. mod. p. 981.

4. Voir *Or*, I, 2, 2 et *passim*.

5. Par exemple : « de *notre présente hypothèse* (*hanaḥatenu*) – selon laquelle l'être dérive nécessairement de Lui » (*Or*, IIIa, 1, 5, p. 311 ; trad. mod. p. 982).

semble une transposition de l'argument maïmonidien du dilemme. L'argument maïmonidien s'énonçait : que le monde soit « adventice » ou éternel, Dieu existe ; celui de Crescas, que le monde soit « adventice » ou éternel, il est « créé *ex nihilo* ».

Mais, en transposant l'argument du dilemme à la question de la création, Crescas transpose également les ambiguïtés de cet argument. Tout comme dans le cadre de l'argument maïmonidien, une lecture ésotérique serait fondée à voir dans la démonstration de la création *ex nihilo* sous l'hypothèse de l'éternité plus qu'une simple concession aux philosophes dans le cadre d'une argumentation. Car la puissance explicative et la cohérence logique de ses conséquences sont plus grandes que celle de l'hypothèse adverse d'un monde adventice. Un monde éternel est présenté comme le corrélât rationnel d'une cause agente simple, éternelle, bonne et de puissance infinie, à la différence d'un monde de durée finie qui n'atteste que d'une puissance finie et soulève les deux autres problèmes que nous venons de relever.

Le revirement

Or, après cette longue et conséquente argumentation en faveur de l'éternité et même contre l'adventicité, Crescas clôt le chapitre en soutenant subitement, versets et tradition à l'appui, qu'en vérité le monde a connu un commencement temporel. Ce « revirement » [1], qui introduit une contradiction dans le développement de Crescas, a fait couler beaucoup d'encre. L'affirmation péremptoire d'une doctrine traditionnelle après une argumentation hardie en faveur d'une thèse hétérodoxe constitue sans doute le symptôme typique d'une écriture ésotérique – d'autant plus que Crescas aurait pu proposer une interprétation non-temporelle des versets qui les auraient conciliés avec l'idée d'une émanation nécessaire [2]. Les commentateurs n'ont donc pas manqué qui ont considéré que cette palinodie de Crescas n'était qu'une manœuvre, maladroite au demeurant, pour dissimuler sa véritable opinion [3]. On a tout de même relevé que Crescas ne

1. Selon la traduction du mot *Wendung* employé par Jacob Gordin, dans l'entrée « Crescas » de l'*Encyclopedia Judaica* (Berlin, Eshkol, 1930, s.v Crescas, t. 5, p. 706b), par C. Aslanov (dans J. Gordin, *Écrits : le renouveau de la pensée juive en France*, Paris, A. Michel, 1995, p. 231) que l'on retrouve chez Smilévitch (trad. cit., n. 1, p. 993).

2. Voir la remarque de Maïmonide : « Au sujet de la nouveauté du monde aussi, les moyens d'une interprétation allégorique ne nous manqueraient pas et ne nous seraient pas interdits » (*Guide*, II, 25, p. 196), ainsi que l'interprétation éternaliste (selon le second sens de *be-re'šit*) proposée par Albalag de Gn 1, 1 (*TD*, § 30, p. 28-52 ; trad., p. 130-169). Nissim de Gérone, dont Crescas suit ici l'enseignement, insiste au contraire sur la valeur temporelle du mot *be-rešit* (*Peruš ha-Ran*, éd. A. L. Feldman, Jérusalem, Mekhon Shalem, 1968, p. 7-8).

3. Les commentateurs anciens (XVe-XVIe siècles) de Crescas s'arrêtent uniquement sur ses arguments en faveur d'une création perpétuelle sans se préoccuper de son « revirement » : voir Abraham Shalom, *Newe Šalom*, Venise, 1574, I, 9, 9b-12a ; Isaac Abravanel, *Šamayim Ḥadašim*, *éd. cit.*, 27a-b ; Joseph Salomon Delmedigo, *Noblot Ḥokhma*, Basel, 1631, p. 92-106. Pour les modernes, voir : D. Neumark, *Essays in Jewish Philosophy*, Cincinnati Central Conference of American Rabbis, 1929, p. 308-316 ; J. Guttmann, *Histoire des philosophies juives*, *op. cit.*, p. 291 ;

se contentait pas simplement de la version « standard » de la création *ex nihilo, de novo*. En réalité, il en propose *deux* versions qui sont supposées à même de s'accorder avec les développements antérieurs et résoudre, en particulier, le problème « augustinien » du choix de l'instant de la création.

> Mais la vérité entière est telle que la rapporte la tradition, à savoir que Dieu fit advenir (*ḥiddešo*) et exister [le monde] à un moment déterminé, comme il est dit : « Au commencement, Dieu créa, etc. » (Gn 1, 1), ainsi que tout le reste du passage. Reste à résoudre la question : pourquoi l'avoir fait exister à un instant déterminé, alors que tous les instants du temps sont équivalents, tant du point de vue de l'agent que du point de vue du patient. Quoique cette difficulté soit très profonde, <on peut cependant la résoudre de deux façons.
> 1) Soit l'on dit que Sa sagesse décréta (*gazera ḥokhmato*), pour une raison déterminée (*le-sibba yaduᶜa*), que le monde devait avoir un commencement d'existence adventice (*hatḥalat hawaya meḥuddešet*). La question de savoir pourquoi Il l'a fait exister à tel instant perdrait son sens, puisque, vis-à-vis de la création (*ḥidduš*), tous les instants du temps sont équivalents.
> 2) Soit l'on se permet de recourir aux assertions que l'on trouve en certains propos de nos Sages, que rapporte le Maître, auteur du *Guide* (II, 30, p. 232-233), et qui ne paraissent pas faire l'objet de controverses. Ils dirent, par exemple : « Cela nous enseigne qu'Il bâtissait des mondes et les détruisait » ; et d'autres dirent : « Cela nous enseigne qu'il existait aussi un ordre de succession temporel antérieurement [au premier jour de la création] » (*Gn Rabba*, 3, 7). Leur intention semble être la création perpétuelle (*ha-ḥidduš ha-temidi*), mais au sens où les mondes sont engendrés à un instant déterminé (*be-ᶜet yaduaᶜ*), puis détruits à un autre [1].

La première proposition selon laquelle, pour une raison connue de Dieu seul, en vertu de sa sagesse, le monde a été créé à un instant précis, n'a jusqu'ici, à notre connaissance, été prise en compte sérieusement par personne. C'est bien semble-t-il une thèse incompatible avec les développements conceptuels précédents, la version naïve et pieuse de la création absolue. Il convient toutefois de remarquer que l'idée d'une création perpétuelle (*ḥidduš temidi*) est thématisée indépendamment de la question de la durée du monde [2]. Cette première version, si elle soulève une série de problèmes et entre en contradiction avec les arguments précédemment développés (à propos du changement de la volonté et de la limitation de la puissance qu'implique l'adventicité), n'est donc pas totalement incompatible avec l'idée générale que Crescas présente de la création, comme relation de dépendance ontologique.

E. Schweid, *La philosophie religieuse de R. Hasdai Crescas* [hébreu], Jérusalem, Maqor, 1971, p. 43-44 et surtout S. W. Feldman, « The Theory of Eternal Creation in Hasdai Crescas and Some of His Predecessors », *Viator*, 11, 1980, p. 315-319, qui conclut que la création éternelle est la seule thèse cohérente avec d'autres éléments de la philosophie de Crescas.

1. *Or*, IIIa, 1, 5, p. 316 ; trad. mod. p. 993-994 ; voir W. Z. Harvey, *Physics*, p. 41-42.

2. Un passage stipule : « *même si* l'on suppose (*af ke-še-naniaḥ*) que le monde dérive nécessairement de Dieu, cela implique logiquement une création perpétuelle à partir de rien (*ḥidduš temidi lo mi-davar*) » (p. 315 ; trad. mod. p. 992), ce qui suggère que la création perpétuelle est également vraie dans l'hypothèse d'un monde créé *de novo*.

La seconde proposition en revanche constitue pour plusieurs commentateurs modernes[1] la thèse effective de Crescas. Il faut dire qu'elle a la vertu d'être elle-même hétérodoxe. Il s'agit de la thèse d'un cycle infini de créations et de destructions de mondes successifs, ainsi que l'adoptait Abraham Ibn Ezra selon ses lecteurs radicaux (*supra*, chap. II). Crescas l'appuie sur des enseignements traditionnels (tirés du *midrash* et de la liturgie)[2], dont il propose une exégèse relativement longue qui clôt la section sur la création. Par là, la thèse de la création « temporelle » serait conciliée avec l'idée d'une éternité du monde : si l'Univers, ou la série des mondes, est éternel, ou éternellement créé par Dieu, *ex nihilo*, « notre monde » a, lui, été créé temporellement (et peut-être aussi temporairement)[3].

À la différence de la première version de la « création temporelle », celle-ci n'a pas en outre contre elle un argument paléographique. Grâce au précieux témoignage du manuscrit dit « de Florence »[4], nous pouvons affirmer que cette première version a été ajoutée au cours d'un travail de révision du texte du *Or*. Tout le passage figurant entre <> dans le texte, figure en marge de ce manuscrit, qui présente deux recensions du traité, la première datant de 1405, la seconde de 1410 (d'après son colophon). Ce manuscrit, le plus ancien du *Or*, écrit et annoté par des élèves de l'auteur, témoigne ainsi d'une évolution de sa pensée, du moins de son texte entre ces deux dates. Le travail de révision ne semble du reste pas avoir été achevé, probablement faute de temps, puisque l'on peut relever la présence de quelques contradictions dans le texte (par exemple, tel argument fondé sur une prémisse par ailleurs rejetée par l'auteur, probablement à un stade ultérieur du développement de sa pensée). L'idée d'une création « à un moment déterminé » semble donc constituer une addition effectuée après 1405.

Le texte de 1405 donnait ainsi : « Quoique cette question [pourquoi avoir créé le monde à cet instant plutôt qu'à un autre ?] soit très profonde, nous nous sommes permis de recourir aux assertions que l'on trouve en certains propos de nos Sages [à propos des cycles de créations et de destructions]. » Ceci laisse accroire que la seconde version constitue la thèse originelle et authentique de Crescas[5] et que c'est par acquis de conscience, pour atténuer le caractère

1. Notamment, H. A. Wolfson, *Crescas' Critique of Aristotle : Problems of Aristotle's Physics in Jewish and Arabic Philosophy*, Cambridge, Harvard University Press, 1929, p. 117-118 ; B. Urbach, *Pillars of Jewish Thought, vol. 3 : The Philosophic Teachings of Rabbi Hasdai Crescas* [hébreu], Jérusalem, World Zionist Organization, 1961, p. 202-204 ; W. Z. Harvey, *Physics*, *op. cit.*, p. 18-23.

2. *Gn Rabba* 3, 7 et la formule de la bénédiction matinale du *yoṣer* : « qui renouvelle, par Sa bonté, chaque jour l'Œuvre du Commencement ».

3. La question de la possibilité d'une destruction de notre monde est discutée et laissée ouverte en *Or*, IV, 1.

4. Ms. Firenze, Biblioteca Medicea Laurenziana Conv. Soppr. 417 (XVe s., écriture sefarade), fol. 140a. Sur ce manuscrit, voir W. Z. Harvey, *Physics*, *op. cit.*, p. XIII.

5. W. Z. Harvey, *Physics*, *op. cit.*, n. 2, p. 41, renvoie au traité *Arba^{c}a Turim* d'Abraham ben Juda de Crête (S. Rosenberg, « The *Arba^{c}a Turim* of Rabbi Abraham bar Judah, Disciple of Don Ḥasdai Crescas » [hébreu], *Jerusalem Studies in Jewish Thought*, 3, 1984, p. 560-561, p. 570 et p. 593). Cet élève de Crescas soutient sans aucune équivoque la doctrine d'une création éternelle, reflétant ce qu'a pu être la conception du jeune Crescas.

hétérodoxe de sa véritable pensée, qu'il a dans un second temps ajouté la première version plus classique dans sa formulation [1].

Mais la première version n'a-t-elle véritablement aucune pertinence possible ? C'est une hypothèse minimaliste que de prêter à l'auteur une intention purement stratégique. Il s'agirait de tromper des lecteurs inattentifs qui, en tout état de cause, sont disqualifiés pour entreprendre la lecture du difficile traité que constitue le *Or* et, qui plus est, n'en sont pas les destinataires (des juifs engagés dans les études spéculatives et qui risquent de tomber dans les excès de l'intellectualisme). Ne s'agit-il esthétiquement que de « compléter la structure logique » de l'argument [2] ? Encore faudrait-il que cette version de la « création temporelle » ait quelque logique à faire valoir, ce qui n'est pas le cas puisqu'elle entre en contradiction avec les déterminations conceptuelles de l'adventicité précédemment exposées.

Sans prétendre livrer la « véritable pensée » de Crescas, nous nous attacherons désormais à comprendre quel pourrait être le sens, dans le cadre de l'argumentation crescassienne, de la thèse de la création temporelle selon sa version la plus radicale (la première), étant donné le crédit qu'il semble lui accorder malgré les difficultés évidentes qu'elle soulève.

Une croyance obligatoire et non nécessaire

On ne saurait saisir l'enjeu de ce passage si l'on perd de vue ce que Crescas fait dans cette section du troisième livre du *Or*. C'est le risque que court le commentateur qui envisage l'argumentation de IIIa, 1, 5 comme un bloc autonome, dont on pourrait déduire la « véritable doctrine » de Crescas, indépendamment du projet d'ensemble du *Or*.

Place de la « création » dans l'économie du Or

Le *Or* se veut un examen des croyances fondamentales du judaïsme qui, à la différence de la liste maïmonidienne des treize articles de foi, en propose un classement hiérarchique. Ces croyances sont examinées respectivement dans l'une des quatre parties de l'ouvrage qui correspondent à quatre niveaux d'importance doctrinale. La première partie traite de la « racine » ou du « fondement » (*šoreš*) du monothéisme (l'existence d'un Dieu unique). La seconde répertorie les « axiomes » (*pinnot*) de la Tora, au sens logique de ce

1. Dans une perspective straussienne, N. Ophir (*R. Hasdai Crescas as Philosophic Exegete in Light of the Changes in his Writting* [hébreu], thèse non-publiée soutenue à l'Université Hébraïque, 1993, p. 143-156), explique cette incise par un changement de destinataires du *Or*. À partir de 1391, Crescas aurait eu le souci de préserver les masses des fidèles victimes des persécutions en évitant de heurter de front leurs croyances, légitimant ainsi la thèse traditionnelle sur la création.

2. Comme le suggère W. Z. Harvey, *Physics*, *op. cit.*, n. 68, p. 20.

qu'il est nécessaire de poser pour rendre possible une loi divine *quelconque*[1]. La troisième expose les croyances spécifiques à la Tora de Moïse, « croyances vraies » (*emunot amittiyot*) en tant qu'elles sont enseignées par elle et, partant, obligatoires[2] : leur rejet constitue un affront à la Tora (*minut*) mais non pas sa négation radicale (*kefira ba-ᶜiqqar*). La quatrième partie enfin envisage les simples « opinions » (*sevarot*) facultatives, sans fondement ferme dans la Tora ou la raison (comme, par exemple, la métempsycose). Or, il est essentiel de remarquer que la croyance qui fait l'objet de la discussion sur la création est bien la « croyance en *l'adventicité* [du monde] » (*emunat ha-ḥidduš*)[3] et que tout l'enjeu de cette discussion est précisément de justifier sa place dans l'économie de l'ouvrage.

Alors qu'un Maïmonide ou un Gersonide font de l'adventicité, de la création *de novo*, une condition nécessaire à la révélation de la Tora (un de ses « axiomes » donc)[4], Crescas la situe dans la troisième partie, parmi les « croyances vraies », avec une évidente intention polémique à l'endroit de ses prédécesseurs. Il s'agit donc d'expliquer pourquoi elle n'est pas traitée dans la deuxième partie, parmi les croyances auxquelles il est *logiquement indispensable* d'adhérer si l'on se réclame de la Tora, mais dans la troisième partie en tant que croyance dont le caractère *obligatoire*[5] ne provient que du fait qu'elle figure dans la Tora. Autrement dit, Crescas s'engage à montrer que le caractère *de novo* de la création n'est qu'une croyance révélée qui, pour irrationnelle qu'elle paraisse, est néanmoins obligatoire. Il est notable, que la discussion de l'adventicité, qui ne se veut donc pas d'abord une discussion doctrinale, soit la seule de l'ensemble du traité à avoir une telle fonction.

À la différence de ses devanciers, Crescas ne tient pas la création *de novo* pour un « axiome » du judaïsme, puisque l'existence d'une loi divine n'est pas, pour lui, conditionnée par le fait que le monde ait existé depuis une durée finie par le passé[6]. Nous avons vu à l'instant que la création, qui engage en un sens très précis l'idée d'un agent « volontaire » du monde, ne suppose aucunement la

1. Parmi ces « axiomes » (*pinnot*) de la Tora, Crescas compte, la science divine des particuliers, la providence, la faculté d'agir de Dieu, l'existence de la prophétie, le libre-arbitre de l'homme et la finalité parfaite de la loi divine.

2. Crescas reprend à son compte cette catégorie maïmonidienne en en subvertissant le sens : Maïmonide identifie les croyances vraies aux doctrines démonstrées des philosophes, tandis que Crescas les identifie à celles que professe la Tora (dont Maïmonide dirait que certaines sont des « croyances nécessaires »). Voir *supra*, chap. III, p. 58.

3. Titre de la section IIIa, 1 (p. 273 ; trad. p. 887), où *ḥidduš* désigne encore la création *de novo*.

4. Voir *Guide*, II, 25, p. 198-199 et *Guerres*, VIb, 1, p. 419.

5. L'idée d'une croyance « obligatoire » est problématique chez Crescas. Un argument contre l'idée maïmonidienne selon laquelle la croyance en l'existence de Dieu est un précepte (*Sefer ha-Miṣwot*, 1er commandement positif; MT, *Yesodei ha-Tora* (*Fondements de la Tora*), 1-2, p. 29-44) est précisément qu'on ne saurait prescrire une croyance, puisque les croyances ne relèvent pas du libre-arbitre, mais s'imposent au sujet (*Or*, Introduction, p. 10 ; trad., p. 240). Néanmoins, les « croyances vraies » (*emunot amittiyot*) de *Or*, III, sont bien des doctrines en lesquelles il faut croire sous peine d'être considéré comme hétérodoxe (*min*).

6. Voir *Or*, IIIa, Introduction (p. 273-274 ; trad. p. 885-886) et IIIa, 8, 3.

thèse de l'adventicité et est également vraie dans un monde éternel *a parte ante*. Crescas prend en outre la peine de démontrer que l'éternité du monde n'est pas incompatible avec l'idée que Dieu est l'agent des miracles (à supposer que cette éternité consiste en une création perpétuelle)[1]. Il montre que ce qui est indispensable à l'idée de Tora ne concerne pas la durée du monde, mais ce que l'on corrèle à tort à l'idée de création *de novo*, à savoir la capacité d'agir d'un Dieu volontaire sur un monde qui lui est ontologiquement dépendant. Il faut tenir le monde pour « créé » pour que la Tora soit possible, mais cela n'implique en rien qu'il soit « adventice »[2].

Crescas reproduit ici sur un mode plus philosophique, les propos de son maître, Nissim de Gérone, dans son exégèse de Gn 1, 1 : la croyance en l'éternité du monde n'est pas incompatible avec la Tora (tant qu'elle ne conteste pas l'idée d'une création *volontaire* du monde), mais il faut croire le monde créé *de novo* parce qu'un verset (Gn 1, 1 entendu en un sens temporel) le stipule. La création *de novo* du monde n'est donc rien d'autre qu'une vérité de fait, du même type que « Timna était la concubine d'Elifaz, fils d'Essav » (Gn 36, 12)[3], à laquelle il convient de croire au motif qu'il faut croire les dires des prophètes[4].

Or, affirme hardiment Crescas, qu'il soit « créé », en ce sens non-temporel, est une thèse partagée par les philosophes éternalistes, s'ils sont véritablement rigoureux, et par les tenants de la Tora. On s'attendrait alors à ce que Crescas compte la « création » du monde, et non sa « nouveauté » parmi les axiomes de la Tora, en l'insérant dans sa deuxième partie. Mais tel n'est précisément pas ce qu'il fait. Il conserve à la croyance juive en la création son sens temporel, l'incorpore à la troisième partie, en s'efforçant de montrer que là est bien sa place, puisqu'il n'est pas nécessaire d'être « adventiste » pour croire le monde « créé » ce qui est la condition véritable d'une loi divine.

S'accordant sur la « création », philosophes éternalistes conséquents et tenants de la Tora s'accordent par là même sur le fait que les conditions de possibilité d'une révélation sont remplies. Les lignes de partage, qui divisaient jusqu'alors le champ de la discussion autour de l'origine du monde dans le rationalisme juif, sont déplacées de manière significative et, par conséquent, les enjeux mêmes de la discussion se trouvent fondamentalement modifiés. Il ne s'agit plus, comme le faisait Maïmonide, de mettre en scène un drame opposant les « philosophes », partisans d'un monde où la Tora n'est pas possible (monde éternel produit de la nécessité) aux « sectateurs de Moïse », partisans d'un monde où

1. *Or*, IIIa, 1, 5, p. 311-313 ; trad. p. 984-988.

2. Sur cette disjonction, voir P. Clavier, *Ex nihilo*, *op. cit.*, t. 1 : chap. premier, p. 29-33, p. 41-44 et chap. XVI ; t. 2 : chap. II-VIII.

3. *Peruš ha-Ran*, *op. cit.*, p. 3-4 ; traduit à la fin de la trad. du *Or* par É. Smilévitch, *op. cit.*, p. 1228-1231. Sur cette filiation, voir aussi, S. Klein-Braslavy, « Vérité prophétique et vérité philosophique chez Nissim de Gérone », art. cit., p. 97-98 et *id.*, « The Influence of R. Nissim Gerundi on the Formation of Crescas' and Albo's Doctrine of the Principles of Judaism » [hébreu], *Eshel Beer Sheva*, 2, 1981, p. 177-197.

4. Voir notre article, « Création, révélation et rédemption dans le rationalisme juif médiéval », *Cahiers philosophiques de Strasbourg*, 37, 2015, p. 179-201.

elle l'est (monde issu d'une volonté et d'un dessein)[1]. L'adversaire, s'il en est, devient le tenant d'une position qui, pour faire de la création du monde l'objet d'une science, sacrifie l'idée de création *ex nihilo*. Cet adversaire est un ennemi interne, Gersonide, qui doit à sa doctrine d'une création à partir d'un corps primordial le sobriquet, sous la plume de Crescas, de « chef de fil des éternalistes » (*roʾš maʾaminei ha-qadmut*)[2]. Il s'agit de remettre en question la rigueur de son monothéisme : en posant un *substrat* matériel prééternel à la création, Gersonide, pourtant partisan de l'adventicité du monde, ruine la racine (*šoreš*) même de la Tora, l'unicité de Dieu, affirmée dans le premier livre du *Or*[3].

La puissance finie du Dieu créateur

La position de Crescas apparaît, en vertu de ces considérations, éminemment paradoxale : le tenant de « l'adventicité » ne se distingue en rien du tenant de l'éternité du monde sinon qu'il prête à Dieu une faculté d'agir limitée, alors que l'éternaliste lui prête une faculté d'agir infinie. Le Dieu de la Tora (puisque « l'adventicité » est une « croyance vraie » de la Tora) paraît donc *infiniment* moins puissant que le Dieu des philosophes. De deux choses l'une, soit Crescas aurait dû interpréter le récit de la création allégoriquement afin qu'il s'accorde avec la thèse de l'éternité, soit la Tora oblige, selon lui, à croire à une thèse en quelque façon contraire à la raison.

Quant à la première possibilité, elle est clairement exclue par l'auteur. Crescas n'est pas Maïmonide : il ne s'agit pas pour lui dans le *Or* de concilier *ce que disent les philosophes* et la Tora. L'exégèse allégorique des philosophes est disqualifiée en son principe comme une affabulation d'intellectualistes séduits par les sirènes de la Grèce[4]. Le texte biblique a une signification que ne saurait recouvrir ou annuler aucune métaphorisation. Impossible de faire fi de la lettre du texte, tel est, au demeurant, un des motifs de la critique par Crescas de la doctrine de l'homonymie maïmonidienne, selon laquelle un attribut n'a absolument pas le même sens lorsqu'il est prédiqué de Dieu que lorsqu'il est prédiqué d'un homme. Les mots ont une signification irréductible, sans quoi l'on ne saurait prétendre comprendre le sens d'une phrase comme « Dieu est sage » ou « Dieu est bon »[5]. Ceci ne veut pas dire que Crescas érige en règle générale qu'il faut prendre le texte au pied de la lettre, mais que ce que dit la lettre résiste irréductiblement à ce que le lecteur voudrait lui faire dire. Cette idée également,

1. Sur ce point, Crescas s'écarte nettement de Nissim de Gérone (*Peruš ha-Ran*, *op. cit.*, p. 4), pour qui deux versions de l'éternité s'affrontent, celle « des philosophes », qui nient que Dieu a la capacité de créer et une version selon laquelle Il « ne cesse de désirer que le monde existe ». Crescas s'attache à invalider philosophiquement la première option.

2. *Or*, IIIa, 1, 5, p. 309 ; trad. mod. p. 978.

3. Un des principaux arguments de Crescas contre Gersonide est en effet qu'il ne saurait échapper, malgré ses dires, à une forme de dualisme (*Or*, IIIa, 1, 4, p. 406-407 ; trad. p. 970 ; critiquant *Guerres*, VIa, 18, p. 370 et p. 373).

4. Voir *Or*, « Introduction », p. 8-9 ; trad. p. 236.

5. Sur la doctrine des attributs et la question de l'homonymie, voir *supra*, n. 1, p. 157.

Crescas la partage avec Albalag. Mais il n'en tire pas quant à lui les fondements d'une herméneutique radicalement subjectiviste et relativiste, autorisant le déploiement inconditionnel de la raison, au gré d'une méthode d'interprétation allégorique. Partant, demander *ce que pense* Crescas en matière de création n'est pas à propos au regard de sa démarche dans la section sur le *ḥidduš*. Il s'agit avant tout d'examiner et de rendre compte d'une croyance qui est partagée par un groupe humain, pour qui elle est supposée être véhiculée par un texte.

Ne reste donc que la deuxième possibilité, selon laquelle la Tora demande, pour Crescas, de croire une doctrine formellement irrationnelle, puisque contredite par une argumentation rigoureuse. Il faut ici insister sur le fait que cela reste vrai également si l'on attribue à l'auteur, la seconde version de la « création temporelle » de IIIa, 1, 5, que l'on met pourtant en avant pour réconcilier l'éternité, rationnellement établie, et la nouveauté. Selon cette seconde version, Dieu ne cesse de créer et de détruire des mondes, au cours d'un cycle infini. Les doctrines crescassiennes de l'espace et du temps comme représentations et de l'existence d'un infini en acte ouvrent même à la possibilité de l'existence d'un nombre infini de mondes à la fois simultanément, dans l'espace infini, et successivement, dans le temps infini[1]. Cette idée découle de la puissance infinie de Dieu, communiquant en permanence le bien, créant autant de mondes qu'il est possible.

Plutôt que de réduire les difficultés conceptuelles posées par la création *de novo*, l'idée d'un cycle de créations et de destructions semble au contraire les décupler[2]. À propos de chaque création et de chaque destruction se repose le problème du choix de l'instant (pourquoi un monde devrait-il être détruit à tel instant plutôt qu'à tel autre, alors que tous sont également indifférents pour l'agent ?). De même, chaque nouvelle création et destruction semble supposer un changement de la volonté de l'agent (qu'est-ce qui le motive à chaque fois à détruire un monde pour en créer un nouveau ?). On répondra que la succession des mondes ne dérive pas d'une modification de la volonté ni n'implique le choix d'un instant particulier, mais participe d'une seule et même volonté éternelle. Les défauts de chaque monde, incapable d'une existence durable, proviennent du réceptacle[3], impuissant à réaliser cette volonté dans toute sa perfection ou

1. D'après W. Z. Harvey, *Physics*, *op. cit.*, p. 117-118, telle serait la doctrine effective de l'auteur, bien qu'elle ne soit jamais envisagée explicitement (Crescas envisageant, tout au plus en *Or*, I, 3, 4 et surtout IV, 2, l'existence simultanée d'un grand nombre de mondes, et considérant comme possible la destruction de notre monde au profit d'un autre plus parfait, en IV, 1).

2. Ce point à été souligné par S. Feldman, « The Theory of Eternal Creation in Hasdai Crescas and Some of His Predecessors », art. cit., p. 318.

3. Cette réponse à des questions qui ne sont pas soulevées par Crescas pourrait être déduite de la mention « en fonction de la possibilité du réceptacle » (*ma še-efšar lefi ha-meqabbel* ; *Or*, IIIa, 1, 5, p. 311 ; trad. p. 983), formulée dans un autre contexte argumentatif, pour nuancer le degré de perfection de la création en tant que produit de la communication du bien. À partir de cette mention, le problème de la création devient structurel : une création, *en tant que telle*, en tant qu'elle suppose un réceptacle, ne saurait donner naissance à un monde parfait. Cela revient à mettre en doute de manière plus radicale encore l'infinité de la puissance divine.

nécessitant d'y être progressivement disposé. Mais on en vient alors à se heurter à nouveau au problème central pour Crescas de la limitation de la puissance divine (que l'hypothèse d'une série de mondes vise précisément à éviter !). Comment concilier l'idée que l'Univers existe en vertu de la diffusion du bien avec la destruction de chaque monde ou, autrement dit, en quoi la destruction de chaque monde peut-elle être dite « participer du bien » [1] ? L'idée (suggérée à la fois en IIIa, 1, 5 et IV, 1) que chaque monde constitue, vis-à-vis du précédent, un progrès vers le mieux, si elle permet de répondre à cette question, en soulève une autre. Qu'est-ce qui empêcherait à un être infiniment bon et infiniment puissant de créer d'emblée (c'est-à-dire ici de toute éternité) le meilleur des mondes possibles ? Un Dieu incapable de créer le meilleur des mondes possibles, fût-ce en raison du réceptacle, est-il fondamentalement plus puissant qu'un Dieu créant un monde de durée seulement finie ?

Du reste, une autre assertion de Crescas semble s'opposer à cette version de la création *de novo* et légitimer l'idée de l'unicité du monde, laissant entendre qu'il s'agit là au fond de deux modèles concurrents qui soulèvent chacun des difficultés spécifiques. Il s'agit de l'idée selon laquelle la perfection du bien s'incarne dans l'unité qu'affiche l'Univers. Parmi les arguments visant à montrer que l'idée d'une émanation nécessaire implique aussi une volonté, Crescas reprend à son compte l'argument maïmonidien, selon lequel seule une causation volontaire permet de résoudre le problème de la génération du multiple à partir d'une unité simple [2]. Mais il précise que l'argument de Maïmonide n'est valide que selon la conception de la volonté divine qu'il développe lui-même dans le *Or*, d'après laquelle cette volonté s'exprime dans la diffusion du bien. Or le fait que « la réalité dans son ensemble forme un individu unique constitue le bien absolument parfait en fonction de la possibilité du réceptacle », tandis que « le bien, en tant que tel, est l'unité simple » [3].

On relève dès lors une tension dans le *Or* entre deux conceptions de la manière dont l'Univers pourrait refléter la perfection de son créateur. Selon la première, le caractère infini de la puissance et de la bonté divines se reflète dans la pluralité voire l'infinité du nombre des mondes simultanés et successifs, tandis que la seconde, sans doute plus traditionnelle [4], situe dans l'unité et l'unicité du monde la marque d'une bonté principielle. Il est possible que cette tension reflète des états successifs de la pensée de Crescas et de la rédaction du *Or* et qu'elle aurait dû en droit disparaître, s'il avait eu le temps et l'énergie nécessaires à l'achèvement de son entreprise de correction. Il semble pourtant que l'indécision de Crescas sur la question de la pluralité (voire de l'infinité) des

1. Problème soulevé par É. Smilévitch, *Or*, trad. cit., n. 2, p. 994.

2. Voir *Guide*, II, 22 et, sur ce problème, A. Hyman, « From What is One and Simple Can Only Come What is One and Simple », dans L. E. Goodman (dir.), *Neoplatonism & Jewish Thought*, New York, SUNY Press, 1992, p. 111-136.

3. *Or*, IIIa, 1, 5, p. 311, trad. p. 983 ; cf. *Guide*, II, 22.

4. Voir *Guide*, I, 72 et plus généralement l'idée répandue depuis au moins le *Timée* de Platon que l'Univers forme un organisme individuel (voir la n. 1 de S. Munk, *ad. loc.*, p. 354).

mondes et sur la possibilité d'une destruction de notre monde témoigne d'une tension conceptuelle irréductible, interne à l'idée d'une bonté infinie qui se communique, entre la perfection de l'unité et la puissance de l'infini. *In fine*, les deux modèles, qui correspondent aux deux versions du revirement, semblent deux options ouvertes pour rendre compte de la thèse « biblique » d'une création *de novo*, dont aucune ne permet de sortir des difficultés conceptuelles de cette thèse.

Dès lors, quelle que soit l'option que l'on adopte ou que l'on prête à Crescas, quant à la « vérité entière » sur la création (création *de novo* d'un monde unique ou série infinie de créations *de novo* de mondes), la question se repose encore et toujours : que peut signifier, dans la perspective de Crescas – qui y tient, semble-t-il, puisqu'il se refuse à toute interprétation non-temporelle de Gn 1, 1 –, que la Tora demande de croire à une création *de novo* ? Pourquoi le Dieu infiniment puissant se serait-il fait passer pour un être de puissance finie ? Quelle est cette sagesse divine inaccessible aux hommes qui explique qu'il ait délibérément limité sa propre puissance ?

Sens d'une obligation de croire

Crescas met à nu – comme le faisait Albalag – un écart irréductible entre l'ordre conceptuel et celui de l'exposé biblique. Alors que sur la plupart des autres questions, Crescas s'efforce autant que faire se peut de souligner que les principes, axiomes et croyances du judaïsme sont tout à la fois fondés sur des sources traditionnelles et justifiés par la raison, c'est au contraire une tension qu'il expose à propos de l'adventicité du monde, malgré l'accord général qu'il montre sur l'idée de création *ex nihilo*.

C'est ici encore du côté du statut épistémologique complexe de l'idée de création *ex nihilo* et de ses implications qu'il faut se tourner pour rendre compte de ce paradoxe [1]. On se souvient que Crescas, s'il soutient et démontre la possibilité d'un infini en acte, n'en considère pas moins que la connaissance humaine, par différence avec la connaissance divine, est fondamentalement limitée. À l'argument des adversaires de la connaissance divine des particuliers, selon lequel une telle connaissance supposerait « d'embrasser l'infini » (le nombre infini des individus destinés à exister), Crescas objecte :

> La difficulté [...] est fondée sur le fait que le savoir consiste à envelopper et à comprendre, et que l'infini n'est sujet ni à l'enveloppement ni à la délimitation (*bilti muqqaf u-mugbal*). Tout cela n'est vrai que pour une connaissance finie, mais si l'on suppose une connaissance infinie, le fait de connaître un nombre

1. « La création peut être interprétée comme un processus tout à la fois infini et fini : elle est infinie, envisagée en relation avec Dieu, tandis que son caractère fini consiste en l'opération conceptuelle par laquelle l'homme délimite ou circonscrit l'extension temporellement infinie de l'action divine. » (R. Gatti, *Be-re'šit*, *op. cit.*, notre trad., p. 155).

infini d'objets n'entraîne nulle contradiction. Car l'infini n'excède pas l'infini (*ha-bilti ba*ᶜ*al takhlit lo ya*ᶜ*adif* ᶜ*al ha-bilti ba*ᶜ*al takhlit*) [1].

La tension de la position de Crescas à propos de notre problème, pourrait s'expliquer dans cette perspective. Du moins, la première version de l'idée de création *de novo* pourrait se légitimer, sur fond de cette distinction. Car une création éternelle – seule corrélât légitime d'un Dieu de puissance infinie – ne se laisse précisément pas « embrasser » par une connaissance finie. Il est possible à l'homme de parvenir à *l'idée* d'une telle création sans accéder à sa *compréhension* effective.

Il en va de même ici chez Crescas, que chez Saadia, pour qui la création *ex nihilo,* restant une « idée sans contenu » imaginatif, se laissait appréhender via divers expédients : la « quasi-cosmogonie » du *Sefer Yeṣira* ou encore le récit biblique lui-même et sa trame temporelle. Et nous retrouvons ici encore un usage du terme sagesse (*ḥokhma*) où elle apparaît, comme chez Saadia et Maïmonide, comme un principe paradoxal « d'autolimitation de la puissance divine », résultant de la prise en compte des limitations de la connaissance humaine. C'était, chez Saadia, la « sagesse » (*ḥikma*) [2] divine qui expliquait que le Dieu tout-puissant se soit contenté de faire advenir les êtres du monde en l'espace de six jours, et non tous simultanément, pour que l'homme, pour qui la « science de Dieu » reste inaccessible, puisse appréhender leur création. C'était, chez Maïmonide, la sagesse impénétrable qui décrétait que le monde fût créé *de novo* de manière à faire apparaître dans la nature, régie par des lois nécessaires, ou à travers elle, l'idée d'une création volontaire. C'est encore chez Crescas la sagesse divine qui justifie dans la première version de la « création temporelle », que Dieu ait préféré un moment plutôt qu'un autre pour la création. Chez Saadia et Crescas une « sagesse » divine vient en outre *justifier* le texte biblique de Gn 1, dont on se refuse énergiquement à produire une interprétation allégorique, alors même qu'il contrevient par certains de ses aspects (son étalement temporel pour Saadia, l'idée même d'un commencement pour Crescas) à l'idée du Dieu monothéiste et de sa toute-puissance. Chez l'un et l'autre, l'infinie puissance de Dieu ne peut s'attester auprès des hommes qu'en limitant paradoxalement cette puissance même, en inscrivant la création dans la durée d'une narration. La convocation d'une « sagesse » inaccessible à l'homme vient ainsi répondre chez l'un et l'autre – comme chez Maïmonide – à une même difficulté d'ordre conceptuelle et épistémologique.

On se souvient en outre du rôle que Saadia attribuait au *Sefer Yeṣira* : donner à voir ou à imaginer la création *ex nihilo.* Un rôle similaire lui est attribué par Crescas, qui lui prête une autorité dans l'interprétation de l'Œuvre du Commencement. S'inscrivant dans la lignée de Nissim de Gérone, il exclut l'identification

1. *Or,* II, 1, 4, p. 147 ; trad. p. 591-592. Le principe selon lequel « l'infini n'excède pas l'infini » provient de la tradition aristotélicienne. Voir H. A. Davidson, *Proofs, op. cit.,* n. 13, p. 88, qui renvoie à Alexandre d'Aphrodise, *Aporiai,* III, 12. Aristote, *Physique,* III, 5, 204a20-26 ; *Du ciel,* I, 7, 275 b12-29, avance déjà qu'un infini ne saurait être une partie d'un autre.

2. *CG,* ar. p. 56 ; héb. p. 261-262. Voir *supra,* chap. premier, p. 35.

maïmonidienne de l'Œuvre du Commencement à la science aristotélicienne de la nature. Le Ran y substitue ce qu'il appelle la « véritable science de la nature » (*ḥokhmat ha-teva*ᶜ *ha-amittit*)[1], qui consiste dans la connaissance de l'influx causal des formes intelligibles sur le monde sublunaire. Crescas reprend cette perspective générale, mais y ajoute une référence au *Sefer Yeṣira*. Comme chez Saadia, ce texte s'offre ici comme discours imagé donnant une certaine intelligence d'une création *ex nihilo*.

> Il en ressort que l'expression « Œuvre du Commencement » doit être entendue dans son sens littéral (*ki-fešuto*), comme la description de l'œuvre de la création (*to*ᵓ*ar ma*ᶜ*aśe ha-yeṣira*) ; elle constitue l'essentiel du *Sefer Yeṣira*, attribué à Abraham notre père. C'est à elle que fait allusion l'interprétation des Sages (*bMenaḥot*, 28b), selon laquelle : « C'est par la lettre *Hey* que fut créé le monde » [...]. Et ils dirent que le monde à venir fut créé par la lettre *Yod*[2].

Le *Sefer Yeṣira* décrit donc pour Crescas la dérivation du monde depuis le Tétragramme (incluant les lettres *Hey* et *Yod*), faisant écho à son élaboration conceptuelle de la création *ex nihilo*, en IIIa, 1, 5, comme processus d'émanation correspondant à la diffusion du bien depuis sa source divine. Plus loin, au cours d'un *excursus* sur le Tétagramme, il verra de même dans ce nom qu'il comprend semble-t-il comme une forme injonctive de la racine du verbe être[3], une preuve de la « nécessité de la perpétuation de la création » (*ḥiyyuv hatmadat ha-ḥidduš*)[4], formule ambiguë, à même de valider chacune des deux versions du *ḥidduš*, puisqu'elle peut aussi bien signifier une *continuation* de la création que sa *perpétuité* de toute éternité. Le nom de Dieu devient ainsi lui-même une certaine représentation, dans le langage humain, de la création, présentant le monde comme le résultat d'une injonction à être, dans un perpétuel cycle de créations et de destructions ou depuis un instant déterminé du temps.

Cette interprétation du nom de Dieu au cœur du texte biblique, nous semble représentative de la fonction que Crescas prête à ce texte et à même d'éclairer le sens de l'obligation que ce même texte pose selon lui de croire le monde adventice, alors que la raison le veut éternel. Rejoignant sur ce point également Albalag, la croyance biblique, contraire à la raison, devient paradoxalement un moyen de conférer une *certaine* représentation à l'idée de la création. Le caractère obligatoire de la croyance peut alors se comprendre dans le sens d'une prise en compte des contraintes imposées par les limitations de la connaissance. Il faut pourrait-on dire *croire à la nouveauté* du monde pour *connaître sa création*.

1. *Derašot ha-Ran*, éd. A. L. Feldman, Jérusalem, Mossad ha-Rav Kook, 2008, p. 32.
2. *Or*, IV, 10, p. 408 ; trad. mod. p. 1188-1189.
3. Voir dans le même sens, récemment, M. Israël, *La philosophie juive*, Paris, Eyrolles, 2012, p. 31-33, qui propose de traduire le Tétragramme par « Qu'il-y-ait ».
4. *Or*, IV, 10, p. 410 ; trad. mod. p. 1192.

Conclusion : « L'éternité est nue »

Les philosophies d'Albalag et de Crescas répondent à des motifs totalement différents, voire divergents. Mais elles se rejoignent néanmoins sur un point : le caractère irréconciliable du récit biblique de la cosmogénèse et d'une pensée rigoureuse de la création. Une telle pensée incline pour l'un et l'autre pour des raisons différentes vers l'éternité du monde et l'idée d'une création permanente. Tous deux nomment cette « création » du même terme de *ḥidduš* et tous deux se jouent de la signification habituelle de ce terme. Albalag affirme sans ménagement qu'un *ḥidduš* véritable est une « création » ou une « nouveauté éternelle (ou perpétuelle) » (*ḥidduš niṣḥi*). Crescas amène progressivement l'identification de l'idée d'une émanation permanente avec celle de la création *ex nihilo*, pour enfin désigner la première par le vocable de *ḥidduš temidi* « nouveauté permanente ».

L'idée d'une création éternelle signifie, pour l'averroïste Albalag, que la Cause Première exerce continuellement son influx causal sur la matière première (intermédiaire entre la privation au sens absolu [*ha-heᶜder ha-muḥlaṭ*] et l'existant au sens absolu [*ha-meṣiᵓut ha-muḥlaṭ* (!)])[1], l'actualisant en permanence. C'est *in fine* l'idée d'une causation nécessaire qui commande l'éternité et disqualifie, au niveau de l'argumentation conceptuelle, la création « au rabais » que constitue une création *de novo*. Pour Crescas en revanche, s'inscrivant clairement sous l'autorité d'Avicenne, il s'agit de tirer toutes les conséquences d'un monothéisme rigoureux. L'unicité de l'être nécessaire ou sa radicale distinction d'avec l'ensemble des êtres contingents et son infinie puissance impliquent comme une conséquence logique que l'ensemble de ce qui existe – cet être excepté – soit créé *ex nihilo*, c'est-à-dire se trouve vis-à-vis de lui dans un état de dépendance ontologique.

Si la logique du concept requiert chez l'un et l'autre de conclure de l'éternité de Dieu à l'éternité de la création (de l'acte et de son résultat), une telle conclusion se heurte, chez l'un comme l'autre, de manière irréconciliable à l'imaginaire du texte biblique, porté par sa lettre. Ce gouffre qui sépare l'idée et l'image, le concept et le récit, n'est ni chez l'un ni chez l'autre comblé par quelque stratagème exégétique. Il est au contraire conservé et exhibé, jusqu'à assumer la logique absurde d'une « double vérité » ou la rhétorique suspecte d'un « revirement ».

Ces manières d'écrire constituent-elles des stratagèmes ésotériques « politico-religieux », visant à livrer des vérités hétérodoxes tout en se protégeant des accusations d'hétérodoxie ? Là où Maïmonide les dissimule – telles les pommes d'or des *Proverbes* (25, 11)[2] – derrière les mailles d'un filet, que seul un regard perçant saurait traverser, Crescas et Albalag opteraient pour une stratégie opposée, consistant à livrer une vérité toute nue en place publique, au regard de tous, avant de la revêtir, *in extremis*, de la redingote du rabbin. Le procédé semble alors tellement grossier qu'il demeure parfaitement inefficace et la vérité pas plus vêtue que l'empereur avec ses « habits neufs » dans le conte d'Andersen.

1. Voir *TD*, § 30, p. 33, 23-34, 1 (à propos du *tohu wa-bohu*) et *passim*.
2. Cité dans l'introduction du *Guide*, p. 12-13.

Tels les escrocs du conte, Albalag et Crescas tireraient profit de l'hypocrisie de leur pieux lecteur, lui faisant croire que s'il continue à voir la vérité nue (à être convaincu, par les arguments rationnels, de l'éternité du monde), alors même qu'on l'a revêtue du faux tissu de la création *de novo*, c'est qu'il est sot, tandis que c'est le signe même de son intelligence transgressive et par conséquent inavouable. Tel l'enfant du conte, le lecteur avisé saurait bien, quant à lui, que le vêtement de la création *de novo* servant à cacher cette éternité que l'on ne saurait voir n'est que ruse. Il sait par ailleurs que la nudité ne sied pas à un roi, de même que la limitation que constitue une création *de novo* ne sied pas à un Dieu. En couvrant le créateur éternel du vêtement de la création *de novo*, c'est comme si paradoxalement on l'avait mis à nu, en en faisant un être de puissance limitée. Le « bon lecteur » ne peut donc voir, dans la création *de novo*, qu'un accoutrement ridicule et saluer l'humour proprement ravageur d'Albalag et de Crescas. De fait, la « véritable doctrine » aussi bien d'Albalag que de Crescas a été identifiée – nous l'avons vu – par la grande majorité de leurs interprètes ésotériques avec l'éternité du monde.

Pour notre part, nous nous sommes employés dans ce chapitre à prendre le parti des sots, en donnant quelque consistance au tissu créationniste. Si ces écritures contradictoires sont plus et autre chose que des manœuvres politiques malhabiles, elles donnent à penser – dans leur outrance même – la structure paradoxale de l'idée de création du monde, conséquence logique de l'idée de Dieu et de son rapport à ce qui n'est pas lui, qui ne se laisse appréhender qu'en limitant sa propre portée. Pour Albalag, Dieu donne à connaître, au vulgaire (et le philosophe en tant qu'il « croit » ce que dit le texte, assume le vulgaire qu'il est *également*) la consécution causale (éternelle) du monde par l'image d'une consécution temporelle. De même, dans chacune des deux versions du « revirement » de Crescas, Dieu donne à connaître son infinie puissance en la limitant à une création *de novo*. L'éternité – ou l'idée – ne se laissant littéralement *voir* qu'à travers le vêtement *neuf* de la « nouveauté » (*ḥidduš*).

Conclusion

ÉCRIRE DE LA PHILOSOPHIE À LA LUMIÈRE DE LA RÉVÉLATION

La tentative d'élaboration d'un discours conceptuel sur la création par Saadia Gaon pose les bases des développements ultérieurs du problème au sein du *corpus* philosophique juif médiéval. Une tension caractérise en effet les textes de Saadia. Il explicite le statut épistémologique extrêmement problématique de l'idée de création, démontrable mais indescriptible. Mais il ne se prive pas de livrer une explication « quasi-scientifique » de la cosmogenèse qu'il sait pourtant inadéquate. Saadia révélait ainsi à sa façon le paradoxe interne à l'idée de création, une idée qui, quoique pensable, est comme nécessairement désabsolutisée par la figuration imaginaire qu'elle appelle.

À partir de Saadia, deux grandes orientations semblent pouvoir être dessinées parmi les auteurs étudiés : une tendance à la naturalisation et à la scientifisation de la création, qui en donne une représentation par analogie avec les processus de génération connus, et à l'inverse une tendance à son ontologisation et à son épuration conceptuelle, qui la réduit à une idée qualifiant la relation du monde à sa cause.

Nous avons trouvé deux grands représentants de la première tendance en Abraham Ibn Ezra et Gersonide. Dans des optiques et des contextes très différents, l'un et l'autre font de la création un processus « naturel », en ce sens qu'il se devrait d'être parfaitement descriptible. Chez Ibn Ezra, cette approche s'apparente pratiquement à une négation de l'idée de création, puisqu'il conteste que le texte biblique énonce l'avènement de toute chose. Il se pourrait néanmoins que ceci constitue une thèse non pas sur la genèse du monde en tant que telle, mais sur la possibilité d'en rendre compte, en particulier dans le discours naturel que constitue le discours biblique. Chez Gersonide, l'impératif de pouvoir rendre compte de la création du monde, au péril de l'idée même de création, s'est avéré engager des enjeux fondamentaux et fondationnels, qui concernent la question du sens même de l'entreprise scientifique. Chez lui également, la scientifisation de la création ne se comprend que dans le cadre d'une réflexion sur le langage : en naturalisant la création, par l'introduction d'une cause matérielle du monde à l'image de toutes les générations naturelles, Gersonide se donne la possibilité d'appréhender dans un discours, qui se veut sensé, l'origine même d'un discours sensé et par là de la connaissance.

Quant à la deuxième tendance, celle à l'ontologisation et à l'épuration conceptuelle de l'idée de création, nous en avons observé deux grandes versions avec Albalag et Crescas. Ces deux auteurs, chacun à sa manière – « averroïste » pour l'un et avicennisante pour l'autre –, font de la création un concept purement opératoire et qui échappe en principe totalement à toute représentation. Dans sa version crescassienne, la création désigne une *relation* de dépendance de tous les existants vis-à-vis d'un existant qui ne dépend d'aucun autre. Dans sa version averroïste, la création désigne le processus par lequel la Cause Première met en mouvement, de manière perpétuelle, l'ensemble de la réalité matérielle. Or aucune de ces conceptions ne se prête à une figuration adéquate.

Entre ces deux grandes tendances, Maïmonide dans son *Guide* aux lectures multiples et à la doctrine indécidable, semble tenir une position singulière qui ne prend le parti d'aucune des deux. Du point de vue de l'épuration conceptuelle, on a repéré, dans le *Guide*, le souci d'expliciter les enjeux fondamentaux de la question et une insistance sur le statut épistémologique problématique de l'idée de création, dont témoigne le « Principe de Maïmonide ». En ce qui concerne la « scientifisation », elle est repérable précisément dans la manière dont Maïmonide contrevient à son propre Principe, en recherchant, *dans le monde*, des preuves « physiques » de sa création. Il y a là autant de symptômes de la tension au cœur de l'idée de création.

Tous ces auteurs, à travers des « arts d'écrire » chaque fois singuliers, partagent un même attachement à une compréhension temporelle de la création, y compris chez les héros de « l'ontologisation ». Saadia ou Gersonide prouvent la création en démontrant, par diverses méthodes, que le monde *ne saurait être éternel a parte ante*. Ibn Ezra fait de la *beriʾa*, en pistant le sens des termes bibliques employés en Gn 1, 1, un processus naturel qui marque un *commencement* (ou un *recommencement* cyclique) de la réalité sublunaire. Crescas et Albalag s'empressent d'affirmer la « vérité entière » de la création temporelle, après avoir montré son absurdité, le premier se privant même du procédé le plus efficace pour se débarrasser de ce problème que constitue l'allégorisation du texte biblique. Maïmonide enfin ne donne pas d'autre sens au terme *ḥudūth* que celui « d'adventicité » ou de création *de novo*. Le débat mis en scène dans le *Guide* porte sur la durée du monde, éternité contre commencement. En outre, une « création éternelle » apparaît à Maïmonide une contradiction dans les termes, en tant que l'idée de *commencement* et elle seule est susceptible de témoigner d'un dessein et d'une volonté [1].

Comment comprendre cet attachement à l'idée d'adventicité, cette résistance de l'idée d'un commencement temporel, alors même que l'épure du concept de création engage plutôt dans la voie de sa détemporalisation, la soustrayant purement et simplement du domaine de la physique pour l'introduire dans le domaine de la métaphysique ? Nos penseurs juifs paraissent de bien piètres philosophes, traînant constamment une « casserole théologique », qui semble peser sur le concept de création et le rendre perméable à un grand nombre d'objections. Ils se rendent, chacun à sa façon, coupables d'un amalgame entre commencementisme et créationnisme, en confondant le problème de la durée du monde avec celui de sa capacité ou non à rendre raison de sa propre existence [2].

Dans la perspective d'un ésotérisme « politico-religieux », ceci ne constitue nullement un problème. L'insistance sur la notion de commencement y apparaît une affirmation exotérique, visant à masquer une réelle opposition au corps de doctrines reçues par tradition ou, du moins, réputées telles. Sous la « pression de la Tora », des philosophes-écrivains ont feint de croire une idée abjecte et généralement comprise comme contradictoire avec la physique aristotélicienne, de manière à se prémunir de la persécution. Autrement dit, on pourrait très simplement résoudre le problème que nous sommes en train de poser en dissociant la dimension conceptuelle et philosophique, de la dimension exégétique de la pensée des philosophes juifs du Moyen Âge. Au lieu de les disqualifier comme de mauvais penseurs qui auraient confondu commencement temporel et création, il suffit de les tenir pour de parfaits philosophes, qui se trouvent par la force des choses contraints de rendre compte également d'un texte, qui pour leur malheur décrit la création sous la forme d'un processus temporel. Dans cette optique, la dimension exégétique de leurs œuvres et en l'occurrence leur affirmation d'une création temporelle seraient bonnes pour les musées folkloriques de l'histoire de la philosophie, relevant de la concession à l'imaginaire du vulgaire de leur temps.

Toutefois, en prenant au sérieux tout à la fois la rigueur conceptuelle de nos auteurs et leur sincérité dans leur effort pour rendre compte du sensé biblique, une conception singulière de la création du monde et de l'exercice de la pensée se fait jour chez eux. Car chez eux l'insistance sur l'adventicité n'est pas

1. W. Dunphy, « Maimonides and Aquinas on Creation : A Critique of Their Historians », dans L. P. Gerson (éd.), *Graceful Reason*, Toronto, Pontifical Institute of Medieval Studies, 1983, p. 361-379, veut trouver chez Maïmonide la distinction thomasienne entre création *ex nihilo* et création *de novo*, de manière, selon lui, à sauver la dignité philosophique de Maïmonide. Mais on chercherait en vain la thématisation d'une telle distinction dans le *Guide*, où *ḥudūth* veut toujours dire création *de novo* et où, à l'inverse, l'idée de dépendance ontologique n'est pas énoncée à travers ce vocable.

2. Pour tout ceci, voir P. Clavier, *Ex nihilo*, *op. cit.*, t. 2, p. 94 (la « casserole »), p. 105 (« l'amalgame ») et p. 128-130, pour l'opposition entre « commencementisme et dépendantisme » et l'invitation à abandonner le premier au profit du second.

réductible à un élément marginal surajouté à une réflexion conceptuelle. Elle nous est apparue au contraire comme un élément essentiel de la manière dont nos philosophes s'efforcent de donner à penser la création.

Il convient alors d'affronter une série de questions : en quoi la prise en compte de la qualification de la création du monde comme création temporelle, du fait du récit biblique, peut-elle prétendre à autre chose qu'à une revendication confessante ? En quoi, cela peut-il intéresser la philosophie comme telle ? En d'autres termes, en quoi le fait que la création puisse en un certain sens être dite une idée « révélée » ne revient-il pas à la disqualifier philosophiquement ?

L'hypothèse d'un ésotérisme essentiel ouvre à une autre compréhension de cette résistance du « commencementisme ». Il nous est apparu qu'elle émergeait de la prise en compte des conditions de la connaissance humaine et du fait que l'idée de création du monde expose le sujet de la connaissance à ses limites. L'idée de création absolue constitue un concept paradoxal dont toute tentative pour l'exprimer, même dans un langage purement conceptuel, s'expose au risque d'en trahir l'idée même. Parler de la création dans le langage naturel conduit à en faire un processus naturel et à l'énoncer à travers une forme narrative. Tenter de l'énoncer dans un langage technique ne peut se faire que par l'expédient d'une formulation purement négative : « création *non* d'une chose » (*lā min šayʾ*). Mais dès lors que l'on voudrait la désigner positivement, les ambiguïtés affleurent à tous niveaux : ambiguïté de la particule de provenance, qui a un sens matériel (*min* ou *ex*), ambiguïté de l'adverbe « après » (*baᶜd, aḥar, post*) qui a un sens temporel, ambiguïté enfin du terme néant ou « privation » (*ᶜadam, heᶜder, nihil*), qui a un sens relatif. Ou plutôt, s'agissant de cette dernière ambiguïté, l'idée de néant absolu ne cesse d'être « remplie » par de la représentation, comme le faisait remarquer Bergson [1].

Que la création soit une idée « révélée », ne signifie pas dès lors qu'elle est une idée irrationnelle, voire même qu'elle échapperait nécessairement à la possibilité d'être démontrée et qu'elle ne saurait prétendre à une quelconque dignité philosophique. Mais cela signifie :

1) que la création du monde met à mal les opérations habituelles de la connaissance, en faisant naître une contradiction entre les registres imaginaire et conceptuel : l'idée de création appelle en quelque sorte à être remplie par un contenu imaginaire, qui paradoxalement en trahit la pureté, en la représentant par analogie avec les processus de génération connus. La « révélation » de la création signifie en somme que le concept « excède » les capacités cognitives de l'homme, en ce qu'elle le conduit au-delà des limites de « son monde », ce qui n'empêche pas qu'il puisse s'en faire une certaine idée. C'est à ce niveau que s'inscrit l'idée singulière de la « sagesse divine » que nous avons rencontrée tout au long de ce travail. Celle-ci renvoie en général à la perfection divine et est associée au caractère de nécessité de son œuvre identifiée à la causalité naturelle.

1. H. Bergson, *L'évolution créatrice*, Paris, P.U.F., 1994, p. 277-298 ; *La pensée et le mouvant : Essais et conférences*, Paris, P.U.F., 1996, p. 105-108.

Or elle nous est apparue être convoquée comme un principe pédagogique d'autolimitation du divin en vue de transmettre aux hommes l'idée de création, figurée comme commencement temporel de manière à « remplir » son concept d'un contenu imaginaire. Qu'elle soit « révélée » signifie alors qu'un texte narrant la création appelle, de la part d'un sujet, un exercice herméneutique toujours renouvelé de redécouverte du concept, à partir de sa figuration nécessairement inadéquate [1].

2) Que la création est une idée qui introduit un rapport « non-naturel » avec le monde. En faisant intervenir dans le spectacle du monde, qui ne manifeste que des relations causales régies par des lois universelles, une causalité d'un autre ordre, dont la légitimation ultime est d'être pensable et dont on peut tout au plus chercher des traces dans le monde par un raisonnement inférentiel. Penser la création découle de l'acte subjectif qui consiste à envisager le monde en supposant cette causalité extra-naturelle ou, à tout le moins, sa possibilité. De là, s'agissant de Maïmonide, notre insistance sur le caractère de *décision* que constitue son choix en faveur de la création (en *Guide*, II, 25).

Franz Rosenzweig retraduira ce motif maïmonidien à travers l'idée que la création est *l'irruption* dans le monde de sa propre insuffisance. Le monde « devient » créé, mais ne l'est précisément pas dès le départ, puisque la création est l'instauration d'un rapport qui n'est pas donné d'avance entre deux êtres autonomes en leurs concepts (Dieu, ou l'identité à soi, et le monde, ou la belle totalité) [2].

3) Que l'idée de création engage, pour un sujet, un rapport que l'on peut dire herméneutique au monde. Elle n'est dès lors, pas réductible à une position doctrinale dispensant un savoir objectif sur la « genèse » du monde, mais est une idée qui ne s'impose, qu'en tant qu'elle répond à l'interrogation d'un sujet humain, engagé dans un rapport langagier aux choses et à l'existence, dans un processus permanent de production et de poursuite du sens. La révélation prophétique, qui enseigne précisément l'idée de création, peut être envisagée comme un autre nom de ce « cercle herméneutique » au sein duquel l'homme comme être parlant est enfermé : le sens est comme déjà donné depuis l'origine sous une forme obscure, qu'il revient aux hommes, en permanence, de chercher à clarifier.

La perspective d'un ésotérisme « politico-religieux » fait de l'écriture ésotérique un instrument défensif employé par des philosophes engagés dans un différend « théologico-philosophique ». Deux massifs discursifs prétendant énoncer des vérités – entendues comme vérités *objectives* sur le monde, Dieu ou l'homme – s'affrontent et se contredisent. Il n'y a pas d'autre choix, en bonne

1. Voir *supra*, nos développements sur la théorie exégétique d'Isaac Alabalag, chap. VI.

2. F. Rosenzweig, *L'Étoile de la rédemption*, Paris, Seuil, 2003, p. 190-191. Sur le « devenir créé » du monde, voir S. Nordmann, *Phénoménologie de la transcendance : création, révélation, rédemption*, Dol-de-Bretagne, Éd. d'Écarts, 2012, III, 1-2.

logique, que de prendre le parti de l'un contre l'autre, puisque la vérité est univoque. Si l'on prend le parti de la raison contre la révélation, il n'y a cependant pas d'autre choix, stratégique, cette fois-ci, que de feindre croire d'une manière ou d'une autre à la thèse révélée, plus ou moins harmonisée avec la thèse des philosophes. Car autrement, le philosophe médiéval s'exposerait aux conséquences désastreuses que l'expression ouverte de sa pensée hétérodoxe pourrait avoir. La « thèse biblique » de la création est envisagée comme une *doctrine* portant sur un fait réel et avéré et qui entre en contradiction avec celle qui se veut, elle aussi, réelle et avérée des philosophes.

La perspective d'un ésotérisme « essentiel » bouleverse cette représentation. Le conflit théologico-philosophique est un conflit non pas tant entre deux corps de doctrines prétendant tous deux à la vérité, qu'entre deux régimes de discours prétendant donner accès à la vérité. La philosophie, en la figure de l'aristotélisme médiéval, prétend la livrer, comme un savoir objectif sur la totalité des existants, sur un mode démonstratif et assertorique. La prophétie la livre de façon obscure et sous le mode de l'interpellation d'un sujet humain, individuel et collectif. La thèse de l'unité de la vérité comme de la double vérité sont, dès lors, comme les deux faces d'une même médaille. Affirmer l'unité de la vérité revient à tenir que la même vérité peut se dire de deux manières contradictoires : conceptuelle et systématique d'une part, et imagée et prescriptive de l'autre. Cela revient à tenir que tout savoir, même un savoir objectif sur le monde, est savoir *pour un sujet* et prend la forme d'un discours qui lui est adressé. Affirmer au contraire une « double vérité » revient à assumer l'écart irréductible qui existe entre ces deux régimes, celui de la « croyance » ou de l'adhésion subjective et celui de la science ou du savoir doctrinal, leur contradiction résistant à toute allégorisation. C'est tenir que ces deux modalités de la connaissance entrent en conflit sur certaines questions, comme celle de la création du monde. Le conflit entre les sens « vulgaire » et « philosophique » de la création peut alors être compris comme un conflit interne au sujet de la connaissance, qui est *aussi* un corps, qui a *aussi* une imagination et qui fait *aussi*, en un certain sens, partie du « vulgaire ».

Nous n'avons pas cherché ici à nier la pertinence de la notion de persécution pour l'abord de la philosophie juive médiévale et au-delà de la philosophie en général, ni la méfiance effective d'une grande partie de la société médiévale envers le philosophe. Ce serait en ignorer les manifestations extrêmement violentes et clairement identifiables [1]. Nous n'avons pas davantage voulu nier en retour, le mépris affiché par les philosophes vis-à-vis de certaines figures de la religiosité, la piété populaire d'une part et la théologie dogmatique de l'autre. Nous avons tenté de montrer que cette « clé de lecture » de l'ésotérisme philosophique n'en est pas une, puisqu'elle ne permet en droit jamais d'atteindre à la

1. La biographie du philosophe juif provençal Levi ben Abraham de Villefranche (vers 1225-après 1305), condamné à une vie d'errance en Provence en raison de ses exégèses allégoriques, dans le contexte de la controverse maïmonidienne, en est une illustration éloquente. Voir A. S. Halkin, « Why Was Levi ben Hayyim Hounded? », *Proceedings of the American Academy for Jewish Research*, 34, 1966, p. 65-76.

« véritable pensée d'un auteur » et qu'elle est de plus réductrice, puisqu'elle ne perçoit pas en quoi l'exercice médiéval de la philosophie « à la lumière de la révélation », pourrait constituer un style original du philosopher.

De fait, la lecture « politico-religieuse », qui se fonde sur l'idée d'un conflit doctrinal entre Athènes et Jérusalem, repose tout entière sur le présupposé que la philosophie est un savoir constitué, achevé par Aristote et explicité par ses commentateurs. La « philosophie médiévale », en particulier islamique et juive, ne serait en somme rien d'autre qu'une adaptation du discours énonçant ce savoir à un autre âge, dans lequel il entre en conflit ouvert avec la *doxa*. En revanche, que cette situation nouvelle impose une nouvelle pratique du philosopher et par là une modification de la philosophie elle-même, est exclu par ce modèle. Ainsi, la part exégétique de la philosophie médiévale est considérée comme une activité extra-philosophique, à laquelle le philosophe est contraint de s'adonner et qui n'a aucun intérêt philosophique propre. Que Maïmonide présente son *Guide*, comme un livre d'exégèse des « noms homonymes » et des paraboles prophétiques [1], qu'il affirme n'avoir d'autre objectif, en recourant à des notions de physique et de métaphysique, que d'expliquer les « secrets de la Tora » [2], ont été autant de raisons pour Strauss de nier qu'il s'agisse d'un « livre philosophique » (le considérant comme relevant tout au plus d'un « *kalām* éclairé ») [3] et d'affirmer qu'il est un livre « juif, écrit par un juif pour des juifs » [4]. Que la « philosophie » – s'il en est une – de Maïmonide se réduise uniquement à une philosophie « religieuse » soucieuse de réconcilier Tora et philosophie et ne constitue pas une étude menée « pour elle-même » de la physique, de la métaphysique et plus généralement des sciences, a pu être considéré comme une bonne raison de cesser d'enseigner cet auteur [5].

Or notre étude s'est précisément efforcée de montrer par l'exemple qu'était engagée dans cette philosophie « sous contrainte » – sous la contrainte d'affronter le conflit « théologico-philosophique » – une modification non seulement de la religion qui s'en est trouvée rationalisée et démythologisée, mais de la philosophie elle-même. Au cœur de la tradition « aristotélicienne », alors même que la philosophie est identifiée à la *science* prenant l'ensemble de la réalité pour objet, s'introduit, via sa rencontre avec la révélation, une philo-

1. *Guide*, « Introduction », p. 6-8.

2. *Guide*, II, 2, p. 49-50.

3. L. Strauss, « Le caractère littéraire du *Guide pour les perplexes* », *op. cit.*, p. 212.

4. *Id.*, « Comment commencer l'étude du *Guide* », *op. cit.*, p. 300. Cette remarque s'applique même si les propos de Strauss sont « ésotériques » : le *Guide* exotérique serait un livre de *kalām* ou un livre « juif », tandis que le *Guide* ésotérique serait un livre « philosophique » (voir W. Z. Harvey, « Why Maimonides Was Not a *Mutakallim* », art. cit.). Car, dans ce cas également, « livre philosophique » signifie *in fine* traité d'aristotélisme, ce qui suppose encore qu'un livre « juif » ne peut être un livre de philosophie et que le *Guide* n'est donc *pas* en réalité un livre « juif », s'il est un livre philosophique.

5. Dans un texte provocateur : C. Sirat, « Should We Stop Teaching Maimonides? », dans R. Jospe (éd.), *Paradigms in Jewish Philosophy*, Madison, Cranbury et London, Associated University Presses, 1997, p. 136-144.

sophie, plus soucieuse que par le passé de rendre compte des conditions subjectives du savoir ou de ceci que tout savoir est celui d'un sujet.

Du terme « sujet », ne sommes-nous pas en train de faire un usage « moderne » et, par conséquent, anachronique ? Les travaux d'Alain de Libera mettent à nu la longue genèse du sujet moderne à travers le renversement sémantique que constitue le passage du sujet-substrat des accidents et « objet » de la pensée au sujet-pôle d'unification des représentations [1]. On ne trouvera du reste dans notre *corpus* arabe et hébreu aucun terme qui corresponde précisément à une telle idée de subjectivité. Il semble, néanmoins, qu'un tournant subjectif pré-moderne se soit joué dans cette philosophie « à la lumière de la révélation », pour laquelle précisément le motif de la vérité comme « révélation » est essentiel.

Il est possible de repérer ce tournant dans les mots mêmes qui ont dû être employés pour traduire dans des langues dites « de la révélation » des idées grecques, qui ne trouvaient aucun équivalent dans leur matériau lexical disponible. Un exemple particulièrement frappant peut en être trouvé dans le terme traduit en arabe, comme en hébreu pour rendre le grec *apodeixis*, le terme technique du lexique aristotélicien servant à désigner un raisonnement scientifique.

Le terme qui s'est imposé en arabe pour traduire ce philosophème est le mot *burhān* [2] qui, dans ses usages coraniques, signifie – selon l'expression de L. Gardet – « une fulguration d'évidence, une "lumière éclatante" venue de Dieu (Coran, IV, 174), une preuve manifeste (XII, 24), qui peut prendre l'aspect de ce suprême argument d'autorité qu'est le miracle (XXVIII, 32) » [3]. Au gré d'une évolution du terme dans la terminologie des écoles juridiques musulmanes, il en est venu à signifier une preuve forte et finalement, dans l'aristotélisme arabe, la preuve par excellence que constitue la démonstration [4]. En hébreu, un phénomène semblable peut-être observé. Le terme qui s'est imposé dans la terminologie philosophique médiévale pour rendre l'arabe *burhān* est l'hébreu *mofet* qui signifie proprement, dans son usage biblique, « miracle » ou « prodige ».

Ainsi, alors que *l'apodeixis* aristotélicienne repose sur des prémisses universelles et qui ne sauraient être tirées de la perception sensible [5], l'arabe comme l'hébreu usent au contraire d'un terme qui désigne une preuve produite par un phénomène qui fait saillie au sein de la régularité des phénomènes naturels.

Ce paradoxe apparaît de manière exemplaire dans un texte de Samuel Ibn Tibbon. Pour justifier son choix de réserver, dans sa traduction du *Guide*,

1. A. de Libera, *Archéologie du sujet*, 3 vol., Paris, Vrin, 2007-2014.

2. Voir M. Zonta, *Saggio di lessicografia filosofica araba*, Brescia, Paideia, 2014, p. 101-108.

3. L. Gardet, *Encyclopédie de l'Islam* (1re éd.), s.v. *burhān*.

4. Le titre de la traduction arabe des *Seconds analytiques*, par Abu Bishr Mata Ibn Yunus (IXe siècle) de même que celui du commentaire d'Al-Fārābī sur ce traité, est *Kitāb al-Burhān*.

5. Aristote, *Seconds analytiques*, I, 31, 87b25-30 : « Puisque, les démonstrations (*apodeixeis*) sont universelles, et que les universels ne sont pas perçus, il est manifeste qu'il n'existe pas non plus de savoir scientifique à travers la perception » (trad. fr. P. Pellegrin, Paris, GF, 2005, p. 221).

le terme *mofet* pour désigner les démonstrations apodictiques, il signale que ce terme « ne désigne [dans les sources bibliques] qu'une preuve véritable (*mofet amitti*) ». Et de l'illustrer par une étrange citation biblique : « Si [ce prophète ou ce rêveur] produit devant toi le signe ou le prodige (*ot o mofet*), etc. » (Dt 13, 2) [1]. Car, dans son contexte, le verset se réfère à une preuve miraculeuse apportée par un prophète appelant à pratiquer l'idolâtrie, dont il ne faut en aucun cas suivre les préceptes et qui est passible de la peine capitale (Dt 13, 2-6). Autrement dit, dans le verset invoqué par S. Ibn Tibbon pour prouver que *mofet* signifie une « preuve véritables », le terme désigne une preuve, ayant le caractère d'évidence d'un miracle véritable, mais apportée pour soutenir une prophétie mensongère.

On peut voir dans cette référence scripturaire inattendue l'indice de ceci que l'introduction de la philosophie dans le « monde de la révélation » substitue le régime de la preuve scientifique au régime « vulgaire » de la preuve illusoire par le miracle. Mais elle témoigne également de la légère mais décisive modification du sens de l'*apodeixis* grecque à l'occasion de sa transcription dans les langues « de la révélation ». La langue grecque désigne la preuve scientifique sous le mode d'une opération effectuée sur l'objet de la preuve : une mise à distance (*apo-* ; dé-) permettant d'indiquer les causes et les caractéristiques de cet objet (*-deixis* ; -monstration). L'arabe et l'hébreu désignent, au contraire, l'opération de démonstration par un terme qui renvoie à l'intensité de l'évidence qu'elle produit sur le sujet de la connaissance, suggérant qu'une démonstration scientifique fait sur lui l'effet d'une révélation. L'accent est mis sur ce seul pôle subjectif, expliquant que même le miracle illusoire puisse être invoqué par Samuel Ibn Tibbon pour justifier son emploi de *mofet*. Le verset concerné ne pouvait pas être mieux choisi, puisqu'il désigne la force d'une preuve par l'effet de conviction produit (la tentation de suivre le faux prophète), indépendamment de sa vérité [2].

Pour revenir au cœur de notre affaire, nous pouvons remarquer en outre que le transfert de l'arabe vers l'hébreu du terme *ḥudūth* ne se fait pas non plus sans incidence. L'hébreu philosophique, par un calque sémantique, adjoint au terme hébraïque *ḥidduš*, apparaissant dans l'hébreu rabbinique, la signification de création du monde. Les philosophes juifs ne pouvaient ignorer le fait que *ḥidduš* désigne, dans les textes rabbiniques, un apport nouveau en termes de sens, le renouvellement du sens d'un enseignement. Si, dans le *corpus* philosophique, le mot *ḥidduš* est bien plus massivement employé dans son sens de « création du monde » et a pu même, comme nous l'avons vu, être épuré conceptuellement, de manière à perdre sa connotation temporelle, il est aussi attesté dans ce sens

1. Samuel Ibn Tibbon, *Peruš ha-Millot ha-Zarot* (*Glossaire des termes difficiles employés dans la traduction du* Guide des égarés, imprimé en appendice de *More ha-Nevukhim*, éd. Y. Ibn Shmuel, Jérusalem, Mossad ha-Rav Kook, 2000, p. 18 ; voir aussi, p. 63.

2. Nous avons détaillé ce point, ainsi que l'histoire du mot illisible de la Bible au Moyen Âge dans D. Lemler, « *Mofet* : From Miracle to Scientific Demonstration », dans R. Leicht, G. Veltri (dir.), *Studies in the Formation of Medieval Hebrew Terminology*, Leiden, Brill, 2020. *Cf.* Y. Halper, « The Convergence of Religious and Metaphysical Concepts : *Mofet* and *Devequt* in the Hebrew Translation of Averroes' Long Commentary on Aristotle's Metaphysics », *Studia Neoaristotelica*, 8/2, 2011, p. 163-177.

traditionnel, notamment dans la traduction du *Guide* par Samuel Ibn Tibbon [1]. Partant, le terme principal utilisé en hébreu philosophique médiéval pour désigner la création du monde a symptomatiquement la connotation herméneutique de l'avènement d'un sens nouveau pour un étudiant engagé dans la compréhension de l'enseignement qui lui est adressé par des maîtres du passé.

En raison des « arts d'écrire » que l'on peut y découvrir, les grands textes de la philosophie juive médiévale, en particulier le *Guide* de Maïmonide, ont pu servir de paradigme à une lecture de l'histoire de la philosophie à l'aune de la persécution politique. Ces arts d'écrire font aussi de la philosophie juive médiévale un mode typique du philosopher « à la lumière de la révélation ». Appelant le lecteur à participer activement à la constitution du sens des textes philosophiques, ils imposent d'assumer la part de *midrash* qu'il y a dans toute histoire de la philosophie.

1. À la fin de *Guide*, II, 26, S. Ibn Tibbon utilise le mot *ḥidduš* (éd. Ibn Shmuel, p. 290) pour traduire l'arabe *nukta* (ar. p. 232, 10) que Munk rend par « trait nouveau », p. 203 et qui désigne, sur place, un enseignement supplémentaire, un apport de sens nouveau, qui figure dans les *Pirqei de R. Eliezer*.

BIBLIOGRAPHIE

SOURCES ANCIENNES ET MÉDIÉVALES

Bible et sources juives anciennes

Miqra'ot Gedolot ha-Keter, éd. M. COHEN, Ramat Gan, Bar Ilan University Press, 1992–.

Torah, Nevi'im u-Khetuvim = Biblia Hebraica Stuttgartensia, éd. R. KITTEL, K. ELLIGER, W. RUDOLPH et H. BARDTKE, Stuttgart, Deutsche Bibelstiftung, 1984.

Midrach Rabbah, Genèse t.1, trad. fr. B. Maruani et A. Cohen-Arazi, Lagrasse, Verdier, 1987.

Batei Midrašot, éd. S. A. WERTHEIMER, Jérusalem, Mossad ha-Rav Kook, 1952.

Séfer Yĕẓira : exposé antique de cosmogonie hébraïque, éd. et trad. fr. P. B. FENTON, Paris, Rivages, 2002.

Commentaires du Traité des Pères (*Pirqé Avot*), éd. et trad. fr. É. SMILÉVITCH, Lagrasse, Verdier, 2008.

Philosophie et pensée juive

ABRAVANEL (I.), *Šamaym Ḥadašim* [hébreu], Rödelheim, 1828.

– *Mif'alot Elohim* [hébreu], éd. B. GENUT-DAROR, Jérusalem, Rubin Mass, 1988.

– *Ro'š Amana* [hébreu], éd. M. KELLNER, Ramat-Gan, Universitat Bar Ilan, 1993.

– *Commentaire du récit de la création : Genèse 1 : 1 à 6 : 8*, trad. fr. Y. Schiffers, Lagrasse, Verdier, 1999.

ALBALAG (I.), *Sefer Tiqqun ha-De'ot* [hébreu], Jérusalem, Israel Academy of Sciences and Humanities, 1973.

BAR HIYYA (A.), *La obra enciclopédica : Yĕsodé ha-tĕbuná u-migdal ha-ĕmuná* [hébreu], éd. J. M. MILLÁS VALLICROSA, Madrid, CSIC, 1952,

– *Megillat ha-Megalle*, Madrid, CSIC, 1952.

CRESCAS (Ḥ.), *Or ha-Šem* [hébreu], éd. S. FISCHER, Jérusalem, Sifrei Ramot, 1990.

- *Lumière de l'Éternel*, trad. fr. É. Smilévitch, Paris/Strasbourg, Hermann/Ruben éditions, 2013.

FALAQUERA (S. T.), *More ha-More* [hébreu], éd. Y. SHIFFMAN, Jérusalem, World Union of Jewish Studies, 2001.

- *L'accord de la Tora et de la philosophie* (*l'Épître de la controverse*), trad. fr. D. Lemler, Paris, Hermann, 2014.

GERSONIDE, *Milḥamot ha-Šem* [hébreu], Riva di Trento, 1560.

- *Milḥamot ha-Šem* [hébreu], Leipzig, 1866.

- *Les Guerres du Seigneur. Livres III et IV*, trad. fr. C. Touati, Paris, Mouton, 1968.

- *The Wars of the Lord*, trad. angl. S. Felman, Philadelphia, Jewish Publ. Soc. of America, 1984-1999.

- *Le Guerre del Signore*, trad. it. R. Gatti, Bari, Edizioni di pagina, 2011.

- *Commentaire sur la Tora* [hébreu], éd. B. BRANER et E. FREIMAN, Jérusalem, Maaliyot, 1993.

IBN EZRA (A.), *El libro de los fundamentos de las Tablas astronómicas* [hébreu], éd. J. M. MILLÁS VALLICROSA, Madrid, CSIC, 1947.

- *Perušei ha-Tora*, éd. A. WEISER, Jérusalem, Mossad ha-Rav Kook, 1976.

BEN-MENAHEM (N.) (éd.), « Additional Explanation to R. Abraham Ibn Ezra's Commentatary on the Pentateuch by R. M. Almosnino » [hébreu], *Sinai*, 10/9-10 (112-113), 1946, p. 136-171.

KREISEL (H.) (éd.), *Five Early Commentators on R. Abraham Ibn Ezra. The Earliest Supercommentaries on Ibn Ezra's* Torah Commentary [hébreu], Beer-Sheva, Ben Gurion University Press, 2017.

IBN KASPI (J.), *ᶜAmudei Kesef u-Maśkiot Kesef* [hébreu], éd. S. A. WERBLONER, Frankfurt am Main, 1848.

IBN TIBBON (S.), *Peruš ha-Millot ha-Zarot*[hébreu], dans MAIMONIDE, *More Nevukhim*, éd. S. IBN SHMUEL, Jérusalem, Mossad ha-Rav Kook, 2000.

HALEVI (J.), *Le Kuzari : apologie de la religion méprisée*, trad. fr. C. Touati, Paris, Verdier, 1994.

KIMHI (D.), *Sefer ha-Šorašim* [hébreu], éd. H. R. BIESENTHAL et F. LEBRECHT, Berlin, 1847.

MAIMONIDE, *Dalālat al-Ḥāʾirīn* [arabe], éd. S. MUNK et I. JOEL, Jérusalem, Azrieli, 1931.

- *More Nevukhim*, trad. héb. S. Ibn Tibbon, éd. S. IBN SHMUEL, Jérusalem, Mossad ha-Rav Kook, 2000.

- *Le Guide des égarés*, trad. fr. S. Munk, Paris, Maisonneuve & Larose, 2003.

- *The Guide of the Perplexed*, trad. angl. S. Pinès, Chicago, University of Chicago Press, 1963.

- *La guida dei perplessi*, trad. it. M. Zonta, Turin, UTET, 2003.

- *More Nevukhim*, trad. héb. Y. Kafih, Jérusalem, Mossad ha-Rav Kook, 1972.

- *More Nevukhim*, trad. héb. M. Schwartz, Tel Aviv, Tel Aviv Univesity Press, 2002.

- *Mishne Tora* [hébreu], Jérusalem-Bnei Brak, Shabtai Fraenkel, 1995.

- *Le livre de la connaissance*, trad. fr. V. Nikiprowetzky et A. Zaoui, Paris, P.U.F., 2013.
- *Sefer ha-Miṣwot. Maqor we-Targum* [arabe et hébreu], Jérusalem, Mossad ha-Rav Kook, 1971.
- *Mishna ᶜim Peruš ha-Rambam. Maqor we-Targum* [arabe et hébreu], éd. Y. KAFIH, Jérusalem, Mossad ha-Rav Kook, 1963.
- *The Letters and Essays of Moses Maimonides* [arabe et hébreu], éd. I. SHAILAT, Jérusalem, Shailat Publishing/Ma'aleh Adumim, 1995.
- *Qoveṣ Tešuvot ha-Rambam* [hébreu], Leipzig, 1859.
- *Épîtres*, trad. fr, J. de Hulster, Paris, Gallimard, 1993.
- *Lettre sur l'astrologie*, trad. fr. R. Lévy, Paris, Allia, 2001.
- *Traité d'éthique* (« *Huit chapitres* »), trad. fr. R. Brague, Paris, Desclée de Brouwer, 2001.

NAHMANIDE, *Commentaire sur la Tora* [hébreu], éd. H. D. CHAVEL, Jérusalem, Mossad ha-Rav Kook, 1959.

NARBONI (M.), *Commentaire sur le* Guide des égarés [hébreu], ms. héb. BNF, 696.
- *Commentaire sur le* Guide des égarés [hébreu], éd. J. GOLDENTHAL, Wien, 1852.
- *Commentaire sur le* Guide des égarés [hébreu], éd. partielle dans M. R. HAYOUN (éd.), *Moshe Narboni*, Tübingen, Mohr Siebeck, 1986.

NISSIM DE GÉRONE (RAN), *Peruš ha-Ran*, éd. A. L. FELDMAN, Jérusalem, Mekhon Shalem, 1968.
- *Derašot ha-Ran*, éd. A. L. FELDMAN, Jérusalem, Mekhon Shalem, 1973.

SAADIA GAON, *Sefer ha-Nivḥar be-Emunot we-Deᶜot* [arabe et hébreu], éd. Y. KAFIH, New York, Yeshivah University, 1970.
- *The Book of Beliefs and Opinions*, trad. Angl. S. Rosenblatt, New Haven, Yale University Press, 1948.
- *Commentaire sur le Séfer Yesira ou Livre de la création* [arabe], éd. et trad. fr. M. LAMBERT, Paris, Émile Bouillon, 1891.
- *Version arabe du Pentateuque de Saadia Gaon* [arabe], éd. J. DERENBOURG, Paris, Ernest Leroux, 1893.
- *Version arabe des Proverbes de Saadia Gaon* [arabe], éd. J. DERENBOURG et M. LAMBERT, Paris, Ernest Leroux, 1894.
- *Saadya's Commentary on Genesis* [arabe], éd. et trad. héb. M. ZUCKER, New York, Jewish Theological Seminary of America, 1984.

SHALOM (A.), *Newe Šalom* [hébreu], Venise, 1574.

TOV ᶜELEM DIT « BONFILS » (É.), *Ṣofnat Peᶜaneaḥ*, éd. D. HERZOG, Kraków, 1911.

Philosophie grecque

ARISTOTE, *Traité du ciel : suivi du Traité pseudo-aristotélicien Du monde*, trad. fr. J. Tricot, Paris, Vrin, 1948.
- *La métaphysique*, trad. fr. J. Tricot, Paris, Vrin, 1974.
- *Seconds analytiques*, trad. fr. P. Pellegrin, Paris, Flammarion, 2005.
- *Météorologiques*, trad. fr. P. Thillet, Paris, Gallimard, 2008.
- *La physique*, trad. fr. A. Stevens, Paris, Vrin, 2012.

PLATON, *Œuvres complètes*, trad. L. fr. Robin, 2 vol., Paris, Gallimard, 1942.

Philosophie islamique

AVERROÈS, *Tahāfut al-Tahāfut* [arabe], éd. M. BOUYGES, Beyrouth, Imprimerie catholique, 1930.
- *L'Islam et la raison : anthologie de textes juridiques théologiques et polémiques*, trad. fr. M. Geoffroy, Paris, Flammarion, 2000.
- *Discours décisif*, trad. fr. M. Geoffroy, Paris, Flammarion, 1996.
- *The Incoherence of the Incoherence*, trad. Angl. S. Van Den Bergh, Cambridge, EJW Gibb Memorial Trust, 1978.

AVICENNE, *La Métaphysique du Shifā'*, trad. fr. G. Anawati, Paris, Vrin, 1978-1985.
- *Livre des directives et remarques*, trad. fr. A.-M. Goichon, Paris/Beyrouth, Vrin/UNESCO, 1999.

BADAWI (A.), *Arisṭū ʿinda al-ʿArab* [arabe], Le Caire, Maktabat al-Nahḍa al-miṣriyya, 1947.

FĀRĀBĪ, *Énumération des sciences* (*Iḥṣā' al-ʿUlūm*) [arabe], éd. et trad. fr. I. MANSOUR, Beyrouth, Centre de développement national, 1991.

IBN BĀJJA, *La conduite de l'isolé et deux autres épîtres*, éd. et trad. fr. C. GENEQUAND, Paris, Vrin, 2010.

IBN TUFAYL, *Ḥayy Ibn Yaqdhān*, éd. L. GAUTHIER, Alger, Imprimerie Orientale (P. Fontana et Co), 1900.

Philosophie latine

PICHÉ (D.) et LAFLEUR (C.) (éd.), *La condamnation parisienne de 1277*, Paris, Vrin, 1999.

IMBACH (R.) et MÉLÉARD (M.-H.) (éd.), *Philosophes médiévaux. Anthologie de textes philosophiques*, Paris, Union générale d'éditions, 1986.

MICHON (C.), *Thomas d'Aquin et la controverse sur « L'Éternité du monde » : traités sur l'Éternité du monde de Bonaventure, Thomas d'Aquin, Peckham, Boèce de Dacie, Henri de Gand et Guillaume d'Ockham*, Paris, Flammarion, 2004.

THOMAS D'AQUIN, *L'unité de l'intellect contre les averroïstes*, trad. fr. A. de Libera, Paris, Flammarion, 1997.

ÉTUDES ET LITTÉRATURE MODERNES

ALTMANN (A.), « A Note on the Rabbinic Doctrine of Creation », *Journal of Jewish Studies*, 7, 1956, p. 195-206.
– « Maimonides on the Intellect and the Scope of Metaphysics », dans *Von der mittelalterlichen zur modernen Aufklärung: Texts and Studies in Early Modern Judaism*, Tübingen, Mohr Siebeck, 1987, p. 60-129.
ARENDT (H.), *Condition de l'homme moderne*, Paris, Calmann-Lévy, 1983.
ATLAS (S.), « Moses in Maimonides, Spinoza and Solomon Maimon », *Hebrew Union College Annual*, 25, 1954, p. 369-400.
BARTHES (R.), « La mort de l'auteur », *Manteia*, 5/4, 1968, p. 12-17.
– « De l'œuvre au texte », *Revue d'esthétique*, 3, 1971.
– *Le bruissement de la langue : Essais critiques IV*, Paris, Seuil, 1984.
BEKKER (J.), *The Secret of the* Guide of the Perplexed. *On Maimonides' World-view* [hébreu], Jérusalem, Shim'oni, 1955.
BEN-SHAMMAI (H.), « Saadya's Goal in his *Commentary on Sefer Yezira* », dans R. LINK-SALINER (éd.), *A Straight Path : Studies in Medieval Philosophy and Culture. Essays in Honor of Arthur Hyman*, Washington D. C., Catholic University of America Press, 1987, p. 1-9.
– *A Leader's Project. Studies in the Philosophical and Exegetical Works of Saadya Gaon* [hébreu], Jérusalem, Mossad Bialik, 2015.
BENSUSSAN (G.), *Qu'est-ce que la philosophie juive ?*, Paris, Desclée de Brouwer, 2004.
BERGSON (H.), *L'évolution créatrice*, Paris, P.U.F., 1994.
– *La pensée et le mouvant : Essais et conférences*, Paris, P.U.F., 1996.
BIANCHI (L.) et RANDI (E.), *Vérités dissonantes : Aristote à la fin du Moyen Âge*, Fribourg/Paris, Éd. universitaires de Fribourg/Cerf, 1993.
– *Pour une histoire de la « double vérité »*, Paris, Vrin, 2008.
BLAU (J.), « The Controversial Sentence of Guide 2.24 : A Philologist's Perspective », *Aleph : Historical Studies in Science and Judaism*, 8/1, 2008, p. 159-161.
BOURETZ (P.), *Lumières du Moyen Âge. Maïmonide philosophe*, Paris, Gallimard, 2015.
BRAGUE (R.), « Leo Strauss et Maïmonide », dans Y. YOVEL et S. PINÈS (éd.), *Maimonides and Philosophy : Papers Presented at the Sixth Jerusalem Philosophical Encounter, May 1985*, Dordrecht, M. Nijhoff, 1986, p. 246-268.
BRENET (J.-B.), *Transferts du sujet : la noétique d'Averroès selon Jean de Jandun*, Paris, Vrin, 2003.
CHERNISS (H.), « The Philosophical Economy of the Theory of Ideas », *The American Journal of Philology*, 57/4, 1936, p. 445-456.
CLAVIER (P.), *Ex nihilo*, 2 vol., Paris, Hermann, 2011.
– « No Creation, No Revelation », *International Journal for Philosophy of Religion*, 73/3, 2013, p. 255-268.

COHEN (Y.), *La pensée philosophique de R. Abraham Ibn Ezra* [hébreu], Rishon Le-Tsion, Shai, 1996.

COHEN (M. Z.), *Three Approaches to Biblical Metaphor : From Abraham Ibn Ezra and Maimonides to David Kimhi*, Leiden, Brill, 2008.

– *Opening the Gates of Interpretation : Maimonides' Biblical Hermeneutics in Light of His Geonic-Andalusian Heritage and Muslim Milieu*, Leiden, Brill, 2011.

– « A Talmudist's Halakhic Hermeneutics : A New Understanding of Maimonides' Principle of Peshat Primacy », *Jewish Studies, an Internet Journal*, 10, 2012, p. 257-359.

COSTA (J.), « Rashi et Maïmonide : le problème de la création », dans D. IANCU et C. IANCU (éd.), *L'écriture de l'histoire juive. Mélanges en l'honneur de Gérard Nahon*, Paris, Peeters, 2012, p. 23-50.

– « Le récit de la création dans l'exégèse des rabbins et des Pères de l'Eglise : essai de comparaison », dans M.-A. VANNIER (éd.), *Judaïsme et christianisme dans les commentaires patristiques de la Genèse*, Berne, Peter Lang, 2014, p. 13-42.

CRAIG (W. L.), *The Cosmological Argument from Plato to Leibniz*, London, MacMillan, 1980.

DAVIDSON (H. A.), « Maimonides' Secret Position on Creation », dans I. TWERSKY (éd.), *Studies in Medieval Jewish History and Litterature*, Cambridge, Cambridge University Press, 1979, p. 16-40.

– « Medieval Jewish Philosophy in the Sixteenth Century », dans B. D. COOPERMAN (éd.), *Jewish Thought in the Sixteenth Century*, Cambridge (Mass.)-London, Harvard University Press, 1983, p. 106-145.

– *Proofs for Eternity, Creation, and the Existence of God in Medieval Islamic and Jewish Philosophy*, New York-Oxford, Oxford University Press, 1987.

– *Moses Maimonides : the Man and his Works*, New York, Oxford University Press, 2005.

– « The Problematic Passage in *Guide for the Perplexed* 2 : 24 », *Aleph : Historical Studies in Science and Judaism*, 8/1, 2008, p. 163-193.

DE LIBERA (A.), *Penser au Moyen Âge*, Paris, Seuil, 1991.

– *Raison et foi : archéologie d'une crise d'Albert le Grand à Jean-Paul II*, Paris, Seuil, 2003.

– *Archéologie du sujet*, Paris, Vrin, 2007-2014.

DIENSTAG (J. I.), « Creation in Maimonides-Bibliography », *Da'at*, 32-33, 1994, p. 247-268.

DUNPHY (W.), « Maimonides and Aquinas on Creation : A Critique of Their Historians », dans L. P. GERSON (éd.), *Graceful Reason*, Toronto, Pontifical Institute of Medieval Studies, 1983, p. 361-379.

EISEN (R.), *The Book of Job in Medieval Jewish Philosophy*, Oxford, Oxford University Press, 2004.

EISENBERG (I.) (éd.), *La doctrine de la création de Ḥasdai Crescas* [hébreu] ; Jérusalem, Eshel, 1981.

FELDMAN (S. W.), « Gersonides'Proofs for the Creation of the Universe », *Proceedings of the American Academy for Jewish Research*, 35, 1967, p. 113-137.
– « The Theory of Eternal Creation in Hasdai Crescas and Some of His Predecessors », *Viator*, 11, 1980, p. 289-330.
– « Platonic Themes in Gersonides' Cosmology », dans *Salo Wittmayer Baron : Jubilee Volume on the Occasion of His Eightieth Birthday*, Jérusalem, American academy for Jewish research, 1974, p. 383-405.
– « An Averroist Solution to a Maimonidean Perplexity », dans A. HYMAN (éd.), *Maimonidean Studies : vol. 4*, New York, Yeshivah University, 2000, p. 15-30.
– *Philosophy in a Time of Crisis. Don Isaac Abravanel, Defender of the Faith*, London-New York, Routledge, 2003.
FOUCAULT (M.), « Qu'est-ce qu'un auteur ? », *Bulletin de la Société française de philosophie*, 63/3, 1969, p. 73-104.
– *L'herméneutique du sujet : cours au Collège de France (1981-1982)*, Paris, Gallimard/Seuil, 2001.
FOX (M.), « A New View of Maimonides' Method of Contradictions », *Annual of Bar-Ilan University. Studies in Judaica and Humanities*, 22-23, 1987, p. 19-43.
– *Interpreting Maimonides : Studies in Methodology, Metaphysics, and Moral Philosophy*, Chicago, University of Chicago Press, 1995.
FRAENKEL (C.), *From Maimonides to Samuel Ibn Tibbon. The Transformation of the* Dalālat al-Ḥāʾirīn *into the* More ha-Nevukhim [hébreu], Jérusalem, Magnes Press, 2007.
– « Maimonides, Averroes, and Samuel Ibn Tibbon on a Skandalon of Medieval Science », *Aleph : Historical Studies in Science and Judaism*, 8/1, 2008, p. 195-212.
FREUDENTHAL (G.), « Cosmogonie et physique chez Gersonide », *Revue des Études Juives*, 145/3-4, 1986, p. 295-314.
– « Sauver son âme ou sauver les phénomènes : Sotériologie, épistémologie et astronomie chez Gersonide », dans G. FREUDENTHAL (éd.), *Studies in Gersonides : A Fourteenth-Century Jewish Philosopher-Scientist*, Leiden, Brill, 1992, p. 317-352.
– « Stoic Physics in the Writings of R. Saadia Ga'on Al-Fayyumi and its Aftermath in Medieval Jewish Mysticism », *Arabic Sciences and Philosophy*, 6, 1996, p. 113-136.
– « Samuel Ibn Tibbon's Avicennian Theory of an Eternal World », *Aleph : Historical Studies in Science and Judaism*, 8/1, 2008, p. 41-129.
– « Maimonides on the Knowability of the Heavens and of Their Mover (*Guide* 2 : 24) », *Aleph : Historical Studies in Science and Judaism*, 8/1, 2008, p. 151-157.
– « Rabbi Abraham Nager and Ludwig Philippson : The Revisor and Sponsor of the Leipzig Edition of Gersonides's *Milhamot ha-Shem* (1866) : Hebrew

Scholarship Between Wissenschaft des Judentums and Orientalist », dans *Gersonides' Afterlife*, Boston, Brill, à paraître.

FRIEDLÄNDER (M.), *Essays on the Writings of Abraham Ibn Ezra*, London, Society of Hebrew Literature, 1877.

FUNKENSTEIN (A.), « "Scripture Speaks The Language of Man" : The Uses and Abuses of The Medieval Principle of Accommodation », dans C. WENIN (éd.), *L'homme et son univers au Moyen Âge : actes du septième congrès international de philosophie médiévale (30 août-4 septembre 1982)*, Louvain-La-Neuve, Éditions de l'Institut Supérieur de Philosophie, 1986, p. 92-101.

– *Styles in Medieval Biblical Exegesis*, [hébreu] Tel Aviv, Ministry of Defense, 1990.

– *Théologie et imagination scientifique du moyen âge au* XVIIe *siècle*, trad. fr. J.-P. Rothschild, Paris, P.U.F., 1995.

GATTI (R.), *Ermeneutica e filosofia : introduzione al pensiero ebraico medioevale (secoli XII-XIV)*, Genova, Il melangolo, 2003.

– *Be-re'šit : interpretazioni filosofiche della creazione nel Medioevo ebraico e latino*, Genova, Il melangolo, 2005.

– « Between Maimonideanism and Averroism : Gersonides' Place Within the Maimonidean Paradigm », dans J. ROBINSON (éd.), *The Cultures of Maimonideanism : New Approaches to the History of Jewish Thought*, Leiden, Brill, 2009, p. 133-148.

GILSON (É.), *Introduction à la philosophie chrétienne*, Paris, Vrin, 2007.

– « La doctrine de la double vérité », dans *Études de philosophie médiévale*, Strasbourg, Commission des publications de la Faculté des Lettres, 1921, p. 51-76.

– « Boèce de Dacie et la double vérité », *AHDLMA*, 22, 1955, p. 81-99.

GLASNER (R.), « The Early Stages in the Evolution of Gersonides' *The Wars of the Lord* », *The Jewish Quarterly Review*, 87/1-2, 1996, p. 1-46.

GOICHON (A.-M.), *La distinction de l'essence et de l'existence d'après Ibn Sīnā (Avicenne)*, Paris, Desclée de Brouwer, 1937.

GORDIN (J.), *Écrits : le renouveau de la pensée juive en France*, Paris, A. Michel, 1995.

GREIVE (H.), *Studien zum Jüdischen Neuplatonismus. Die Religionsphilosophie des Abraham Ibn Ezra*, Berlin-New York, Walter de Gruyter, 1973.

GUTTMANN (Jacob), *Die Religionsphilosophie des Saadia*, Göttingen, Vandenhoeck & Ruprecht, 1882.

GUTTMANN (Julius), *Histoire des philosophies juives : de l'époque biblique à Franz Rosenzweig*, Paris, Gallimard, 1994.

– « The Doctrine of Isaac Albalag » [hébreu], dans *Louis Ginzberg Jubilee Volume*, New York, American Academy for Jewish Research, 1946, p. 75-92.

HADOT (P.), *Exercices spirituels et philosophie antique*, Paris, Albin Michel, 2002.

HALBERTAL (M.) et MARGALIT (A.), *Idolatry*, Cambridge (Mass.), Harvard University Press, 1992.

HALBERTAL (M.), *Concealment and Revelation : Esotericism in Jewish Thought and its Philosophical Implications*, Princeton, Princeton University Press, 2009.

– *Maimonides : Life and Thought*, trad. angl. Joel Linsider, Princeton, Oxford, Princeton University Press, 2013.

HALKIN (A. S.), « Why Was Levi ben Hayyim Hounded ? », *Proceedings of the American Academy for Jewish Research*, 34, 1966, p. 65-76.

HALPER (Y.), « The Convergence of Religious and Metaphysical Concepts : *Mofet* and *Devequt* in the Hebrew Translation of Averroes' Long Commentary on Aristotle's Metaphysics », *Studia Neoaristotelica*, 8/2, 2011, p. 163-177.

HARVEY (S.), « Did Gersonides Believe in the Absolute Generation of Prime Matter ? » [hébreu], *Jerusalem Studies in Jewish Thought*, 7, 1988, p. 307-318.

HARVEY (W. Z.), *Physics and Metaphysics in Ḥasdai Crescas*, Amsterdam, J. C. Gieben, 1998.

– « The Term *Hitdabbeḳut* in Crescas' Definition of Time », *The Jewish Quarterly Review*, 71/1, 1980, p. 44-47.

– « A Third Approach to Maimonides' Cosmogony-Prophetology Puzzle », *The Harvard Theological Review*, 74/3, 1981, p. 287-301.

– « Why Maimonides Was Not a *Mutakallim* », dans J. L. KRAEMER (éd.), *Perspectives on Maimonides : Philosophical and Historical Studies*, Oxford, Oxford University Press, 1991, p. 105-114.

– « La preuve métaphysique de l'existence de Dieu chez Hasday Crescas », dans G. FREUDENTHAL, J.-P. ROTHSCHILD et G. DAHAN (éd.), *Torah et science : perspectives historiques et théoriques*, Paris-Louvain, Peeters, 2001, p. 147-150.

– « Hasdai Crescas contre Maïmonide sur la preuve physique de l'existence de Dieu », dans T. LÉVY et R. RASHED (éd.), *Maïmonide, philosophe et savant : 1138-1204*, Louvain-La-Neuve, Peeters, 2004, p. 209-214.

– « Maimonides' Critical Epistemology and *Guide* 2 : 24 », *Aleph : Historical Studies in Science and Judaism*, 8/1, 2008, p. 213-235.

HAYOUN (M.-R.), *La Philosophie et la théologie de Moïse de Narbonne, 1300-1362*, Tübingen, Mohr Siebeck, 1989.

– *L'exégèse philosophique dans le judaïsme médiéval*, Tübingen, Mohr Siebeck, 1992.

HEGEDUS (G.), *Saadya Gaon : the Double Path of the Mystic and the Rationalist*, Leiden-Boston, Brill, 2013.

HEIDEGGER (M.), *Être et temps*, trad. fr. E. Martineau, Paris, Authentica, 1985.

HEINEMANN (I.), LEWY (H.) et ALTMANN (A.) (éd.), *Three Jewish Philosophers : Philo, Saadya Gaon, Yehuda Halevi*, New York Philadelphia, Meridian books Jewish publication society of America, 1960.

HOLZMAN (G.), « Moshe Narboni Commentary on Maimonides' *Guide of the Perplexed* » [hébreu], *Da'at*, 74-75, 2013, p. 197-236.

HUME (D.), *Enquête sur l'entendement humain*, trad. fr. D. Deleuele, Paris, Librairie générale française, 1999.

HUSSERL (E.), *Méditations cartésiennes : introduction à la phénoménologie*, trad. fr. É. Levinas, Paris, Vrin, 1953.

HYMAN (A.), « From What is One and Simple Can Only Come What is One and Simple », dans L. E. GOODMAN (éd.), *Neoplatonism & Jewish Thought*, New York, SUNY Press, 1992, p. 111-136.

ILIES (D.-A.), *Sur le chemin du palais : réflexions autour de deux chapitres du* Guide des égarés *de Maïmonide*, Paris, Cerf, 2016.

ISRAËL (M.), *La philosophie juive*, Paris, Eyrolles, 2012.

IVRY (A. L.), « Maimonides on Possibility », dans J. REINHARZ, D. SWETSCHINSKI et K. P. BLAND (éd.), *Mystics, Philosophers, and Politicians : Essays in Jewish Intellectual History in Honor of Alexander Altmann*, Durham (N.C.), Duke University Press, 1982, p. 67-84.

– « Maimonides on Creation », dans D. NOVAK et N. SAMUELSON (éd.), *Creation and the End of Days : Judaism and Scientific Cosmology*, Lanham, University Press of America, 1986, p. 185-213.

– « Staub's *Gersonides* », *The Jewish Quarterly Review*, 79/4, 1989, p. 383-385.

– « Neoplatonic Currents in Maimonides' Thought », dans J. L. KRAEMER (éd.), *Perspectives on Maimonides : Philosophical and Historical Studies*, Oxford, Oxford University Press, 1991, p. 115-140.

– « Strategies of Interpretation in Maimonides' *Guide of the Perplexed* », *Jewish History*, 6/1-2, 1992, p. 113-130.

JAMBET (C.), *Qu'est-ce que la philosophie islamique ?*, Paris, Gallimard, 2011.

JOSPE (R.), *What Is Jewish Philosophy ?*, Ramat Aviv, Open University of Israel, 1990.

KANT (I.), *Kritik der reinen Vernunft*, dans *Kant's Werke. Akademie Textausgabe*, Bd. 3, Berlin-Boston, De Gruyter, 1970.

KASHER (R.), « The Interpretation of Scripture in Rabbinic Literature », dans M. J. MULDER (éd.), *Mikra : Text, Translation, Reading and Interpretation of the Hebrew Bible in Ancient Judaism and Early Christianity*, Assen, Van Gorcum, 1988, p. 547-594.

KASHER (H.), « Biblical Miracles and the Universality of Natural Laws. Maimonides' Three Methods of Harmonization », *The Journal of Jewish Thought and Philosophy*, 8, 1998, p. 25-52.

KELLNER (M.), « Gersonides and His Cultured Despisers Arama and Abravanel », *Journal of the Medieval and Renaissance Studies*, 6, 1976, p. 269-296.

– « Gersonides on Miracles, the Messiah and Resurrection », *Da'at*, 4, 1980, p. 5-34.

– « Gersonides on the Problem of Volitional Creation », *Hebrew Union College Annual*, 51, 1980, p. 111-128.

– *Dogma in Medieval Jewish Thought : From Maimonides to Abravanel*, Oxford, Oxford University Press, 1986.

KIENER (R. C.), « The History of the Phrase *yesh me-'ayn* in Philosophy and Kabbalah », *World Congress of Jewish Studies*, 3/1, 1990, p. 319-324.

KLEIN-BRASLAVY (S.), *Maimonides' Interpretation of the Story of Creation* [hébreu], Jérusalem, Rubin Mass, 1987.

– *King Solomon and Philosophical Esotericism in the Thought of Maimonides* [hébreu], Jérusalem, Magnes Press, 1996.

– « Vérité prophétique et vérité philosophique chez Nissim de Gérone. Une interprétation du "Récit de la Création" et du "Récit du Char" », *Revue des Études Juives*, 134/3, 1975, p. 75-99.

– « The Influence of R. Nissim Gerundi on the Formation of Crescas'and Albo's Doctrine of the Principles of Judaism » [hébreu], *Eshel Beer Sheva*, 2, 1981, p. 177-197.

– « Maimonides' Interpretation of the Verb *Bara* and the Problem of the Creation of the World » [hébreu], *Da'at*, 16, 1986, p. 39-55.

– « The Creation of the World and Maimonides' Interpretation of Gen. I-V », dans S. PINÈS et Y. YOVEL (éd.), *Maimonides and Philosophy*, Dodrecht, Martinus Nijoff, 1986, p. 65-71.

– « La méthode diaporématique de Gersonide dans les *Guerres du Seigneur* », dans C. SIRAT, S. KLEIN-BRASLAVY et O. WEISERS (éd.) *Les méthodes de travail de Gersonide et le maniement du savoir chez les scolastiques*, Paris, Vrin, 2003, p. 103-134.

– « Gersonides' Use of Aristotle's *Meteorology* in his Accounts of some Biblical Miracles », *Aleph : Historical Studies in Science and Judaism*, 10/2, 2010, p. 241-313.

KRAEMER (J.), « Is There a Text in this Class ? », *Aleph : Historical Studies in Science and Judaism*, 8/1, 2008, p. 247-299.

KREISEL (H.), *Prophecy : The History of an Idea in Medieval Jewish Philosophy*, Dordrech, Kluwer Academic Publishers, 2001.

– « Esotericism to Exotericism. From Maimonides to Gersonides », dans H. KREISEL (éd.), *Study and Knowledge in Jewish Thought*, Beer-Sheva, Ben Gurion University Press, 2006, p. 165-184.

– « Maimonides on the Eternity of the World », dans R. JOSPE, D. SCHWARTZ (éd.), *Jewish Philosophy : Perspectives and Retrospectives*, Boston, Academic Studies Press, 2012, p. 157-184.

LANCASTER (I.), *Deconstructing the Bible : Abraham ibn Ezra's Introduction to the Torah*, London/New York, Routledge/Curzon, 2003.

LANGERMANN (Y. T.), « Maimonides and Astronomy : Some Further Reflections », dans Y. T. LANGERMANN (éd.), *The Jews and the Sciences in the Middle Ages*, Brookfield, Ashgate, 1999, p. 1-26.

– « Maimonides and Miracles. The Growth of a (Dis)-Belief », *Jewish History*, 18, 2004, p. 147-172.

– « My Truest Perplexities », *Aleph : Historical Studies in Science and Judaism*, 8/1, 2008, p. 301-317.

LEAMAN (O.), *Moses Maimonides*, London, Routledge, 1990.

LEMLER (D.), « Création, révélation et rédemption dans le rationalisme juif médiéval », *Cahiers philosophiques de Strasbourg*, 37, 2015, p. 179-201.

– « Plaidoyer pour l'exégèse allégorique », *Cahiers philosophiques*, 145, 2016, p. 55-71.

– « Pieds de nez à la lettre : la liberté exégétique dans le judaïsme rabbinique classique et médiéval », *Revue des Sciences Religieuses*, 91/3, 2017, p. 379-398.

– « The Sceptical Exegesis of Maimonides and His Followers », dans R. HALIVA (éd.). *Scepticism and Anti-Scepticism in Medieval Jewish Philosophy and Thought*, Berlin-Boston, Walter de Gruyter, 2018, p. 107-129.

– « Limites du langage et création du monde dans la littérature rabbinique », *Cahiers philosophiques*, 158, 2019, p. 53-66.

– « *Mofet* : From Miracle to Scientific Demonstration », dans R. LEICHT et G. VELTRI (éd.), *Studies in the Formation of Medieval Hebrew Terminology*, Leiden, Brill, 2020.

LEVINAS (É.), *En découvrant l'existence avec Husserl et Heidegger*, Paris, Vrin, 1949.

– *De Dieu qui vient à l'idée*, Paris, Vrin, 1986.

– *Totalité et infini : essai sur l'extériorité*, Paris, Librairie générale française, 1990.

– « L'actualité de Maïmonide », *Paix et Droit*, 15/4, 1935, p. 6-7, repr. dans *Cahiers de l'Herne. Emmanuel Lévinas*, Paris, L'Herne, 1991, p. 142-144.

LÉVY (R.), *La divine insouciance. Étude des doctrines de la providence d'après Maimonide*, Lagrasse, Verdier, 2008.

LIFSHITZ (A. J.), « Sur la doctrine de la création d'Abraham Ibn Ezra » [hébreu], *Sinai*, 84/3-4, 1979, p. 105-125.

LORBERBAUM (Y.), « On the Contradictions in Maimonides' *Guide of the Perplexed* : A Reappraisal » [hébreu], *Tarbiz*, 69, 1999, p. 213-237.

– « On Contradictions, Rationality, Dialectics, and Esotericism in Maimonides' *Guide of the Perplexed* », *The Review of Metaphysics*, 55/4, 2002, p. 711-750.

LOVEJOY (A. O.), *The Great Chain of Being : a Study of the History of an Idea*, New York, Harper & Brothers, 1960.

MALINO (J.), « Aristotle on Eternity : Does Maimonides Have a Reply », dans S. PINÈS et Y. YOVEL (éd.), *Maimonides and Philosophy*, Dodrecht, Martinus Nijoff, 1986, p. 65-71.

MANEKIN (C. H.), « Conservative Tendencies in Gersonides' Religious Philosophy », dans D. FRANK, O. LEAMAN (éd.), *The Cambridge Companion to Medieval Jewish Philosophy*, Cambridge, Cambridge University Press, 2003, p. 304-342.

– « Possible Sources of Maimonides' Theological Conservatism in His Later Writings », dans J. HARRIS et B. SEPTIMUS (éd.), *Maimonides After 800 years : Essays on Maimonides and His Influence*, Cambridge (Mass.), Harvard University Press, 2007, p. 207-230.

– « Divine Will in Maimonides' Later Writings », dans HYMAN A. et A. L. IVRY (éd.), *Maimonidean Studies : vol. 5,* New York, Yeshivah University Press, 2008, p. 189-221.

– « Comments on Professor Kreisel's Paper », dans R. JOSPE et D. SCHWARTZ (éd.), *Jewish Philosophy : Perspectives and Retrospectives*, Boston, Academic Studies Press, 2012, p. 215-232.

MEILLASSOUX (Q.), *Après la finitude : essai sur la nécessité de la contingence*, Paris, Seuil, 2012.

MELZER (A. M.), *Philosophy Between the Lines : The Lost History of Esoteric Writing*, Chicago, University of Chicago Press, 2014.

MEYERHOF (M.), *Studies on the History of Islamic Medecine and Related Fields*, Frankfurt am Main, Institute for the history of Arabic-Islamic Science, 1997.

— et SCHACHT (J.), « Maimonides Against Galen, on Philosophy and Cosmogony » [éd. et trad. angl. de *Fuṣūl Mūsā*, 25, 40], *Bulletin of the Faculty of Arts of the University of Egypt*, 5, 1937, p. 53-88.

NEUMARK (D.), *Essays in Jewish Philosophy*, Cincinnati, Central Conference of American Rabbis, 1929.

NORDMANN (S.), *Phénoménologie de la transcendance : création, révélation, rédemption*, Dol-de-Bretagne, Éd. d'Écarts, 2012.

NURIEL (A.), *Concealed and Revealed in Medieval Jewish Philosophy* [hébreu], Jérusalem, Magnes Press, 2000.

– « The Question of a Created or Primordial World in the Philosophy of Maimonides » [hébreu], *Tarbiz*, 33/4, 1964, p. 372-387.

– « The Divine Will in the *More Nevukhim* » [hébreu], *Tarbiz*, 35, 1970, p. 39-61.

– « "The Torah Speaks in the Language of Human Beings" in the *Guide of the Perplexed* » [hébreu], dans M. HALLAMISH, A. KASHER (éd.), *Religion and Language* [hébreu], Tel Aviv, University Publishing Projects, 1981, p. 97-103.

– « The Use of the Term *Gharīb* in the *Guide of the Perplexed* : Note on the Esoteric Method in the *More Nevukhim* » [hébreu], *Ṣefunot*, 5, 1991, p. 137-143.

OGREN (B.), *The Beginning of the World in Renaissance Jewish Thought :* Ma'aseh Bereshit *in Italian Jewish Philosophy and Kabbalah, 1492-1535*, Leiden, Brill, 2016.

– « La questione dei cicli cosmici nella produzione pugliese di Yišhaq Abrabanel », *Itinerari di Ricerca Storica*, 20-21, 2007, p. 141-161.

OPHIR (N.), *R. Hasdai Crescas as Philosophic Exegete (in Light of the Changes in his Writting)*, thèse non publiée, Jérusalem, Université Hébraïque, 1993.

PATOČKA (J.), *Aristote, ses devanciers, ses successeurs*, Paris, Vrin, 2011.

PINÈS (S.), « A Note on an Early Meaning of the Term *Mutakallim* », *Israel Oriental Studies*, 1, 1971, p. 224-228.

– « The Limitations of Human Knowledge According to Al-Fārābī, Ibn Bājja and Maimonides », dans I. TWERSKY (éd.), *Studies in Medieval Jewish History and Litterature*, Cambridge (Mass.), Cambridge University Press, 1979, p. 82-109.

– « The Philosophic Purport of Maimonides' Halachic Works », dans S. PINÈS, Y. YOVEL (éd.), *Maimonides and Philosophy : Papers Presented at the Sixth*

Jerusalem Philosophical Encounter, May 1985, Dordrecht, M. Nijhoff, 1986, p. 1-14.

– « Scholasticism after Thomas Aquinas and the Teachings of Hasdai Crescas and his Predecessors », dans *The Collected Works of Shlomo Pinès : Studies in the History of Jewish Thought*, Jérusalem, Magnes Press, 1997, p. 489-589.

– « Les sources philosophiques du *Guide des Perplexes* (1963) », dans trad. fr. R. Brague, *La liberté de philosopher : de Maïmonide à Spinoza*, Malakoff, Desclée de Brouwer, 1997, p. 89-233.

– « Les limites de la métaphysique selon Al-Fārābī, Ibn Bājja et Maïmonide », dans *La Liberté de philosopher*, Paris, Desclée de Brouwer, 1997, p. 251-271.

PRIJS (L.), *Abraham Ibn Esra's Kommentar zu Genesis Kapitel 1 : Einleitung, Edition und Superkommentar*, Wiesbaden, Franz Steiner Verlag, 1973.

RASHED (M.), « Al-Fārābī's Lost Treatise on Changing Beings and the Possibility of a Demonstration of the Eternity of the World », *Arabic Sciences and Philosophy*, 18/1, 2008, p. 19–58.

RAVITZKY (A.), « Samuel Ibn Tibbon and the Esoteric Character of the *Guide of the Perplexed* », *AJS Review*, 6, 1981, p. 87-123.

– « The Secrets of Maimonides : Between the Thirteenth and the Twentieth Centuries », dans I. TWERSKY (éd.), *Studies in Maimonides*, Cambridge (Mass.), Harvard University Press, 1990, p. 159-207.

– « Aristotle's *Meteorology* and the Maimonidean Modes of Interpreting the Account of Creation », *Jerusalem Studies in Jewish Thought*, 9, 1990, p. 225-250.

– « Maimonides. Esotericism and Educational Philosophy », dans K. SEESKIN (éd.), *Cambridge Companion to Maimonides*, Cambridge, Cambridge University Press, 2005, p. 300-323.

RAVITZKY (I.), « The Question of a Created or Primordial World in the Philosophy of Maimonides » [hébreu], *Tarbiz*, 35/4, 1966, p. 333-348.

ROSENBERG (S.), « The Arba^cah Turim of Rabbi Abraham bar Judah, Disciple of Don Ḥasdai Crescas » [hébreu], *Jerusalem Studies in Jewish Thought*, 3, 1984, p. 525-621.

ROSENZWEIG (F.), *L'Étoile de la rédemption*, trad. fr. A. Derczanski et J.-L. Schlegel, Paris, Seuil, 2003.

ROTHSCHILD (J.-P.), « Les philosophes juifs d'Espagne au XVe siècle, *l'Ethique à Nicomaque* et le projet philosophique de Joseph Ibn Shem Tob (étude préparatoire) », dans J. M. RÁBANOS (éd.), *Pensamiento Medieval Hispano*, Madrid, Consejo Superior de Investicaciones científicas, 1998, p. 1289-1316.

– « La contestation des fins de la politique selon Aristote chez quelques auteurs juifs du moyen âge tardif en Espagne », dans V. SYROS (éd.), *Well Begun is Only Half-Done : Tracing Aristotle's Political Ideas in Medieval Arabic, Syriac, Byzantine, and Jewish Sources*, Tempe, ACMRS, 2011, p. 187-221.

ROUX (G.), *Du prophète au savant : l'horizon du savoir chez Maïmonide*, Paris, Cerf, 2010.

– *Maïmonide ou la nostalgie de la sagesse*, Paris, Editions Points, 2017.

RUDAVSKY (T. M.), *Time Matters : Time, Creation, and Cosmology in Medieval Jewish Philosophy*, Albany, N.Y., State University of New York Press, 2000.

SABRA (A. I.), « The Andalusian Revolt Against Ptolemaic Astronomy. Averroes and al-Biṭrūjī », dans E. MENDELSOHN (éd.), *Transformation and Tradition in the Sciences : Essays in Honour of I. Bernard Cohen*, Cambridge, Cambridge University Press, 1984, p. 133-154.

SADIK (S.), « La doctrine de la double vérité dans la pensée philosophique de Rabbi Isaac Albalag », *Revue des Études Juives*, 174/1-2, 2015, p. 154-174.

SAPERSTEIN (M.), *Decoding the Rabbis : A Thirteenth-Century Commentary on the Aggadah*, Cambridge (Mass.), Harvard University Press, 1980.

SCHWARTZ (D.), *The Philosophy of a Fourteenth Century Jewish Neoplatonic Circle* [hébreu], Jérusalem, Ben Zvi Institute et Bialik Institute, 1996.

– *Contradiction and Concealment in Medieval Jewish Thought* [hébreu], Ramat-Gan, Bar-Ilan University Press, 2002.

SCHWEID (E.), *La philosophie religieuse de R. Hasdai Crescas* [hébreu], Jérusalem, Maqor, 1971.

SEESKIN (K.), *Searching for a Distant God : the Legacy of Maimonides*, New York, Oxford University Press, 1999.

– *Maimonides on the Origin of the World*, Cambridge-New York, Cambridge University Press, 2005.

– « Maimonides on Creation », dans R. JOSPE, D. SCHWARTZ (éd.), *Jewish Philosophy : Perspectives and Retrospectives*, Boston, Academic Studies Press, 2012, p. 185-199.

SELA (S.), « R. Abraham Ibn Ezra and the *Sefer Ṭaᶜamei ha-Luḥot* in its Latin and Hebrew Versions », *Oṣarot*, 11, 1998, p. 9-50.

– *Astrology and Biblical Exegesis in Abraham Ibn Ezra's Thought* [hébreu], Ramat-Gan, Bar Ilan University Press, 1999.

– « The Creation of the Supra-lunary World According To the Two Commentaries of Gen 1, 14 of R. Abraham Ibn Ezra » [hébreu], *Beyt Miqra*, 52/2, 2007, p. 130-162.

— et FREUDENTHAL (G.), « Abraham Ibn Ezra's Scholarly Writings : A Chronological Listing », *Aleph : Historical Studies in Science and Judaism*, 6/1, 1998, p. 13-55.

SIMON (U.), « Interpreting the Interpreter : Supercommnetaries on Ibn Ezra's Commentaries » [hébreu], dans *The Bible in the Light of Its Interpreters : Sarah Kamin Memorial Volume* [hébreu], Jérusalem, Magnes Press, 1994, p. 367-411.

– *The Ear Discerns Words : Studies in Ibn Ezra's Exegetical Methodology* [hébreu], Ramat Gan, Bar-Ilan University Press, 2016.

SIRAT (C.), « Should We Stop Teaching Maimonides ? », dans R. JOSPE (éd.), *Pradigms in Jewish Philosophy*, Madison-Cranbury-London, Associated University Presses, 1997, p. 136-144.

– et DI DONATO (S.), *Maïmonide et les brouillons autographes du* Dalâlat al-Ḥâʾirîn (Guide des égarés), Paris, Vrin, 2011.

SMITHUIS (R.), « Science in Normandy and England under the Angevins. The Creation of Avraham ibn Ezra's Latin Works on Astronomy and Astrology », dans G. BUSI (éd.), *Hebrew to Latin, Latin to Hebrew: the mirroring of two cultures in the age of humanism colloquium held at the Warburg Institute, London, October 18-19, 2004*, Berlin/Torino, Freie Universität Berlin/Institut für Judaistik N. Aragno, 2006, p. 23-60.

SORABJI (R.), *Time, Creation, and the Continuum : Theories in Antiquity and the Early Middle Ages*, Chicago, University of Chicago Press, 2006.

STAUB (J. J.), *The Creation of the World According to Gersonides*, Chico, Scholars Press, 1982.

STEINER (R. C.), « Philology as the Handmaiden of Philosophy in R. Saadia Gaon's Interpretation of Gen 1 : 1 », *Israel Oriental Studies*, 19, 1999, p. 379-389.

STERN (J.), *The Matter and Form of Maimonides'* Guide, Cambridge-London, Harvard University Press, 2013.

– « The Knot That Never Was », *Aleph : Historical Studies in Science and Judaism*, 8/1, 2008, p. 319-339.

STRAUSS (L.), « Notes on Maimonides' *Book of Knowledge* », dans E. E. URBACH, R. J. Z. WERBLOWSKY, C. WIRSZUBSKI (éd.), *Studies in Mysticism and Religion Presented to Gershom G. Scholem on His Seventieth Birthday by Pupils Colleagues and Friends*, Jérusalem, Magnes Press, 1967, p. 269-283.

– « La philosophie et la Loi. Contributions à la compréhension de Maïmonide et de ses devanciers », dans trad. fr. R. Brague, *Maïmonide*, Paris, P.U.F., 1988, p. 5-142.

– « Comment commencer à étudier le *Guide pour les perplexes* », dans trad. fr. R. Brague, *Maïmonide*, Paris, P.U.F., 1988, p. 297-363.

– « Le caractère littéraire du *Guide pour les perplexes* », dans trad. fr. R. Brague, *Maïmonide*, Paris, P.U.F., 1988, p. 209-276.

– « Comment commencer l'étude de la philosophie médiévale ? (1944) », dans trad. fr. P. Guglielmina, *La renaissance du rationalisme politique classique*, Paris, Gallimard, 1993.

– « La loi de la Raison dans le *Kuzari* », dans trad. fr. O. Sedeyn, *La persécution et l'art d'écrire*, Paris, Gallimard, 2009, p. 140-186.

STROUMSA (S.), *Maimonides in His World : Portrait of a Mediterranean Thinker*, Princeton, Princeton University Press, 2009.

– « Saadya and Jewish kalam », dans D. FRANK et O. LEAMAN (éd.), *The Cambridge Companion to Medieval Jewish Philosophy*, Cambridge, Cambridge University Press, 2003, p. 71-90.

– « "Ravings" : Maimonides' Concept of Pseudo-Science », *Aleph : Historical Studies in Science and Judaism*, 1, 2011, p. 141-163.

TOUATI (C.), *La pensée philosophique et théologique de Gersonide*, Paris, Éditions de Minuit, 1973.

– « Vérité philosophique et vérité prophétique chez Isaac Albalag », *Revue des Études Juives*, 121/1-2, 1962, p. 35-47.

– « Croyances vraies et croyances nécessaires : Platon, Averroès, philosophie juive [Maïmonide, Nissim de Marseille, Moïse Narboni] et Spinoza », dans C. TOUATI et G. NAHON (éd.), *Hommage à Georges Vajda*, Louvain, Peeters, 1980, p. 169-182.

URBACH (S. B.), *Pillars of Jewish Thought*, vol. 3 : *The Philosophic Teachings of Rabbi Hasdai Crescas* [hébreu], Jérusalem, World Zionist Organization, 1961.

VAN STEENBERGHEN (F.), « Une légende tenace : la théorie de la double vérité », *Bulletin de la Classe des Lettres et des Sciences Morales et Politiques* (Belgique), 1970, p. 179-196.

VAJDA (G.), *Isaac Albalag : averroïste juif, traducteur et annotateur d'Al-Ghazâlî*, Paris, Vrin, 1960.

– « Sa'adya, commentateur du *Livre de la Création* », *Annuaire de l'EPHE, Sciences religieuses*, 1959, p. 3-35.

VENTURA (M.), *La philosophie de Saadia Gaon*, Paris, Vrin, 1934.

VISI (T.), *The Early Ibn Ezra Supercommentaries : A Chapter in Medieval Jewish Intellectual History*, thèse non publiée, Budapest, Université d'Europe centrale, 2006.

– *The Existence of God : Maimonides' Intricate Argument*, Saarbrücken, Dr. Müller, 2008.

– « The First Instant of Creation : Jedaiah ha-Penini, Durandus of Saint Pourçain and The Ibn Ezra Supercommentary Avvat Nefesh », *Recherches de Théologie et Philosophie médiévales*, 77/1, 2010, p. 83-124.

WEISS HALIVNI (D.), *Peshat and Derash : Plain and Applied Meaning in Rabbinic Exegesis*, New York, Oxford University Press, 1991.

WEISS (R.), « Comments on Seeskin and Kreisel's Essays on Maimonides on Creation », dans R. JOSPE et D. SCHWARTZ (éd.), *Jewish Philosophy : Perspectives and Retrospectives*, Boston, Academic Studies Press, 2012, p. 200-214.

WITTGENSTEIN (L.), *Recherches philosophiques*, trad. fr. F. Dastur *et al.*, Paris, Gallimard, 2005.

– « Conférence sur l'éthique (1929) », dans trad. fr. J. Fauve, *Leçons et conversations sur l'esthétique, la psychologie et la croyance religieuse*, Paris, Gallimard, 1971.

WOLFSON (H. A.), *Crescas' Critique of Aristotle : Problems of Aristotle's Physics in Jewish and Arabic Philosophy*, Cambridge, Harvard University Press, 1929.

– *The Philosophy of the Kalam*, Cambridge (Mass.) et London, Harvard University Press, 1976.

– « Crescas on the Problem of Divine Attributes », *The Jewish Quarterly Review*, 7/1, 1916, p. 1-44.

– « Crescas on the Problem of Divine Attributes », *The Jewish Quarterly Review*, 7/2, 1916, p. 175-221.

– « The Kalam Problem of Nonexistence and Saadia's Second Theory of Creation », *The Jewish Quarterly Review*, 36/4, 1946, p. 371-391.

– « The Meaning of *Ex Nihilo* in the Church Fathers, Arabic and Hebrew Philosophy, and St. Thomas », dans *Medieval Studies in Honor of Jeremiah Denis Matthias Ford*, Cambridge, Harvard University Press, 1948, p. 355-370.

– « The Controversy Over Causality Within the Kalam », dans I. B. COHEN, R. TATON, F. BRAUDEL et G. CANGUILHEM (éd.), *Mélanges Alexandre Koyré : publiés à l'occasion de son soixante-dixième anniversaire*, Paris, Hermann, 1964, p. 602-603.

– « Emanation and *Ex Nihilo* in Crescas » [hébreu], dans *Studies in the History of Philosophy and Religion*, Cambridge (Mass.)-London, Harvard University Press, 1977, p. 624-629.

ZONTA (M.), *Saggio di lessicografia filosofica araba*, Brescia, Paideia, 2014.

INDEX NOMINUM

INDEX RERUM

TABLE DES MATIÈRES

IMPRIMERIE F. PAILLART, B.P. 30324, 80103 ABBEVILLE – (16517)
DÉPÔT LÉGAL : 2e TRIMESTRE 2020